中国积极健康老龄化测度与分析

王晓军 等 著

中国人民大学出版社
·北京·

目 录
Contents

指数篇

发展篇

探索篇

导　言
面向未来的积极健康老龄化

　　人口老龄化是人口发展的必然规律。为了应对人口老龄化对社会经济和老年保障体系可持续发展的系统性冲击，国际社会积极倡导积极老龄观，世界卫生组织提出了健康老龄化发展战略，目标是提升老年人的身体和心理健康水平，促进老年人的社会参与、社会贡献和价值实现，提高老年人的生命质量，降低老年保障等老龄化相关支出，促进可持续发展。本部分将概述中国人口老龄化和人口长寿趋势，介绍国际社会在人口老龄化下采取的积极和健康老龄化行动计划，概述积极和健康老龄化的概念框架和发展演进，并介绍本书研究的目标、内容和结构。

0.1　人口老龄化和人口长寿趋势

　　随着社会经济的发展、人民生活水平的提高和医疗技术的进步，人口预期寿命不断延长，人口年龄金字塔顶部不断扩大。与此同时，随着人们婚育观念的转变，妇女生育率持续下降，人口年龄金字塔底部持续缩小。因此，老年人口在总人口中所占比例不断提高，人口年龄结构持续老化。人口老龄化和人口长寿已成为全球人口发展的必然趋势，我国也不例外。

　　依据国家统计局公布的数据，2000 年我国 60 岁及以上人口达 1.3 亿人，占总人口比例超过 10%[①]，按联合国的标准已进入老年型社会。2019 年我国 60 岁及以上人口达到 2.54 亿人，占总人口的比例达到 18.1%[②]，老年人口的绝对数量和相对比例几乎比 2000 年增加了 1 倍。按照联合国人口司 2019 年居中假设下的预测结果，我国 60 岁及以上人口占总人口的比例在未来 30 年里将再次翻番，到 2050 年上升为 35%[③]，人口老龄化的程度和速度远远超过世界平均水平及绝大多数中低收入和高收入国家水平。据世界卫生组织报告，60 岁及以上老年人口所占比例从 10% 提高到 20%，法国用了大约 150 年，中国只用

[①]　国家统计局. 第五次人口普查数据. http://www.stats.gov.cn/tjsj/pcsj/rkpc/5rp/index1.htm.

[②]　国家统计局. 中华人民共和国 2019 年国民经济和社会发展统计公报.

[③]　联合国秘书处经济和社会事务部人口司. 2019 年世界人口展望. http://esa.un.org/unpd/wpp/index.htm.

了约 20 年的时间。

从预期寿命看，我国男性和女性人口的预期寿命从 1981 年的 66.28 岁和 69.17 岁提高到 2015 年的 73.64 岁和 79.43 岁。[①] 其间，女性预期寿命平均每 3.3 年提高 1 岁，男性平均每 4.6 年提高 1 岁，预期寿命的提高幅度大于绝大多数中低收入和高收入国家。按照联合国的预测，到 2040—2045 年，中国人口的平均预期寿命将超过 80 岁，接近发达国家的水平。然而，人口寿命延长往往伴随人口平均不健康生存期的延长。据世界卫生组织估计[②]，2005 年中国男女平均健康预期寿命分别为 66.1 岁和 67.3 岁，平均不健康生存期分别为 6.7 年和 8.3 年；2015 年男女平均健康预期寿命分别为 67.8 岁和 69.1 岁，平均不健康生存期分别提高到 7 年和 8.6 年。

人口老龄化、人口寿命延长以及伴随寿命延长的人口平均带病生存期的延长，将引发一系列社会经济问题，使老年保障体系的成本增加，可持续发展面临巨大挑战。因此，国际社会开展了一系列关于人口老龄化和可持续发展的研究，联合国和世界卫生组织等国际组织相继提出了积极老龄化和健康老龄化行动计划，世界各国在国际组织的倡导下逐步开展积极应对人口老龄化、促进老年人健康和健康老龄化的行动。

0.2 积极和健康老龄化的国际行动

以法国和瑞典为代表的欧洲发达国家最早在 19 世纪中后期就进入了老龄化社会（WHO，2015），进入 20 世纪后学界开始关注老龄化的社会经济影响，提倡以积极态度应对人口老龄化问题。1956 年由联合国发布的《人口老龄化及其社会经济后果》（United Nations，1956），被认为是国际社会最早正式发布的老龄化度量和影响的报告，引起了国际社会对人口老龄化的重视。1974 年联合国召开第一次世界人口大会，通过了《世界人口行动计划》[③]，呼吁各国高度关注人口老龄化问题。1982 年，联合国在维也纳举行第一届世界老龄大会，通过了《1982 年老龄问题维也纳国际行动计划》，就老年人的人权、健康、保障等方面提出行动建议，并开始认识到健康长寿而不是单纯的寿命延长的重要性。[④] 随后，世界卫生组织的指导方向也从老年人的医疗照护向健康和老年人生活质量提升以及老年宜居环境建设等方面发展。

一般认为，"健康老龄化"（healthy ageing）最早是在 1987 年 5 月由世界卫生组织在世界卫生大会上提出的，1990 年世界卫生组织在世界老龄大会上把"健康老龄化"作为应对人口老龄化的一项发展战略，旨在提高老年人的生命质量，延长健康预期寿命，缩短带病和失能生存期。1994 年世界卫生组织提出了"积极老龄化"（active ageing）的概念框架，目标是通过提升老年人的健康、社会参与和保障水平保证和提升老年人的生活质

---

① 国家统计局网站数据.

② 世界卫生组织网站：https：//www. who. int/gho/database/zh.

③ 联合国网站：https：//www. un. org/chinese/esa/ageing/1stageing. htm.

④ 联合国网站：https：//www. un. org/chinese/esa/ageing/vienna. htm.

量。2002 年，世界卫生组织在健康的维度上增加了保障和参与两个维度，发布了《积极老龄化：政策框架》（WHO，2002），将积极老龄化定义为：为提高老年人的生活质量，尽可能优化其健康、社会参与和获得保障的机会的过程。与此同时，针对更加严峻的全球人口老龄化问题，联合国于 2002 年在西班牙马德里召开第二届世界老龄大会，通过了《马德里政治宣言》和《马德里老龄问题国际行动计划》，明确了三个优先行动的领域：老年人与发展，促进老年人的健康与福祉，确保对老年人创造有利的支持环境。① 2015 年，世界卫生组织发布了《关于老龄化与健康的全球报告》（WHO，2015），再次强调健康老龄化的重大意义，将健康老龄化作为其在 2015—2030 年老龄工作的重心，替代了 2002 年提出的积极老龄化行动。2017 年世界卫生组织再次发布《关于老龄化和健康的全球战略与行动计划》，提出了构建人人享有健康长寿权利的战略愿景；倡议每个国家行动起来，建立国家健康老龄化行动框架，发展关爱老人的环境，促进老年人的社会参与，使卫生系统满足老年人的需求，建立可持续和公平的长期照护系统，提高健康老龄化的度量、监测和研究水平（WHO，2017）。可见，从时间顺序上看，"健康老龄化"的提出早于"积极老龄化"，但国际组织近期又从强调"积极老龄化"转向更强调"健康老龄化"。

在我国，党的十八大提出要"积极应对人口老龄化，大力发展老龄事业和老龄产业"。2016 年 10 月，党中央、国务院发布了《"健康中国 2030"规划纲要》。2019 年 7 月国务院发布了《国务院关于实施健康中国行动的意见》，强调以提高人口健康预期寿命为重要行动目标。2017 年 3 月国家卫计委等 13 个部门联合印发《"十三五"健康老龄化规划》，给出了健康老龄化的定义，即"从生命全过程的角度，从生命早期开始，对所有影响健康的因素进行综合、系统的干预，营造有利于老年健康的社会支持和生活环境，以延长健康预期寿命，维护老年人的健康功能，提高老年人的健康水平"。可见，我国从提出加强应对老龄化的能力建设，到将健康老龄化作为应对人口老龄化的重要战略，逐步明确了老龄化社会下的积极行动。

0.3　积极和健康老龄化的概念框架

从概念框架来看，与"积极老龄化"和"健康老龄化"相近的表述还有"成功老龄化"（successful ageing）和"生产性老龄化"（productive ageing）等。它们的含义类似，依据研究的背景和源流有细微差别，往往混合使用，这些概念都是从主动积极的视角来看待老龄化的潜力（Barrett & McGoldrick，2013；Lloyd et al.，2014）。美国更多采用成功老龄化的概念，欧洲更多采用积极老龄化的概念（Constanca，Ribeiro & Teixeira，2012）。刘文和焦佩（2015）认为成功老龄化概念的提出促进了从"消极老龄观"到"积极老龄观"的转变。健康老龄化是对成功老龄化表达方式的一种修正。生产性老龄化则开

---

① 联合国网站：https://www.un.org/chinese/esa/ageing/1stageing.htm.

始注重老年人的社会参与。积极老龄化将老龄人口的社会参与从经济领域扩展到社会各个方面。

Baltes 等（1990）认为，"成功老龄化"的概念可以追溯到 20 世纪 50 年代，20 世纪 80 年代被更广泛地接受。传统的成功老龄化强调身体和心理的健康。Havighurst（1964）和 Pfeiffer（1974）认为人们应该在老年阶段继续保持积极的社会参与以实现个人价值。Rowe 和 Kahn（1987，1997）围绕健康的三个维度给出了成功老龄化的三个维度，即无疾病和残疾、身体和心理机能正常，较强的社会参与能力，社会对健康和老年人社会参与的支持，构成了成功老龄化的整体框架。实际上，世界卫生组织早在 1948 年生效的《组织法》中就将健康定义为"不仅为疾病或羸弱之消除，而系体格、精神与社会之完全状态"，即健康包括躯体健康、心理健康、社会适应良好三个维度。因此，成功老龄化实际上强调了健康的多个维度。由于成功老龄化中的"成功"更多地与经济成就、收入、资产、职位等相关，因此从社会心理的角度也使用健康老龄化的表述。为此，不少研究者认为健康老龄化是对成功老龄化在表述上的修正。Vaillant 和 Mukamal（2001）将成功老龄化定义为对身体状况的客观评价，在主观感受、心理状态、健康寿命、生活满足感和社会支持等方面具有高度幸福感的状态。

生产性老龄化更关注老年人在经济和社会生活中扮演的重要角色（Bass et al.，1992）。一般认为，Butler（1980）首次提出生产性老龄化的概念，倡导人们改变老年人依赖社会、依赖他人的传统观念。Rowe 和 Kahn（1997）认为，20 世纪 90 年代后期，成功老龄化再次被提及，同时产生了更为成熟的生产性老龄化框架。《生产性老龄化：概念和挑战》（Morrow-Howell et al.，2001）从生理、心理、社会、经济多个维度系统梳理了生产性老龄化的概念演进，认为退休老年人仍然能参与社会活动，以鼓励老年人为社会和经济发展做出贡献。

积极老龄化和健康老龄化的概念都由世界卫生组织提出。Daatland（2005）认为，积极老龄化鼓励老年人的社会参与，强调老年人的能力和知识的价值。其中，"积极"强调老年人继续参与社会、经济、文化和公共事务，不仅仅指继续参加工作。Corsi 和 Samek（2010）认为，积极老龄化强调老年人在社会中的主动角色，强调老年人的自主自立、社会参与和价值发挥，有助于消除年龄歧视，增加老年人的机会。积极老龄化更强调促进老年人的健康以减少健康和社会保障支出、更长的就业时间以降低养老金成本、更多地参与社会和政治活动。但 Walker 和 Maltby（2012）、Sidorenko 和 Zaidi（2013）认为，积极老龄化包含的范围广泛、难以度量，不利于政策效果的比较研究。Zaidi 等（2013，2017）细化了世界卫生组织对积极老龄化的定义，构建了积极老龄化的多维度测量指标体系，具体包括就业、社会参与、健康和环境支持等维度，每个维度又包括若干度量指标，最终以综合的积极老龄化指数（Active Ageing Index，AAI）反映积极老龄化的水平，并用于对不同国家或地区的比较研究。邬沧萍和彭青云（2018）对积极老龄化概念进行了阐释，认为积极老龄化把老化过程看作一个正面的、有活力的过程，倡导老年人必须有健康生活和为社会做贡献的机会。

关于健康老龄化，在早期的相关研究中，学者们多将健康老龄化等同于步入老龄后个人维持较好的身体状况的过程。Roos 和 Havens（1991）将健康老龄化定义为在社会生活中保持一定的独立性，为了实现这种独立性，老人需要存活至高龄，有较好的身体机能，保持头脑清醒。在国内文献中，邬沧萍和姜向群（1996）较早关注健康老龄化的议题，认为健康老龄化是指老龄化社会中多数老年人处于生理、心理和社会功能的健康状态，同时社会发展也不受过度人口老龄化的影响。Reed 等（1998）认为健康老龄化是指个人步入老龄后能够避免危及生命的疾病，并且维持正常的生理和心理机能。Avlund 等（1999）将社会参与因素纳入健康老龄化的度量中，认为健康老龄化等同于较好的身体机能和较高的社会参与程度。宋全成和崔瑞宁（2013）认为应该从健康老龄化转变为积极老龄化，使越来越多的老当益壮、胜任继续工作的老年人参与社会公共生活。老年人的健康和继续工作有助于减少养老金、老年医疗和社会照料的支出，提高社会的活力。在 2015 年世界卫生组织发布的报告中，健康老龄化被进一步扩展为"发展和维护老年健康生活所需要的功能发挥的过程"，包括"内在能力"和"功能发挥"两个维度。内在能力指个体以基因遗传为基础、受个体特征影响的生理和心理健康功能的整合；功能发挥指内在能力与环境互动以实现个体价值的过程。环境包括生活、工作等物理环境，家庭、社会和公共政策支持等社会环境。因此，健康老龄化不仅强调个体的生理健康、心理健康、行动能力和社会功能健康，也强调来自家庭、企业、社会、政府等对老年友好环境的关爱与支持。公共服务要为改善老年人的健康状况和能力发挥提供支持。健康老龄化将对寿命质量的投入视作全生命周期的投资，可以降低家庭和社会的照护成本，为老年人的社会参与和贡献创造条件。提倡老年人以积极的态度投入生活，更加注重个体身心健康，更加注重人格尊严。因此，这一定义可以看作人口老龄化下提高老年人生命质量和价值发挥的行动计划，而不单单是一项针对老年人的健康促进计划，其目标是通过健康干预和年龄友好环境的建设，维护和提升老年人正常功能的发挥，降低老龄化的成本，促进在日益严重的人口老龄化趋势下的可持续发展。世界卫生组织的全球报告发布后，陆杰华等（2017）认为，健康老龄化中国方案是以维护健康公平和全生命周期视角为核心理念，遵循因地制宜原则，将以治病为核心的健康服务模式转变为以健康维护为核心的模式，把健康保障视作促进人力资本投资，并围绕行动能力和社会功能的维持和优化，以延长平均预期寿命、提升寿命质量的战略框架。

通过文献梳理可以发现，健康老龄化作为应对人口老龄化的战略框架，其概念的内涵丰富、外延较广，即包括微观个人层面的身体健康、心理健康和社会适应良好，又包括宏观社会层面的年龄友好的物理环境、社会环境、政策环境等对老龄化社会的积极支持，还包括老年人的社会参与、价值发挥和生活幸福感等积极状态。因而需要构建多维度综合指标体系，用于测度评价和积极引导健康老龄化的建设。目前，国内外相关研究尚未建立公认的健康老龄化指标体系，已有相关研究大多源于率先进入老龄化社会的发达国家，很少有针对中国实际的专门研究。国内的相关研究更多围绕健康老龄化和积极老龄化的概念框架展开，较少关注积极健康老龄化的指标体系和综合评价。

0.4 研究目标和内容框架

2019 年 6 月国务院发布的《健康中国行动组织实施和考核方案》列出了"健康中国行动考核指标框架",提出要面向家庭和个人普及预防疾病、早期发现、合理用药等维护健康的知识与技能;加强营养和膳食指导,推进食品营养标准体系建设;健全老年健康服务体系,推进医养结合,打造老年宜居环境,实现健康老龄化。这一指标框架用于对健康中国行动实施效果的考核,但并没有将健康与老龄化结合起来,没有建立健康老龄化框架体系和指标体系。本研究将在全面梳理健康老龄化研究进展的基础上,结合实际,在健康中国 2030 背景下,以《国务院关于实施健康中国行动的意见》为指导,深入研究我国健康老龄化的框架体系,构建一套既适应我国国情,又能够基本与国际接轨的我国健康老龄化的综合统计指标体系和综合评价体系;在指标体系构建的基础上,通过数据收集和整理工作,构建分地区的健康老龄化综合指标体系和综合指数,用于评估和监测不同地区和城乡健康老龄化的水平。从主动健康、社会参与和适老环境支持三个维度综合评价我国健康老龄化的水平,分析城乡和不同省市的健康老龄化的水平和差异,测度主动健康、社会参与、环境支持等对老年人的支持。在数据收集和分析方法上,除了利用现有的宏观数据和微观调查数据,也将充分利用信息化和网络化背景下的大数据信息,采用网络社会舆情分析方法,创新数据获得方法,挖掘年龄友好环境建设中存在的问题;结合综合评价体系研究和区域比较研究,加强对健康老龄化状况的现实把握,推动社会对健康老龄化的理解,促进老年人的健康长寿,提升社会政策对老年人的支持,促进老龄化社会下的可持续发展。

本书除导言外,还包括三大部分共八章的内容。

第一部分是指数篇,包括第 1～4 章。

第 1 章介绍中国积极健康老龄化指数的编制,在梳理积极健康老龄化测度文献的基础上,给出积极健康老龄化指数的定义、综合指标体系及综合指数的测度方法。在此基础上计算中国 31 个省区市积极健康老龄化总指数,分析总指数以及主动健康指数、社会参与指数和环境支持指数的城乡和地区差异。

第 2～4 章是对中国积极健康老龄化指数框架下二级指数的深入分析。第 2 章是对主动健康与积极健康老龄化管理的分析,包括对健康现状总体情况的分析和城乡对比分析,自我管理分析,以及主动健康对积极健康老龄化指数贡献度的分析,主动健康与医疗卫生发展水平的关系,健康自评、心理健康、人际信任、体检频率、身体锻炼、社会联系等的国际比较。第 3 章是对社会参与与积极健康老龄化的深入分析,包括对老龄经济参与、老龄文化参与、老龄家庭参与的分析,老龄社会参与对积极健康老龄化的支持贡献的分析以及老龄社会参与的国际比较等。第 4 章是对环境支持与积极健康老龄化的深入分析,包括对公共服务、社会支持的分析,环境支持指数对积极健康老龄化指数贡献度的分析以及环境支持指数的国际比较等。

第二部分是发展篇，包括第 5 章和第 6 章。

第 5 章为老龄化、健康与保障能力的地区差异分析。基于宏观数据，比较分析我国人口老龄化的水平、速度、地区差异、城乡差异；比较分析人口健康状况的地区差异，包括预期寿命水平与差异、健康预期寿命水平与差异；描述和分析我国养老医疗保障和卫生健康投入的水平和地区差异等。

第 6 章为积极应对老龄化能力的国际比较。利用宏观数据，从国际比较的角度对比分析主要国家老龄化的程度及其面临的风险和采取措施的能力。将中国放在国际大环境中，分析各国积极应对老龄化的能力差异，分析中国应对老龄化的优势和劣势，给出我国提高老龄化能力建设的建议。

第三部分是探索篇，包括第 7 章和第 8 章。

第 7 章为积极健康老龄化要素分析。针对社区数据，对积极健康老龄化中的主动健康和社会参与的社区分布进行分析，采用社区区格分析方法，通过社会参与模式、环境支持情况将社区划分为不同区格，对每类区格的主动健康和社会参与特征进行分析。

第 8 章为积极健康老龄化社会舆情分析。采用网络社会舆情分析方法，基于传统媒体和新兴媒体信息的网络挖掘，从新闻、讨论、网民言论等文本数据中获得公众对各个因素的关注程度，并用情感倾向衡量其所持态度。通过观察社会对健康老龄化问题的关注程度和情感倾向随时间的动态变化趋势，深入研究公众对老龄化背景下某些特定公共事务或社会问题的态度与情感，并提出加快健康老龄化进程的对策性建议。

指数篇

第 1 章
中国积极健康老龄化指数的编制

1.1 老龄化统计测度的相关研究

　　人口老龄化是人类社会发展的必然规律，同时已经成为国际关注的问题，是近十几年来国内外人口学、经济学、地理学等领域的主要研究议题。在中国，由于生育率的迅速下降和人口预期寿命的快速上升，人口老龄化呈现"规模大、速度快、高龄化显著"的特点，人口结构趋向于倒金字塔型，面临急速老龄化的压力。同时，由于改革与发展的阶段被极大地压缩，快速城镇化以及区域发展不平衡使人口老龄化呈现"未富先老"、"城乡倒置"与"区域发展不均衡"等特点（陆杰华，郭冉，2016；林宝，2018）。在当前和今后，中国是世界上拥有老龄人口和高龄老人最多的国家。依据国家统计局公布的数据，2018年底，中国 60 岁及以上人口为 2.49 亿人，占总人口的 17.9%，约占全球老年人口总数的 1/4；2019 年底 65 岁及以上人口为 1.76 亿人，占总人口的 12.6%。2016 年，全国老龄办发布的《第四次中国城乡老年人生活状况抽样调查成果》显示，失能和半失能老人约占全部老年人的 18.3%；同时，老年人精神慰藉服务严重不足，农村老年人精神孤独问题尤为突出。董亭月（2016）利用 2014 年中国老年社会追踪调查数据研究发现，中国 24.78% 的老年人有不同程度的孤独感，其中，农村、女性、高龄、独居且失能的老年人孤独感程度更高。预计到 2050 年中国需要日常照护和帮助的老年人总数将上升近 60%（Harwood，Sayer & Hirschfeld，2004）。

1.1.1 老龄化的统计测度

　　目前，关于老年人的统计和定义指标主要是通过划分个体年龄来确定，普遍认同的人口老龄化概念是 1956 年联合国在世界平均预期寿命不到 50 岁的背景下依据固定年龄指标划定的，一个国家 60 岁（或 65 岁）以上的老年人口占总人口的比重大于 10%（或 7%）便被称为老龄化国家。

　　国内对于老龄化测度的研究主要有以下两个方面。一是从横向角度测度老龄化的空间差异；王泽宇等（2013）基于国际通用标准，采用多项指标对人口老龄化水平进行综合测度，并采用空间自相关分析方法研究人口老龄化水平的空间关联规律；郑运鸿（2015）分析了我国人口老龄化现象在四大经济区域、八大经济区、省域等三个不同维度上的分布态势，利用地理信息系统软件 ArcGIS 及相关制图软件从人口老龄化的程度、速度、密度三个方面对中国人口老龄化的空间差异进行多维度的研究；许海平（2016）选取人口老龄化比重和人口老少比两个指标，借助泰尔指数测算了我国农村人口老龄化的地区差异并进行结构分解，构建面板数据模型以检验全国、东部、中部、西部层面农村人口老龄化的影响因素；吴连霞和吴开亚（2018）采用剩余预期寿命、实际老龄依赖比等动态年龄指标，通过生命表测度老年人口与老龄化，运用空间聚类分析方法分析中国人口老龄化时空演变特征。二是从纵向角度测度老龄化的变化趋势：李汉东等（2014）利用新的老龄化测度方法，基于第六次人口普查数据得到的中国人口预测结果分析了中国未来人口老龄化的变化趋势；翟振武等（2016）指出中国人口的老龄化呈现出一些新特点：空巢独居老人规模庞大，亟须实施家庭支持类政策推动家庭养老功能再实现，新一代老年人文化水平更高且积累了一定的财富，为"智慧养老"和"资产养老"理念的落实创造了条件；张欣悦（2020）分析了我国人口老龄化对全国经济、社会发展、社会稳定的影响，并分析了未来老龄化速度、水平、抚养比的发展趋势。

1.1.2 积极老龄化的相关研究

（1）积极老龄化理论的发展脉络及定义

1997 年，七国集团在丹佛会议上首次提出了积极老龄化的概念。1999 年，欧盟召开的积极老龄化国际会议从理论上探讨了积极老龄化问题及其解决的现实可能性。2002 年，世界卫生组织健康发展中心出版了《积极老龄化：从论证到行动》，将积极老龄化的内涵定义为"人到老年时，为了提高生活质量，使健康、参与、保障的机会尽可能发挥最大效应的过程"。

健康、参与、保障是积极老龄化的三大支柱：健康是实现积极老龄化的基础，只有保持身心健康，老年人才有可能在社会、文化等各领域一展拳脚，才有可能为社会发展做出贡献。参与是实现积极老龄化的前提条件，老年人有再多的知识和经验，如果不能融入社会中实现自我价值，就无法参与社会发展；应为老年人参与社会创造更多更好的条件，并采取措施鼓励老年人积极融入社会发展。保障是实现积极老龄化的根本保证，老年人毕竟是社会的弱势群体，在其参与社会的过程中，应对其生活、人权、尊严等方面予以保障，消除他们的后顾之忧，让他们能够全心地投入到社会发展的建设中（WHO，2020）。

（2）积极老龄化评价体系研究

世界卫生组织（2002）在健康、参与、保障三大维度的基础上提出了六组用于具体测量的指标体系：第一，健康和社会服务指标，用来测量与健康相关的社会保障制度完善程度，具体包括促进健康预防疾病的措施、卫生服务、长期护理、心理卫生保健的覆盖面及质量；第二，个人行为指标，用来测量老人与健康有关的行为频度，具体包括老人在吸烟、锻炼、饮食、口腔护理、饮酒、用药等方面的情况；第三，个人身心指标，用来测量影响老人健康的身心因素，如生物因素、遗传因素、心理因素等；第四，物理环境指标，用来测量老人健康生活所需物理环境的适宜度，如亲环境指数、住宅安全指数、防跌落指数、无污染指数等；第五，社会指标，用来测量社会对老年人社会参与的支持度，具体包括社会支持指标、消除暴力和虐待的程度、老年教育水平等；第六，经济指标，用来测量企业和政府对老年经济参与的支持度，具体包括老年工资制度、老年社会保障、老年就业等方面。

在上述体系的基础上，不断有学者对积极老龄化的模型进行改进。Thanakwang（2009）构建了具有文化意义的积极老龄化指标体系，包括独立生活、社会参与、精神世界、经济安全、健康生活方式、终生学习、家庭关系七个方面，并运用这一指标体系对泰国积极老龄化水平进行测度。Van Malderen 等（2016）构建的指标体系包含的九项指标为文化、行为、心理、物理环境、社会环境、经济、关怀、休闲、参与，用于对养老院的老年人的积极老龄化水平进行评估。Ballesteros 等（2013）着重考虑了心理因素，将积极老龄化定义为患病率和残疾概率较低、良好的健康水平和认知能力、积极的情绪、能够处理各种压力、积极参与生活，以此为基础构建包含健康、心理因素、认知能力、社会关系、生物行为和性格的指标体系。Feng 等（2015）在健康和参与的基础上纳入生活满意度指标，并测度了香港的积极老龄化水平。国家社会生活、健康和老龄化项目（National Social Life，Health，and Aging Project，NSHAP）采取自我评估和具体测量相结合的方式了解老年人的健康状况，为评定老年人的健康状况提供更全面、更可靠的数据（Williams，Pham-Kanter & Leitsch，2009）。

（3）积极老龄化指数

为了给政策制定者提供一个有效的分析工具，对欧盟的积极老龄化进程进行判断，欧盟和联合国人口机构的一些专家合作，依据世界卫生组织对积极老龄化内涵的界定，从就业、社会参与、独立健康和安全生活、积极老龄化的能力和环境四个方面设计指标，确定权重，设计出积极老龄化指数（AAI）。

a. 就业维度

就业维度的权重为 35%，数据来源于欧盟劳动力调查（EU-LFS）（见表 1-1）。

表 1-1　积极老龄化指数（AAI）就业维度二级指标

二级指标	指标解释	二级指标权重（%）	备注
55～59 岁区间就业率	在调查前一周内从事过有收入的工作，或有工作但因故（如休假、生病等）未工作的 55～59 岁的老年人	25	
60～64 岁区间就业率	在调查前一周内从事过有收入的工作，或有工作但因故（如休假、生病等）未工作的 60～64 岁的老年人	25	

续表

二级指标	指标解释	二级指标权重（%）	备注
65～69 岁区间就业率	在调查前一周内从事过有收入的工作，或有工作但因故（如休假、生病等）未工作的 65～69 岁的老年人	25	不区分全职和非全职的工作
70～74 岁区间就业率	在调查前一周内从事过有收入的工作，或有工作但因故（如休假、生病等）未工作的 70～74 岁的老年人	25	

b. 社会参与维度

社会参与维度的权重为 35%，数据来源于欧洲生活质量调查（EQLS）（见表 1-2）。

表 1-2 积极老龄化指数（AAI）社会参与维度二级指标

二级指标	指标解释	二级指标权重（%）	备注
志愿活动	55 岁以上人口在过去的一年中参加社区及社会服务，教育、文化、体育或专业协会，社会运动或慈善机构、其他志愿组织的无收入公益活动的比例	25	只关注参加过正规组织的志愿活动的比例
照顾儿女、孙子孙女	55 岁以上人口在调查前一周内对子女及孙子孙女提供照顾的比例	25	
照顾老人	55 岁以上人口在调查前一周内对更老的人或残疾亲属提供照顾的比例	30	
政治参与	55 岁以上人口在过去一年内参与了工会、政党或其他政治活动组织，或参加过抗议及示威，或联系过政治家、公职人员（除了因使用公共服务而产生的日常联系）的比例	20	

c. 独立健康和安全生活维度

本维度的权重为 10%，数据来源于欧洲收入及生存现状调查（EU-SILC）、欧洲社会调查（ESS）（见表 1-3）。

表 1-3 积极老龄化指数（AAI）独立健康和安全生活维度二级指标

二级指标	指标解释	二级指标权重	备注
锻炼身体	55 岁以上人口每周平均参与至少 5 次体育活动或身体锻炼的比例	0.1	
健康及牙齿医疗	55 岁以上表示没有未满足的医学及牙医检查需求的比例	0.2	指不存在有医学及牙科检查需求但无法接受治疗的情况的受访者
独立居住	75 岁以上人口独自居住或两个成年人一起居住且至少一个在 65 岁以上的比例	0.2	居住模式为单人或两个成年人，没有未独立的子女，且至少一个成年人在 65 岁以上

续表

二级指标	指标解释	二级指标权重	备注
金融保障——相对收入中位数	65 岁以上人口中位数可支配收入与 65 岁以下人口中位数可支配收入的比值	0.1	等值可支配收入＝家庭可支配收入/等效成年人数量；家庭可支配收入＝每个家庭成员的所有货币收入（包括工作收入、投资及社会福利）总额＋家庭层面的收入－缴纳税款及捐款；等效成年人数量＝成年人数量×1＋14 岁以上未成年人数量×0.5＋14 岁以下成员的数量×0.3。当该值高于 100 时，设定该值为 100
金融保障——无贫困风险	65 岁以上没有贫困风险的人口的百分比，使用全国可支配收入中位线的 50％为贫困线	0.1	等值可支配收入高于全国可支配收入中位线视为无贫困风险
金融保障——不存在严重物质缺乏现象	65 岁以上人口不存在严重物质缺乏现象的比例	0.1	不存在严重物质缺乏现象，指以下九种物品至少有四种：1. 可支付租金、抵押或水电费；2. 保持家内供暖及空调；3. 可以承担意外的开支；4. 定期吃肉类或蛋白质；5. 去度假；6. 一台电视机；7. 一台洗衣机；8. 一辆车；9. 一部电话
心理健康	55 岁以上人口居住区域没有犯罪、暴力及破坏行为的比例	0.1	
终身学习	55～74 岁人口在调查前四周内参加过任何课程、研讨会、会议或接受常规教育及私人课程或指导的比例	0.1	

d. 积极老龄化的能力和环境维度

该维度权重为 20％，数据来源于欧洲健康及预期寿命信息系统（EHLEIS）（见表 1－4）。

表 1－4　积极老龄化指数（AAI）积极老龄化的能力和环境维度二级指标

二级指标	指标解释	二级指标权重（％）	备注
55 岁时的预期寿命	55 岁时的剩余预期寿命除以 50（预期寿命上限为 105 岁）	33	
55 岁时享有的健康的预期寿命	55 岁时剩余预期寿命中健康生活的年份	23	

续表

二级指标	指标解释	二级指标权重（%）	备注
心理幸福感	55岁以上老人的乐观幸福生活指数，使用 EQLS、WHO 的 ICD-10 测量	17	自我测评个人感到"愉悦和精神好""平静与放松""活跃且充满活力""醒来觉得新鲜和休息充分""每日生活充满乐趣"5个问题 回答分为6级：5代表总是，4代表大部分时间是，3代表超过一半时间是，2代表少于一半时间是，1代表有些时候，0代表从来没有 积分从0~25分转换为指数
ICT 使用	55~74岁的人口每周至少使用一次网络的比例（包含每天都使用）	7	
社会联系	55岁以上老人至少每月与朋友、亲戚或同事见面的比例	13	排除因工作、职责的会面
受教育程度	55~74岁老人接受高中或大学教育的比例	7	最高学历在大学及以上

（4）对 AAI 进行的改进

目前，国内外有关积极老龄化的研究大多以 AAI 为基础，各国的研究人员对积极老龄化进行了深入的研究和指标体系的改进。部分学者对 AAI 的变量选择和权重设置提出了质疑：一是一些定量的结构并没有反映现实的经验与研究中的现象有关；二是 AAI 指数对所有国家给定的权重都是相等的，但实际上国家之间具有差异性；三是对部分变量存在疑问，例如65岁以上人口中位数可支配收入与65岁以下人口中位数可支配收入的比值提高并不一定表示老年人收入增加，反而可能是年轻人收入中位数降低造成的。

针对这些问题，学者们采用多种方法进行了改进。Coro 等（2018）采用潜在类别分析方法辨别老年群体在不同活动中展现的同质的参与模式，并通过参与模式和一些社会人口学特征研究不同群体老年人的特征，对 AAI 的二级指标和权重进行了调整。第一、二维度保持不变；第三、四维度中，健康及牙齿医疗由医生和牙医提供援助的频率替代，独立居住由 Barthel 指数和 IADL 规模替代，相对收入的中位数由感知的经济形势替代，取消55岁时的预期寿命，55岁时享有的健康的预期寿命被每日活动不受限制取代，心理幸福感被情感平衡量表取代，社会联系被一个11项的量表取代。

Amado 等（2016）用数据包络分析方法调整 AAI-EU 工具的指标权重，以提供数据结果的稳定性。Carla 等（2016）使用 DEA 方法评估各国的相对表现，并确定每个国家在积极老龄化方面的优劣势，计算每个国家最佳的权重结构。他们不提倡完全固定的权重，一是可能导致一些领域存在无效权重，损害积极老龄化的综合定义，也会使一些国家专注于某一项的发展而忽略其他项；二是每个国家的权重应参考每个领域内指标间的一些合理的规范性判断。Djurovic 等（2016）通过采用 CIDI 方法确定 AAI 指标的权重来重新计算积极老龄化指数。Vicente 等（2017）通过应用 AAI-EU 得到西班牙地区老年人的积极老龄化水平，并对指标的实用性进行调整，以更好地指导相关政策的制定。

（5）国内积极老龄化的发展

国内学者依据中国积极老龄化的发展实践，从多个视角对世界卫生组织的积极老龄化内涵进行了扩充。中国积极老龄化主要在健康、参与、保障三大微观维度的基础上加入发展、和谐、共享三个宏观维度。发展指包含经济、文化、政治、社会发展在内的广义的发展，和谐指重视家庭代际关系，共享指发展资源、发展关系、发展成果的共享（邬沧萍，2013）。胡敏（2012）构建了适用于中国社会文化背景的积极老龄化水平测度量表，编制了《老年人积极老龄化测评问卷》，通过分析证明了该问卷具有较好的信度和效度，可以作为老年人积极老龄化水平的调查工具。张建阁等（2017）、韩二环等（2019）、张慧颖等（2019）分别针对 Thanakwang 等（2014）提出的 AAS-Thai 工具进行了信度与效度检验，探讨其在养老院和农村地区老年人群中的适应性。谢晖（2019）经过文献分析、社会调查、专题小组讨论和德尔菲法两轮专家函询，形成了积极老龄化指标体系，包括 3 个一级指标、10 个二级指标、45 个三级指标（见表 1-5）。

表 1-5　谢晖改进的积极老龄化指数

一级指标	二级指标	三级指标
健康	躯体健康	日常生活活动能力、感觉功能（听力和视力）、慢性疼痛、慢性病、睡眠、饮食、排泄
	心理健康	应对能力、自尊、积极情绪、认知能力、安全感、主观幸福感
	社会适应	社会支持、自我管理、人际关系、角色适应
参与	生产性活动	有偿工作、志愿服务、照顾家人
	精神文化活动	看电视、听广播、阅读、购物、旅游、使用互联网
	体力活动	散步、健身、做家务（含买菜等）
	社交活动	探访亲友、参加俱乐部、上老年大学、参与棋牌活动
保障	经济保障	社会养老保险、医疗保险、住房保障、个人收入、子女赡养
	政策法规保障	政策保障、法规保障
	社区环境	公共交通、社区安全、社区卫生服务、社区公共服务、培训教育

刘文和杨馥萍（2019）利用 CHARLS 和 CGSS 数据库，借鉴欧盟积极老龄化测度框架，利用 AHP 与 DEA 相结合的方法设计中国积极老龄化指数，测度中国三大区域及 28 个省份的积极老龄化指数，研究区域、城乡、省份、性别等层次的积极老龄化发展水平（见表 1-6）。

表 1-6 刘文改进的积极老龄化指数

一级指标	每部分权重（%）	二级指标	权重（%）
就业	39.1	55～59 岁区间就业率	34.4
		60～64 岁区间就业率	30.7
		65～74 岁区间就业率	34.9
社会参与	9.4	参与志愿活动的老年人比例	42.0
		至少一周照顾一次（岳）父母的老年人比例	46.0
		每周照看孙子/女时间	10.2
		参与选举的老年人比例	1.8
独立性、健康及生活安全	20.9	进行身体锻炼的老年人比例	12.6
		日常生活没有困难的老年人比例	59.3
		拥有医疗保障的老年人比例	8.2
		拥有养老保险的老年人比例	3.5
		家庭经济状况处于平均水平及以上的老年人比例	5.8
		60 岁以上老年人收入占 30～45 岁青年人收入的比重	5.5
		空闲时间经常学习的老年人比重	2.4
		对政府打击犯罪满意的老年人比例	2.7
积极健康老龄化的能力及条件	30.6	精神健康的老年人比例	8.3
		老年人的网络使用率	23.7
		受过中高等教育的老年人比例	14.3
		人均预期寿命	14.1
		身体功能正常的老年人比例	12.9
		和邻居、街坊及同村居民比较熟悉的老年人比例	2.3
		每月至少见到子女一次的老年人比例	3.0
		从子女处获得的经济帮助占生活支出的比重	21.4

李嘉佳等（2020）为对比国内外不同积极老龄化量化测量工具的指标构建、适用性及应用验证，检索了多个数据库、世界卫生组织网站及其他相关网站，对获得的测量工具进行定性评价与比较，得到的结论是 AAI-EU（2012）的指标设定最具时代特色，开展的验证性研究最多，应用范围最广。我国本土化积极老龄化测量工具的研发和改善，可在基本维度、指标体系的构建方面借鉴和学习 AAI-EU 及其他相关的测量工具。

1.1.3 健康老龄化的相关研究

（1）健康老龄化的提出与发展

健康老龄化是 20 世纪 80 年代后期随着世界人口老龄化的发展而产生的新概念。1987 年的世界卫生大会首次提出健康老龄化的概念，把"健康老龄化的决定因素"列为老龄研究项目的主要研究课题。1990 年世界卫生组织召开的世界老龄大会将健康老龄化作为应对人口老龄化的一项发展战略。2015 年 10 月，为积极应对人口老龄化，稳步提高健康预期寿命，世界卫生组织提出了健康老龄化战略。《关于老龄化与健康的全球报告》的全球发布意味着健康老龄化再次被提上日程。

（2）健康老龄化的概念

健康老龄化包括老年人个体健康、老年人群体的整体健康、人文环境健康三个方面的内容，不仅指老年人个体和群体健康，而且指老年人生活的社会环境健康良好（吴忠观，1997）。

健康老龄化框架的目标是延长个体预期寿命和提高个人健康水平。虽然意识到社会环境也能够对老年人老龄化水平产生一定影响，但健康老龄化认为决定老年人衰老进程以及状态的决定性因素仍然是个体的健康因素，因此健康老龄化关注的重点是改善老年个体的健康水平，延缓身体机能的衰退。政策框架内所有政策和解决方案都应该以改善老年人的个人身体健康状况为基准，同时关注老年人的心理健康和社会关系（WHO，2002）。

健康老龄化阐述了一种拥抱衰老的思维，各种行为不只是为了身体的健康，也是为了提高生活品质。健康老龄化是一个为维持老年人健康而保持和发展功能性能力的过程，这些能力包括个人满足基本需求的能力、行动能力、学习能力、成长和决策能力、建立和维护人际关系的能力以及为社会做出贡献的能力。越来越多的群体逐渐接纳自我健康管理理念，尤其是年轻人，这在一定程度上推动了面向全年龄的健康老龄化的治疗和预防方案发展（Olivo，2018）。

（3）健康老龄化的中国化发展

1997 年，邬沧萍最早将健康老龄化理论引进国内。随着健康老龄化研究的兴起，决策者也将健康老龄化逐步纳入国家整体的战略布局。作为指导健康中国建设的行动纲领，《"健康中国 2030"规划纲要》明确提出了推动老年卫生服务体系建设等多项举措，旨在促进健康老龄化。2017 年，国家卫计委等 13 个部门联合印发《"十三五"健康老龄化规划》，以积极应对人口老龄化问题，助力实现健康中国。在"健康中国 2030"战略的引领下，我国健康老龄化框架的蓝图已初步勾画出来，健康老龄化的中国方案 1.0 版的颁布无疑是健康中国建设的一个关键环节。

针对健康老龄化指数，我国学者有以下研究。陈小月（1998）基于对健康老龄化科学含义的理解，尝试性地建立了一套由老年人自身健康指标、老年人家庭和物质生活指标、老年人所在社区指标和老龄化社会指标四个层次构成的健康老龄化社会评价指标体系，并对中国城市的情况进行了测算。肖月等（2017）着重研究了"健康中国 2030"战略，遵从导向性、代表性、可行性和可操作性、系统性等原则，形成了包含健康水平、健康生活、健康服务与保障、健康环境、健康产业五个领域 15 个指标的"健康中国 2030"核心指标体系。梅光亮等（2017）结合我国"十三五"健康老龄化规划的任务要求，形成了包含健康人群、健康生活、健康环境、健康保障和生活满意度五个维度 11 个指标的健康老龄化评价测量指标体系（见表1-7）。

表1-7 梅光亮提出的健康老龄化评价测量指标体系

维度	指标	指标内涵	测量方式
健康人群	躯体和功能健康	反映老年人群生理健康水平	问卷及BI量表
	认知功能和心理健康	反映老年人群心理健康水平	MMSE量表、GDS量表
	社会参与	反映老年人群社会适应状态	问卷
健康生活	老年人群健康素养水平	反映老年人利用健康信息及服务促进自身健康的能力水平	国家专项调查
	65岁以上老年人群健康管理率	反映老年人健康管理状况	国家卫生服务调查或卫生统计数据
	老年教育参与率	反映老年人受教育情况	中国城乡老年人生活状况抽样调查
健康环境	健康社区	反映老年人所处社区的健康支持水平	朱媛媛研制的量表
健康保障	每千常住老年人口养老床位数	反映养老资源状况	社会服务发展统计公报
	每千常住老年人口执业（助理）医师数	反映健康人力状况	卫生统计数据
	基本养老保险参保率	反映老年人社会保障情况	中国城乡老年人生活状况抽样调查
生活满意度	生活满意感	反映老年人生活满意水平	SWLS量表

吴凡和绳宇（2019）引进了Thiamwong（2008）的研究成果，从老年人群对健康老龄化理解的视角出发编制了健康老龄化量表（Healthy Aging Instrument，HAI），该量表包括九个方面的内容：生活充足且简单，接受年老，压力管理，拥有社会关系及支持，行善助人，自我照护，躯体功能正常，认知功能正常，社交参与；涵盖老年人躯体功能、心理状况、认知功能、社会功能、精神状态等共35个条目；采用李克特5级评分法（1分表示"完全不符合"，2分表示"有点符合"，3分表示"不确定"，4分表示"很大程度符合"，5分表示"完全符合"），总分为35～175分，得分越高表示健康老龄化水平越高。吴凡等依据量表翻译及文化调适指南，对量表进行正向翻译、回译、预试验，选取5位专家对中文版量表的内容效度进行评价，并进行信度、效度检验。

（4）主动健康及自我评定老龄化指数（SAI）

a. 定义及背景

积极老龄化及AAI指数主要倾向于社会及国家层面的政策和指标测评，而主动健康和SAI指数倾向于个体层面。主动健康指个人主动维持身体健康和正常功能、休闲和社交活动、心理功能和活动及社会关系和社交活动，实现积极老龄化。

SAI指数旨在衡量个体水平的主动健康及积极老龄化水平，它以生物心理社会评估模型（MAB）为基础，这是一种用于对老年人进行多维评估的工具，主要从生物学、心理学和社会学角度进行评估。

SAI 指数的优势在于，其方法允许权重由数据的相关性及变化确定，从而避免主观判断。同时，可以给出每个个体相应的 SAI 分数，并可以通过其变化判断该个体积极老龄化程度的变化。

b. SAI 框架

SAI 首先引入 MAB 模型中的所有指标，包括性别、年龄、年龄平方、BMI（营养不足、超重、肥胖）、在室内移动有困难、在日常生活的活动中遇到困难的数量、在日常生活的器械使用中遇到困难的数量、郁闷、紧张、没有活力、时间意识、婚姻状况（单身、已婚、离婚，以孤寡为对照组）、与他人同居、有人可以信任、受教育年限、受教育年限的平方项、工作类型为体力劳动、体育运动、适度的身体活动、吸烟状况（前吸烟者、现吸烟者，对照组为非吸烟者）。

之后，SAI 使用葡萄牙人口老龄化研究数据及欧洲健康、老龄化和退休调查数据，使用逐步回归根据 AIC 和 BIC 进行变量筛选，选出引入模型的指标及其权重。

1.1.4　文献述评

近年来，我国的老年人口急剧增加，老龄化速度不断加快，我国正面临人口快速老龄化的巨大挑战：规模大、速度快且未富先老。但未来 10 年左右，仍以低龄老年人增长为主，是建立和完善老龄化应对体系的机会窗口期。能否成功应对老龄化在很大程度上取决于积极老龄化和健康老龄化的战略成功与否。目前，国内对于老龄化已有深刻的认识，对积极老龄化和健康老龄化战略给予了极高关注，已有学者分别针对积极老龄化和健康老龄化建立相应的指标体系，但针对积极老龄化和健康老龄化的综合指数仍亟待研究。因此，本书推出积极健康老龄化指数，以期为研究老龄化进程提供新的视角，为制定老龄化相关措施提供数据参考。

1.2　积极健康老龄化指数的定义

基于文献综述中提到的积极老龄化和健康老龄化两个体系，本书以欧盟的 AAI 和 SAI 指数为基本框架，并将其中一些问题结合中国老年人的特点进行改进，确定了本书的指数，最终命名为"积极健康老龄化指数"，进而构建其测度指标体系。

1.2.1　积极健康老龄化指数的定义

本书所定义的积极健康老龄化指的是人到老年时主动追求健康的生活，积极参与社会、经济、文化等社会生活，并发挥社会保障提供的一切养老服务的效应的过程。基于这一定义，本书从主动健康、社会参与和环境支持这三个维度来定义和测度中国的主动健康与积极老龄化现状。

1.2.2　主动健康的定义

没有全民健康，就没有全面小康。随着经济社会的发展，尤其是我国人口老龄化的快速发展，我国国民对健康的需求快速增长，人们在希望"好看病、看好病"的同时，更加关注疾病的预防、个体功能的完善、良好健康状态的维持以及健康寿命的延长。主动健康的理念得到越来越多的人的认可。

主动健康，就是主动获得持续的健康能力、拥有健康完美的生活品质和良好的社会适应能力。其倡导的是主动发现、科学评估、积极调整、促进健康的理念。主动健康首先意味着每个家庭、每个居民都要对自己的健康负责；意味着广大医务工作者要以人民健康为中心，开展医学研究，提高临床能力，关注生命全周期、健康全过程；意味着政府及相关部门要把健康融入各项政策，有效实施健康影响因素评估，为健康中国战略奠定坚实的基础。

1.2.3　社会参与的定义

自20世纪美国著名社会学家、芝加哥大学教授欧内斯特·伯吉斯（Ernest Burgess）将象征互动理论中的社会参与概念引入老年研究领域后，老年人生存的社会意义以及老龄生命的终极价值一直是政府和社会关注的焦点。特别是联合国推出的《2002年马德里老龄问题国际行动计划》把"独立、参与、照顾、自我实现、尊严"确立为21世纪老龄问题行动计划的基本原则，把"老年人与发展"列为三个优先方向的首位之后，老年人社会参与被正式纳入积极老龄化发展战略，成为应对21世纪人口老龄化的政策框架。

从国外学者的研究来看，研究者一般从其研究的角度给出社会参与的定义，大致可以归纳为四种：（1）介入角度，社会参与是指人们对各种社会活动、社会团体的介入程度；（2）角色角度，社会参与是一个由正式的和非正式的社会角色所组成的多维构建；（3）活动角度，社会参与是指个人与他人一起参加的活动；（4）资源角度，社会参与是指在社会层面对个人资源的分享。

布科夫（A. Bukov）等人认为社会参与是一种基于社会导向的与他人分享资源的行为。该定义认为，社会参与是衡量老年人生活质量的一个重要标准。以被分享的资源为基础，社会参与可以划分为集体性社会参与（即参加团体成员的共同活动，团体内部分享的主要资源是时间）、生产性社会参与（即为他人提供劳务、商品及其他利益；除了时间，被分享的资源还有特殊才能和资历）和政治性社会参与（即关于社会团体和资源分配的决策行为）等类型。

国内对老年人社会参与的研究是随着"老有所为"概念的提出而展开的，主要从"奉献"的角度进行界定。其发展主要经历了由成本效益优先、资源利用最大化到凸显人本主义价值取向的转变。

国内早期的社会参与研究侧重于对老年人这一社会资源的充分挖掘和利用，邬沧萍教授把"老有所为"定义为"老年人自愿参与社会发展，为社会所做的力所能及的有益贡献"。此外，老年人社会参与主体范围所经历的由"特权"到"普惠"，即由最初参与主体仅为离休老干部、随后扩大到科技工作者、最后"惠及全体"的变化，更加彰显了人本主义价值观。

目前，国内学者对老年人社会参与涵盖范围尚未达成共识。在我国老年人社会参与问题的研究上，主要的理论框架还是来源于西方社会老年学的基本理论。这些理论大都从社会学或心理学的某一角度阐释了在个体老龄化过程中个体、社会、环境等在老年人社会参与方面的影响，并对老年人是否应该参与社会及其对老年人个人的身心状况及价值体现做了解释，对研究我国老年人的社会参与有着重要的借鉴意义。然而，这些理论观点的基础都建立在西方国家的文化、价值观和老年人的特点之上。我们分析中国老年人的社会参与应考虑中国的历史文化特点和中国老年人的社会活动特点。

我们从本土化的角度出发，给出了老年人社会参与的定义：参与者在社会互动过程中，以正式或非正式的社会角色参与到各种社会活动、社会团体中，在社会层面实现资源共享，实现参与者的价值。老年人社会参与指数的测度具体包括三大基本领域的参与：（1）经济参与，包括参与经济活动和经济事务，即老年人继续在业和重新就业的有偿劳动；（2）文化参与，主要包括以正式或非正式的形式参与社会和社区公益活动等，还包括参与各种类型的文化、体育、娱乐活动和社区教育等，以及对政治事务的关注和参与；（3）家庭参与，包括为自己的家庭成员服务的劳务和活动。

关于老年人社会参与概念的界定，争议集中在它的范围。本书的定义在个人价值层面，体现老年人参与价值；在互动层面，体现社会参与是与他人相联系的、非孤立的；在社会层面，体现老年人对经济、政治、文化、公益等全方位的参与。考虑到中国国情，该指数定义与欧盟的社会参与指数主要有三点不同：（1）在组织形式上，在正式的组织参与之外加入了非正式组织参与形式；（2）补充了中国老年人参与度很高的文化娱乐活动；（3）在政治参与方面，在参与行为之外补充了关注度指标。

1.2.4　环境支持的定义

环境支持指社会积极面对人口老龄化的压力，并能够应对老龄化社会的到来与压力，从公共服务角度和社会支持角度，按照不同主体的分工和责任，分别从政府、社会两个角度考察应对老龄社会的能力与准备。

环境支持的量化测度源于联合国欧洲经济委员会主要针对欧盟的积极老龄化相关研究与测度（UNECE，2019），特别是其中对"能力与环境"的测度。欧盟的 AAI 指数更侧重于对老龄人口个人情况的分析，本书在此基础上增加了对社会公众视角和政府公共服务视角的考察，与主动健康和社会参与相结合，全方位测度和考量主动健康与积极老龄化问题。

环境支持的研究是对积极老龄化研究的继承与扩展。第二次世界大战之后经济发展、社会稳定，人口预期寿命大大延长，老年人和老龄化社会受到关注，国内外相关研究从

"成功老龄化"、"健康老龄化"与"生产性老龄化"等阶段逐渐发展到"积极老龄化"（同春芬，刘嘉桐，2017）。

积极老龄化是指在保持健康老龄状态的同时，老年人还需积极参与到社会活动中，这也在一定程度上强调社会对老年人的接纳和包容。积极老龄化是社会问题，不仅是老年人个人积极获得健康，还包括老年人积极参与社会、经济和文化生活（邬沧萍，彭青云，2018）。

在此基础上，本书形成"环境支持"指数，旨在反映在积极老龄化的过程中，个人、政府、社会能否以及如何支持这一动态的积极发展过程。

1.3 积极健康老龄化指数的测度体系与方法

基于上一节对积极健康老龄化的定义，本节重点介绍其统计测度设计和指数测算方法。

1.3.1 指数体系的构建原则

评价积极健康老龄化的状态必须要有一套明确的量化指标，指标体系的建立关系到评价结果的可信度。构建科学合理的积极健康老龄化评价指标体系应遵循结构的对称性、体系的稳健性、指标的可操作性等基本原则。具体如下：

（1）结构的对称性原则

结构的对称性是指在测度体系的设计中，首先充分利用定性分析理论，设计优化对称性层次和要素结构，在理论上保证各个指标的对称和均衡，不仅使众多指标构成的积极健康老龄化评价结构更加完备，而且强化各个要素对积极健康老龄化指数的平行贡献和均衡作用，避免某个具体方面对整体产生过大影响。

（2）体系的稳健性原则

积极健康老龄化评价测度体系的设计应充分考虑结构的稳健性，整体测度体系由三个层级构成：第一层级是由主动健康、社会参与和环境支持组成的稳健性较大的"三足鼎式"结构；第二层级由三大维度各自的几大要素共同组成，总计七个要素；第三层级由每个要素下设置的子要素组成，通过多重指标加以描述。因此，总体测度体系层次清晰，结构均衡，避免了由于指标过少并设置有偏而导致的剧烈波动，增加了体系的稳健性。

（3）指标的可操作性原则

测度体系设计不应脱离中国老龄化的现实情况，要从现有统计条件入手，密切结合宏观数据和微观数据的现状，确保有准确可靠的指标数据来源；保证指标口径、核算方法的科学可比，既要充分准确地反映积极健康老龄化的丰富内涵，又务必使纳入该体系的各项指标概念明确、内容清晰；能够实际计量或测算，即指标可采集、可量化、可对比，以便进行定量分析和实际应用；指标设置力争与《健康中国2030》规划指标衔接一致，以深化指数体系的政策导向与实践意义。

1.3.2 指数体系的设计

基于上述基本原则，积极健康老龄化评价测度体系的设计围绕着主动健康指数、社会参与指数和环境支持指数三个要素展开。

(1) 主动健康指数的测度体系设计

本书希望能从个体层面对主动健康状况进行测量，构建每个人专属的主动健康指数，此指数可用于不同个体间的比较，也可用于对同一个体的主动健康状况进行追踪随访，还可用于不同人群及地区间的比较，以推动主动健康的实施并最终实现全民健康的目标。

主动健康指数下设健康现状和自我管理两个二级指数。健康现状主要反映个体目前的健康状况；自我管理主要测量个体对自己的身体健康及相关健康危险因素的管理能力。两个二级指数分别测量的内容如表 1-8 所示。

表 1-8 主动健康维度测度指标体系

一级指标	二级指标	三级指标	指标编号	测度指标
主动健康	健康现状	健康自评	1.1.1	老年人对自我健康状况的五级量表打分
		BMI 指数	1.1.2	老年人的 BMI 指数
		慢病状况	1.1.3	老年人慢性病患病比例
		活动受限	1.1.4	老年人在室内移动有困难比例、在日常生活的活动中遇到困难的数量、在日常生活的器械使用中遇到困难的数量
		心理健康	1.1.5	老年人抑郁焦虑量表打分
		人际信任	1.1.6	老年人信任子女的比例
			1.1.7	老年人认为身边有值得信任的人的比例
	自我管理	控烟情况	1.2.1	吸烟的老年人的比例
		体检频率	1.2.2	老年人每年参加身体健康检查的频率
		身体锻炼	1.2.3	老年人每周参与体育活动或身体锻炼的频率
		健康素养	1.2.4	老年人对健康知识了解的比例
		社会联系	1.2.5	老年人每月至少一次与朋友、亲戚或同事见面的比例
			1.2.6	老年人每周至少使用一次网络的比例
		医疗自主	1.2.7	老年人医疗自主能力

(2) 社会参与指数的测度体系设计

在社会参与的定义的基础上，对 AAI 体系的老年人社会参与维度指标进行补充发展，社会参与指数下设三个二级指数：经济参与、文化参与和家庭参与。经济参与指的是参与经济活动和经济事务，即老年人继续在业和重新就业的有偿劳动。文化参与包括以正式或非正式的形式参与社会和社区公益活动等（无酬劳动），参与各种类型的文化、体育、娱乐活动和社区教育等活动，以及对国内外、社区政治事务的关注和参与意愿和行为。家庭参与指的是为自家家庭成员服务的劳务和活动（不包括照顾自己的家务劳动）。社会参与的各个二级指数的具体测度指标如表1-9所示。

表1-9　社会参与维度测度指标体系

一级指标	二级指标	三级指标	指标编号	测度指标
社会参与	经济参与	有偿工作	2.1.1	分年龄段就业率（60～64岁人口的就业率）
			2.1.2	分年龄段就业率（65～69岁人口的就业率）
			2.1.3	分年龄段就业率（70～74岁人口的就业率）
	文化参与	社会公益	2.2.1	老年人在过去的一年中参与社会公益活动的比例（备注：公益活动包括无偿参加专业技术志愿活动、维护交通治安、协助调解民间纠纷、环境卫生维护管理、看护照顾服务、慈善捐赠、社区组织管理等，参与频率为每周平均一次及以上）
		文化活动	2.2.2	老年人在过去的一年中参与文化活动的比例（备注：文化活动包括看演出、展览，听音乐、看戏剧，学习充电等活动，参与频率为每周平均一次及以上）
		团体娱乐	2.2.3	老年人在过去的一年中参与团体娱乐活动的比例（备注：娱乐活动包括广场舞、健身、练功、旅游、打牌下棋、手工等活动，参与频率为每周平均一次及以上）
		政治活动	2.2.4	老年人在过去的一年中参加各种形式的政治活动的比例
		政治关注	2.2.5	老年人对国内外政治的关注程度和参与政治的意愿
	家庭参与	照顾家人	2.3.1	老年人在过去的一年中对子女及孙子孙女提供照顾的比例
			2.3.2	老年人在过去的一年中对更老的人提供照顾的比例

（3）环境支持指数的测度体系设计

环境支持指数是积极健康老龄化指数的三个要素之一，分别从公共服务和社会支持角度进行体系构建和测量。

公共服务指从政府角度能够满足老龄化社会的需求，包括医疗服务和养老服务两方面，其中医疗服务用老年人医疗费用的自付比例与每千人执业医师数衡量，养老服务用保险替代率与社区养老设施的覆盖率衡量。保险替代率可以测量老龄人口的相对收入情况，保证社会保障能够与人均可支配收入达到较好的平衡。

社会支持包含两个角度的考量，即对老人友好的安全居住和生活环境，以及社会舆论对老龄化和老年人的支持与评价。安全环境主要通过老年人的个人感知来评判周边环境对老年人的友好程度。社会关注则通过舆情和互联网大数据分析考察老龄化主题的社会关注内容和关注程度。具体的测度指标体系如表1-10所示。

表 1 - 10　环境支持维度测度指标体系

一级指标	二级指标	三级指标	指标编号	测度指标
环境支持	公共服务	医疗服务	3.1.1	老年人医疗费用的自付比例
			3.1.2	每千人执业医师数
		养老服务	3.1.3	基本养老保险可支配收入替代率（平均养老金水平除以人均可支配收入）
			3.1.4	老年人所居住的社区养老设施的覆盖率
	社会支持	安全环境	3.2.1	老年人居住安全程度评估
			3.2.2	老年人的合法权益保障度
		社会关注	3.2.3	社会关注度
			3.2.4	社会情绪得分（网络主题情感得分）

1.3.3　指数的合成与计算

经过上述的体系构建和具体测度指标的收集整理，最终，本书提出的"积极健康老龄化指数"测度指标体系涵盖了 3 大维度、7 个二级指标、23 个三级指标、32 个具体测度指标，旨在对中国老年人的生活及其面对自己的老龄状态的心态进行完整的刻画。本节主要介绍指数的合成与计算方法，具体包括以下几个步骤。

（1）指标指数化

对于积极健康老龄化指数的每一个维度，有数量不同的实际测量指标，在进行综合评价时，测度体系中的各项指标往往有不同的计量单位。因此，在计算综合指数时，应首先统一这些指标的量纲，即无量纲化。无量纲化也叫数据的标准化，即通过数学变换来消除原始变量（指标）量纲的影响。通过公式（1）和公式（2）得到单个指标的可比数据的指数化功效分值，即给出原始数据标准化后的功效函数值。该方法可以恰当描述数据所在的位置，避免极值的影响，同时可以将给出的数值控制在一定的区间内，可以实现横向和纵向的对比。

对于体系中的正向指标，我们采用：

$$f_i = Ae^{(x_i - x_{i0})/(x_{iU} - x_{i0})B} \tag{1}$$

对于体系中的逆向指标，我们采用：

$$f_i = Ae^{(x_i - x_{i0})/(x_{iL} - x_{i0})B} \tag{2}$$

式中，f_i 为第 i 指标的单项评价值；x_i 为第 i 指标的实际值；x_{i0} 为指标平均水平（可以是数值平均、位置平均或其他标准值）；x_{iU} 为最大值；x_{iL} 为最小值。

（2）权重的设定

权重值的确定直接影响综合评估的结果，权重值的变动可能引起被评估对象优劣顺序的改变。所以，合理地确定积极健康老龄化指数体系各个维度、各个指标的权重是确保综合评价成功实施的关键。本书的测度体系设计具有充分的理论基础、现实依据和政策目标，强调不同要素对于积极健康老龄化的均衡度量，三大要素及其具体的测度指标均经过反复研讨论证、斟酌推敲，其重要程度相当，地位同等，不可偏废。因此，本书在二级指数和三级指标层都采用均等化赋权法。这不仅简化了统计计算过程，使结果更加直观，便于接受检验，而且强调各要素的独立存在与分工协作，与积极健康老龄化评价的整体性和全面性保持一致。而在一级指数的合成层面，由于本体系侧重于健康方面的自我要求和提升，经过充分的专家论证，研究团队决定为主动健康赋予较高的权重。因此，三个一级指数的最终权重是主动健康 0.5，社会参与 0.25，环境支持 0.25。

（3）指数计算与合成

结合上述体系构建、无量纲化和权重设置，积极健康老龄化指数计算合成的具体步骤如下：

a. 二级指数计算

每一个二级指数都是由三级指标及其具体测度指标组成，将二级指数对应的所有指标无量纲化后的功效分值按照等权的合成计算就得到二级指数。

b. 一级指数计算

在指标体系构建过程中，对不同二级指数的重要性及其包含的指标个数进行区分，在二级指数向一级指数的汇总计算过程中，仍然采用等权重计算方法。由于数据是根据城市和农村对调查样本进行区分的，因此，会计算出两套一级指数和二级指数的测算结果，用于对城乡积极健康老龄化状态的差异进行比较。

c. 积极健康老龄化总指数计算

最后，我们根据数据收集的年份对应的各省区市城乡人口的比例，以等比例加权的方式将步骤 b 中得到的一级指数和二级指数进行综合汇总，最终形成一套代表该省区市整体水平的一级指数和二级指数结果，并基于这套结果中的三个一级指数的数值，结合上述权重进行总指数的合成。

经过上述步骤，本书整理了基础数据（见附录 2），最终测算出中国 31 个省区市的积极健康老龄化城乡指数和总指数的结果，在下一节进行具体分析。

1.4 中国 31 个省区市积极健康老龄化总指数测算分析

1.4.1 总指数的基本情况分析

（1）总指数的基本情况

本次积极健康老龄化指数对全国 31 个省份进行了测算，全国汇总积极健康老龄化总指数得分为 78.6 分，各省份平均得分为 78.4。其中，江苏与上海的总指数得分最高，为 83.3 分；得分最低的省份为甘肃，为 70.3 分。最高分和最低分相差为 13.0 分。浙江、北京和山东分别排在第 3 至第 5 名。此外，陕西、贵州和海南的积极健康老龄化指数得分也较低。详见图 1-1。

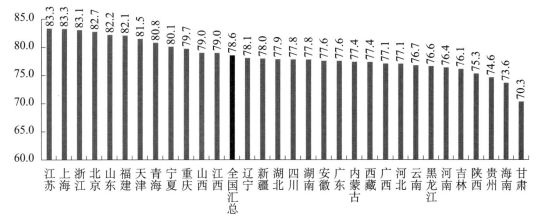

图 1-1 各省份及全国汇总积极健康老龄化总指数

江苏对养老服务体系十分重视。2014年4月2日，江苏发布了《关于加快发展养老服务业 完善养老服务体系的实施意见》，大力发展居家养老服务网，加快农村养老服务业发展，同时扩大产业规模，保证基本服务的全面覆盖。2014年9月29日，江苏印发了《智慧江苏建设行动方案（2014—2016年)》，其中指出要建设智慧养老服务工程，重点加强社区居家养老服务，并为广大老年人提供养老信息服务。可以看到，江苏为社区养老服务付出了很大的努力，提高了江苏的养老条件，这也反映在江苏的最终得分上。浙江也提出要加快发展居家养老服务、加快养老健康服务业发展。可以看到，得分高的省份均对养老服务业的发展高度重视，同时专注发展居家养老服务，提升老人在家养老的体验，升级社区养老服务。

31个省份中，高于全国汇总得分的省市共12个，占总体的38.7%；低于全国汇总得分的省份共19个，占总体的61.3%。31个省份的积极健康老龄化总指数处于高分和低分两个极端的城市数量较少，大部分城市的得分集中在75~80分。

31个省份中，四个直辖市上海、北京、天津、重庆分别排在第1位、第4位、第7位和第10位，且得分均高于全国汇总得分。总体而言，经济更加发达的东部沿海省市积极健康老龄化的得分更高。

(2) 一级指标贡献度分析

a. 贡献度定义

贡献度一般用于分析经济效益，可以反映经济增长中各因素作用的大小。在这里，我们借用贡献度来反映各个下级指标对上级指标得分影响的大小。

贡献度的计算公式为：

$$下级指标\ i\ 贡献度 = \frac{w_i x_i}{\sum w_i x_i}$$

式中，i 为各个下级指标；x_i 为各个下级指标的取值；w_i 为各个下级指标的权重。

下级指标贡献度反映了各个下级指标作用的大小，贡献度越大，则该下级指标的作用越大。可以通过贡献度分析找到对指标影响最大的重要下级指标。

b. 贡献度分析

各个指标的贡献度同样是我们关注的重点。在全国汇总指标中，主动健康、社会参与、环境支持三个一级指标的贡献度分别为33.5％、33.2％、33.3％。可以看出三个一级指标对总指标的贡献程度相差不大，但相对而言主动健康是影响总得分的主要因素。

各省份一级指标的贡献度如图1-2所示，其中主动健康指标贡献度占比最高的是天津，为35.5％。贡献度占比最低的是上海，为32.3％。最高和最低的贡献度相差3.2个百分点。主动健康指标贡献度较高的省市还有福建、陕西和重庆。

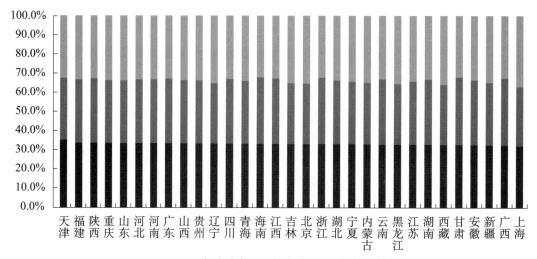

图1-2 各省份一级指标贡献度

各省份中社会参与指标贡献度占比最高的是甘肃，为35.3％。贡献度占比最低的是上海，为31.0％。最高和最低的贡献度相差4.3个百分点。社会参与指标贡献度较高的省份还有广西、海南和浙江。

各省份中环境支持指标贡献度占比最高的是上海，为36.6％。贡献度占比最低的是甘肃，为31.8％。最高和最低的贡献度相差4.8个百分点。环境支持参与指标贡献度较高的省份还有西藏、黑龙江和北京。

贡献度反映的是对于每个省份而言，哪个指标相对更为突出、哪个指标相对需要提高。可以看出，单个指标的贡献度占比较高同时意味着该省份的不同指标发展较为不均衡。例如，上海的环境支持指标贡献度最高，但主动健康指标和社会参与指标的贡献度都是最低的，说明上海的环境支持水平发展相较于主动健康和社会参与更为优异，也就意味着上海需要在主动健康和社会参与两方面更加努力。

(3) 各一级指标得分分析

对比每个省份的各个一级指标取值可以发现，各项指标均衡发展的城市较少，许多城市有的指标较为突出，同时也有指标有待改善（见图1-3）。

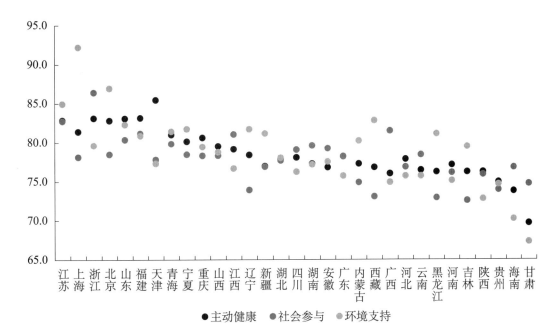

图 1 - 3 各省份一级指标得分对比（按总指数得分降序排列）

江苏、重庆、山西和贵州的三项指标得分相似，发展较为均衡。虽然有部分省份某项得分超过江苏，但江苏三项得分的平均分较高，综合指数仍排在第一名。上海的环境支持得分十分突出，但其他两项指标与江苏差距较大，因此综合指标得分未能超越江苏，排在第二名。同样情况的还有天津，其主动健康指标得分在所有省份中排第一名，但其他两项得分不高拉低了总体排名。

排名靠后的省份中，海南和甘肃的社会参与得分在三项指标中相对较高，说明其社会参与发展水平较高，应该将下一步发展的重点放在主动健康和环境支持上。而排名同样落后的贵州的三项得分较为均衡，说明贵州的整体水平需要进一步提升。

1.4.2 总指数的分类分析

（1）主动健康指标分析

主动健康一级指标的全国汇总得分为 78.9 分，各省平均得分为 78.5 分。主动健康指标得分最高的省份为天津，为 85.4 分。得分最低的省份为甘肃省，为 69.7 分。最高分和最低分分差为 15.7 分。福建、浙江、山东和江苏的主动健康得分分别排在第二至第五名。详见图 1 - 4。

所有省份中，主动健康得分高于全国汇总得分的省份共有 12 个，占总体的 38.7%；得分低于全国汇总得分的省份共有 19 个，占总体的 61.3%。主动健康的全国汇总得分在三项一级指标中最高，说明全国的社会参与建设情况整体较好。

天津在 2014 年 9 月 9 日举办了老年人体育健身节，这已经是该市第三次举办该活动。活动以"全民全运、全运惠民"为主题，倡导老年人"快乐健身、科学健身、强身健体、

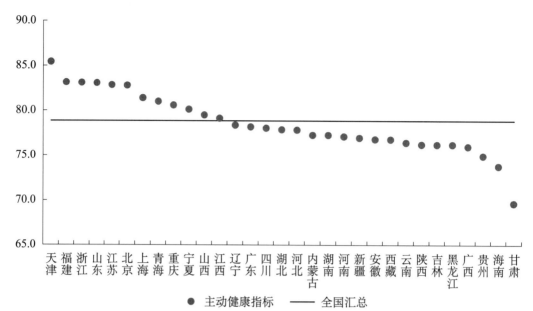

图 1 - 4　各省份主动健康指标得分（按指标得分降序排列）

延年益寿"的理念，包括网络知识竞赛、老年人健身柔力球比赛等，鼓励老年人参与健身，并向老年人科普健康知识。这些活动提升了老年人主动锻炼、主动养生的意识，并影响了主动健康指标的得分。

（2）社会参与指标分析

社会参与一级指标的全国汇总得分为 78.3 分，各省平均得分为 77.8 分。社会参与指标得分最高者为浙江，为 86.4 分。得分最低者为吉林，为 72.6 分。最高分和最低分相差 13.8 分。江苏、广西、福建和江西的社会参与得分分别排在第二至第五名。详见图 1 - 5。

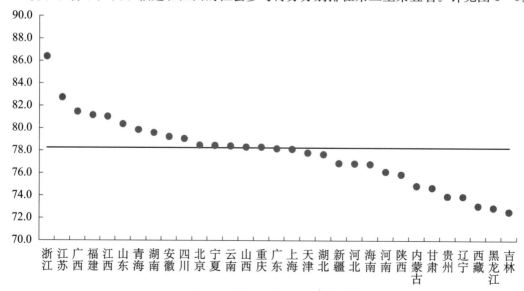

图 1 - 5　各省份社会参与指标得分（按指标得分降序排列）

　　所有省份中，社会参与得分高于全国汇总得分的省份共有 15 个，占总体的 48.4%；得分低于全国汇总得分的省份共有 16 个，占总体的 51.6%。

　　社会参与的最高分和最低分之差在三个一级指标中最小，说明在社会参与的建设上，不同地区的得分相对更加密集，各个地区发展更为均衡。

　　2014 年 11 月 13—17 日，浙江举办第三届浙江国际养老服务业博览会暨浙江国际老龄产业博览会。会议期间，除了围绕养老产业相关政策研究的专家对话外，还有志愿者免费为老年人提供理发、按摩等服务，举办老年科学养生系列讲座。

（3）环境支持指标分析

　　环境支持一级指标的全国汇总得分为 78.3 分，各省平均得分为 78.7 分。环境支持指标得分最高者为上海，为 92.2 分。得分最低者为甘肃，为 67.3 分。最高分和最低分相差 24.9 分。北京、江苏、西藏和山东的环境支持得分分别排在第二至第五名。详见图 1-6。

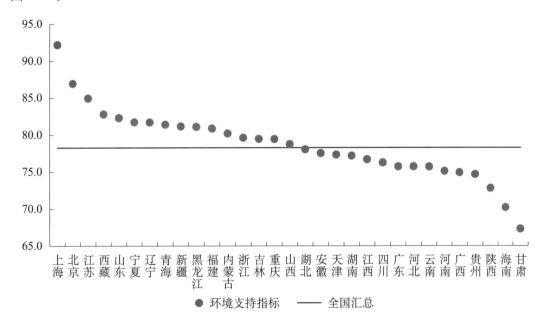

图 1-6　各省份环境支持指标得分（按指标得分降序排列）

　　所有省份中，环境支持得分高于全国汇总得分的省份共有 16 个，占总体的 51.6%；得分低于全国汇总得分的省份共有 15 个，占总体的 48.4%。可以看出，环境支持得分是三个指标中唯一一个省份一级指标得分高于全国汇总得分的比例超过 50%，且各省的平均得分高于全国汇总得分的指标。这说明虽然有部分省份环境支持的条件较好，但同样有许多省份环境支持条件较差，与平均水平相差较大。整体两极分化的情况严重。

　　环境支持得分的分差最大。由图 1-6 可以看到，上海的环境支持得分为 92.2 分，为所有省份三个一级指标中唯一一个超过 90 分的，说明上海在环境支持方面的建设卓有成效。但同时，环境支持得分的最低分也是所有省份三个一级指数最低分中最低的。环境支持的高分省份和低分省份的区域差异极大，不同地区的发展水平各不相同，需要着力提高重点区域的水平。

上海在 2014 年 3 月 14 日发布的《2014 年市政府要完成的与人民生活密切相关的实事》中，为 2014 年养老服务设施的提升确定了如下指标：新增 5 000 张养老床位；新设 40 个社区老年人助餐点；新建 20 所老年人日间服务中心；扶持 50 所老年学校开展标准化建设；等等。2014 年 9 月 1 日，上海市老龄办再次推进老年宜居社区建设试点。2014 年 11 月 14 日，上海市卫生计生委为了提高高龄失智失能老年人的家庭照顾能力，对社区护士的老年护理技能进行了培训。可以看到，上海从方方面面为老年人的养老服务提供了保障。

1.4.3 总指数的城乡比较分析

全国城市汇总积极健康老龄化总指数得分为 80.4 分，农村汇总得分为 76.4 分。其中，各省份中城市得分最高的为浙江，为 83.8 分；城市得分最低的为甘肃，得分为 73.4。农村得分最高的为北京，得分为 82.8 分；农村得分最低的为甘肃，得分为 68.1 分。详见图 1 - 7。

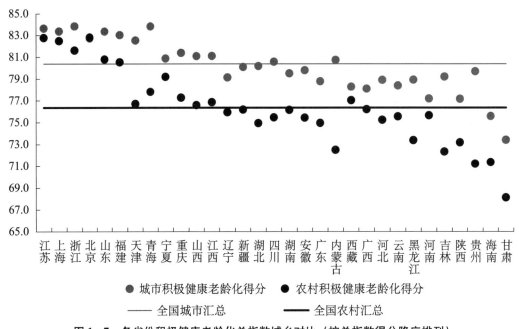

图 1 - 7　各省份积极健康老龄化总指数城乡对比（按总指数得分降序排列）

从图 1 - 7 中可以看到，全国农村汇总积极健康老龄化水平低于城市，同时大部分省份的城市和农村得分在全国汇总得分附近，但有部分省份的得分与全国水平偏离较大。

31 个省份中，几乎所有省份的农村积极健康老龄化水平低于城市（30 个省份），只有北京的农村积极健康老龄化水平高于城市，但也仅相差 0.08。值得注意的是，北京的农村比例为 14%，在所有省份的农村占比中仅大于上海。

贵州和内蒙古的城市得分与农村得分差距较大，说明这两个省份需要更加关注农村的发展。同时，贵州农村比例为 60.0%，在所有省份的农村占比中排名第二。因此，应对贵州的农村地区的积极健康老龄化发展给予更多的关注。

除了北京之外，上海、江苏的城市得分与农村得分差值小于 1，说明这三个省份的农村与城市发展较为均衡。

可以看到，农村的养老服务发展仍是今后十分重要的一环。总指数排名较高的省份中，农村的得分均与城市的得分相差较小。这说明农村和城市协同发展养老服务体系、提升老年人的积极健康养老意识才是提升整体积极健康老龄化水平的发展之道。尤其需要注意北京和上海，其农村占比是最低的，但农村积极健康老龄化建设的经验值得其他省份学习。

2013 年 9 月，民政部有关负责人在就国务院《关于加快发展养老服务业的若干意见》答记者问时指出，全国农村老龄化水平高于城镇 1.24 个百分点，其中农村留守老人数量已接近 5 000 万。农村养老服务仍存在缺乏生活照料和精神慰藉、失能无靠等突出问题。要发展农村养老机构，发挥村民自治功能，拓宽农村养老资金渠道，建立城乡之间、发达地区和欠发达地区之间的协作机制。

总体而言，城市比例与城乡得分差距相关性不高（皮尔森相关系数为 −0.23），城乡得分的差异并不受城市比例的影响（见图 1−8）。

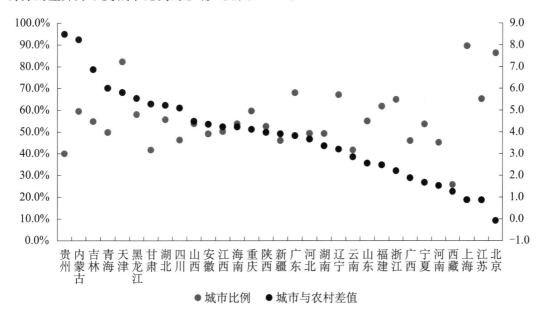

图 1−8　各省份积极健康老龄化总指数城乡差值及城市比例（按城乡差值降序排列）

1.5　中国 31 个省区市积极健康老龄化要素指数测算分析

1.5.1　主动健康要素指数分析

积极健康老龄化指数的主动健康要素包含两个二级指标，分别为健康现状和自我管理；健康状况包含健康自评、BMI 指数、慢病状况、活动受限、心理健康和人际信任六个三级指标，自我管理包含控烟情况、体检频率、身体锻炼、健康素养、社会联系和医疗自主六个三级指标（见表 1‑11）。

表 1‑11　主动健康要素指标体系

一级指标	二级指标	三级指标
主动健康	健康现状	健康自评
		BMI 指数
		慢病状况
		活动受限
		心理健康
		人际信任
	自我管理	控烟情况
		体检频率
		身体锻炼
		健康素养
		社会联系
		医疗自主

（1）31 个省区市主动健康要素指数测算结果

31 个省区市主动健康要素指数测算结果如图 1‑9 所示，天津在该要素上的得分最高（85.4 分），福建、浙江、山东和江苏分别排在第二名至第五名；甘肃得分最低（为 69.7 分），与最高分相差 15.7 分。经测算，该指数全国整体水平为 78.9 分，有 12 个省区市的主动健康要素指数得分超过全国整体水平，占总体的 38.7%。

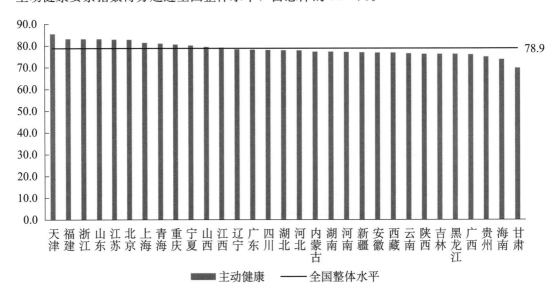

图 1‑9　31 个省区市主动健康要素指数测算结果（按得分降序排列）

整体而言，主动健康要素得分排名靠前的地区，其经济发展状况也较好。甘肃、海南和贵州的主动健康要素得分远低于全国整体水平，较为落后，其经济发展水平在全国也处于落后水平。[①] 青海、宁夏和广东的主动健康发展和经济发展水平不相符；青海和宁夏虽然经济发展落后[②]，但主动健康要素得分较高；而 GDP 常年第一的广东，主动健康要素得分却未达到全国整体水平。

（2）主动健康要素各指标的贡献度及得分分析

图 1‑10 显示了 31 个省区市健康现状指标和自我管理指标对主动健康要素的贡献度。各个省区市的两个指标的贡献度均在 50％左右，地区之间差异不明显；从全国来看，两个指标的贡献度的测算结果分别为 51.6％（健康现状）和 48.4％（自我管理），说明两个指标的贡献度比较接近。

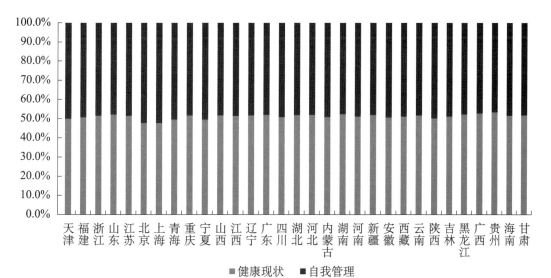

图 1‑10　31 个省区市主动健康要素各指标的贡献度（按主动健康要素得分降序排列）

图 1‑11 显示了 31 个省区市健康现状和自我管理指标的测算结果。整体来看，健康现状指标的得分要高于自我管理，二者的全国测算结果分别为 81.4 分和 76.3 分。主动健康要素指数排名靠前的地区老年人健康现状较好，自我管理也做得不错；排名靠后的地区则均较低。位列第一的天津，其老年人的健康现状和自我管理在全国均处于靠前水平，这可能得益于天津每年举办老年人体育健身节，在老年群体中掀起了参与健身活动的热潮。

（3）主动健康要素指数的城乡比较分析

经测算，全国主动健康要素城市与农村得分分别为 81.0 分和 76.3 分，整体而言城市老年人的健康现状和自我管理要好于农村。刘文等（2019）发现独立完成日常生活的农村

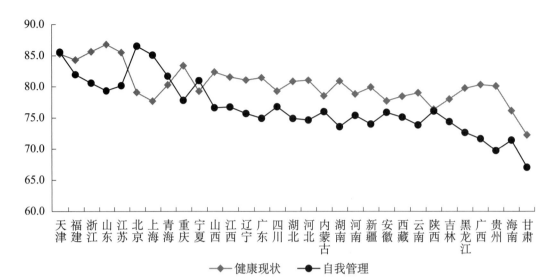

图1-11　健康现状和自我管理指标的测算结果（按主动健康要素得分降序排列）

老年人占比和城市相差近1/3，有锻炼身体习惯的农村老年人不足城市的1/3，也说明了城市老年人主动健康水平更高。图1-12显示了31个省区市城市和农村的主动健康要素指标得分，越靠前的地区其城市和农村主动健康要素得分也越高；所有省区市的城市主动健康要素得分高于农村；各个省区市城市之间的得分差异要小于农村之间的差异，城乡发展存在不均衡问题。江苏、北京、上海农村的主动健康得分略低于城市，且这些地区农村老年人的主动健康要素得分在全国处于领先水平；而贵州和内蒙古城市主动健康要素得分和农村主动健康要素得分差异较大，农村主动健康要素得分远低于城市，说明这两个地区农村老年人的健康现状和自我管理亟待提高。

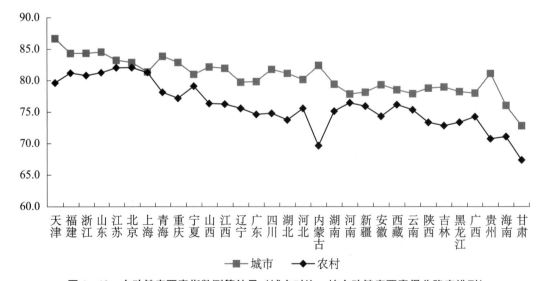

图1-12　主动健康要素指数测算结果（城乡对比，按主动健康要素得分降序排列）

1.5.2　社会参与要素指数分析

积极健康老龄化指数的社会参与要素包含三个二级指标，即经济参与、文化参与和家庭参与。经济参与主要通过有偿工作指标来衡量，文化参与包含社会公益、文化活动、团体娱乐、政治活动和政治关注五个三级指标，家庭参与则主要通过照顾家人指标来衡量（见表1-12）。

表 1-12　社会参与要素指标体系

一级指标	二级指标	三级指标
社会参与	经济参与	有偿工作
	文化参与	社会公益
		文化活动
		团体娱乐
		政治活动
		政治关注
	家庭参与	照顾家人

（1）31 个省区市社会参与要素指数测算结果

31 个省区市社会参与要素指数测算结果如图1-13所示，浙江在该要素指数的得分最高（为86.4分），江苏、广西、福建和江西分别排在第二至第五位，吉林得分最低（为72.6分），与最高得分相差13.8分。经测算，全国社会参与要素指数得分为78.3分，有15 个省区市的社会参与要素得分超过全国整体水平，占总体的48.4%。

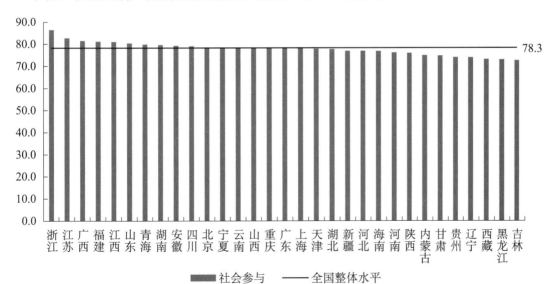

图 1-13　社会参与要素指数测算结果（按得分降序排列）

老年人的社会参与要素得分相比于其他两个要素得分在各省区市间差异较小。位列第一的浙江一直都是全国老龄化程度较高的省份之一，该省对"精神养老"也较为关注，加强老年活动中心规范化建设、建设老年学校、定期开展老年旅游，注重老年人的社会参与。西藏、黑龙江和吉林等在老年人社会参与建设上较为薄弱，远低于全国整体水平，老年人社会参与度有待提高。

（2）社会参与要素各指标的贡献度及得分分析

图1-14显示了31个省区市经济参与、文化参与和家庭参与对社会参与要素的贡献度。三个指标的贡献度有所不同，除浙江的经济参与贡献度较大，超过35%，其余省区市经济参与贡献度约为30%。在三个指标中经济参与贡献度普遍较小，而文化参与的贡献度较大，大部分省区市该指标的贡献度达到35%。从全国来看，三个指标的贡献度的测算结果分别为30.7%（经济参与）、35.0%（文化参与）和34.2%（家庭参与），文化参与贡献度最大，其次是家庭参与，经济参与最小。

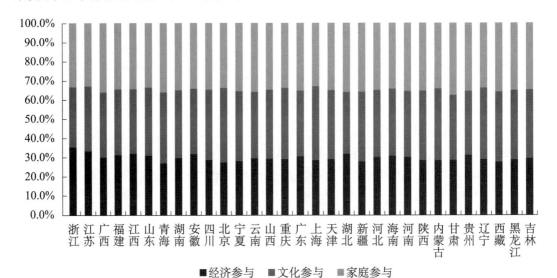

图1-14 社会参与要素各指标的贡献度（按社会参与要素得分降序排列）

经测算，全国经济参与得分为72.2分，文化参与得分为82.2分，家庭参与得分为80.4分，即经济参与得分最低，文化参与得分最高。改革开放以来人们的生活水平不断提高，老年人的基本物质需求得到满足，越来越多的老年人注重精神需求的满足，因此文化参与度较高；受传统文化的影响，中国人的家庭观念较强，较多的老年人选择在家中养老，因此家庭参与度较高；而达到退休年龄仍参与工作的老年人比例较低，即经济参与度普遍较低。图1-15显示了31个省区市经济参与、文化参与以及家庭参与指标的测算结果。由图可知，全国各省区市文化参与得分整体最高，但各省区市间得分差异较大；家庭参与得分次之，各省区市得分差异较小；经济参与得分整体最低，且各省区市之间差异最大。值得关注的是，浙江老年人经济参与指标得分为92.5，远超过其他省区市，说明该省老年人在60岁以后仍参加工作的比例大于其他省区市。北京在2014年加强基层老年协会建设，该协会在维护老年人权益、参与社会公益事业和组织老年群众开展文体活动等方面发挥了积极作用，因此该市老年人文化参与度非常高。

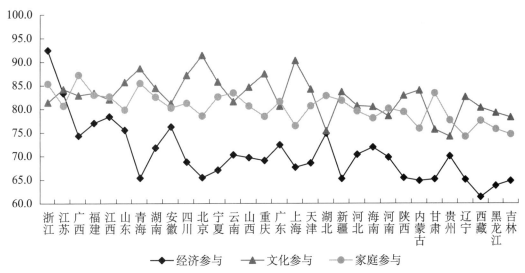

图 1-15　社会参与要素各指标的测算结果（按社会参与要素得分降序排列）

（3）社会参与要素指数的城乡比较分析

　　经测算，全国社会参与要素指数城市与农村得分分别为 78.1 分和 78.4 分，城市老年人与农村老年人社会参与程度相差无几，从 31 个省区市城市和农村的社会参与要素得分折线图（见图 1-16）也可看出城市与农村得分折线重叠较多，城乡发展较为均衡。不难看出，福建、青海、北京和甘肃城市和农村社会参与得分差异较大，其中青海的差异最大。青海的农村社会参与得分为 83.1 分，在全国处于领先水平，说明青海农村老年人社会参与度很高；而城市得分仅为 76.5 分，远低于农村水平，建议青海加强城市老年人的社会参与。甘肃则相反，农村老年人的社会参与远低于城市，此外该省农村和城市的社会参与相较于其他省区市均较低，建议甘肃加强老年人，特别是农村老年人的社会参与。北京农村老年人的社会参与高于全国大多数省区市，但城市老年人的社会参与有待提高。

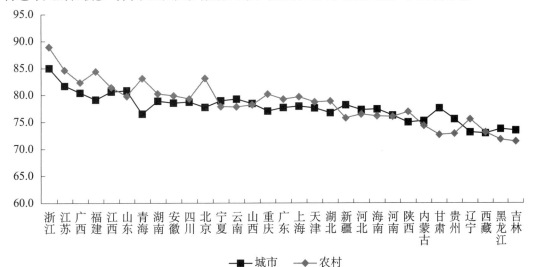

图 1-16　社会参与要素指数测算结果（城乡比较，按社会参与要素得分降序排列）

1.5.3 环境支持要素指数分析

积极健康老龄化指数的环境要素包含两个二级指标，即公共服务和社会支持。公共服务包含医疗服务与养老服务两个三级指标，而社会支持主要通过安全环境与社会关注指标来衡量（见表1-13）。

表1-13 环境支持要素指标体系

一级指标	二级指标	三级指标
环境支持	公共服务	医疗服务
		养老服务
	社会支持	安全环境
		社会关注

（1）31个省区市环境支持要素指数测算结果

31个省区市环境支持要素指数测算结果如图1-17所示，上海在该要素指数的得分最高（92.2分），北京、江苏、西藏和山东分别排在第二位至第五位，甘肃得分最低（67.3分），与最高分相差24.9分，差异较大。经测算，全国环境支持要素指数得分为78.3分，有16个省区市的环境支持要素得分超过全国整体水平，占51.6%。

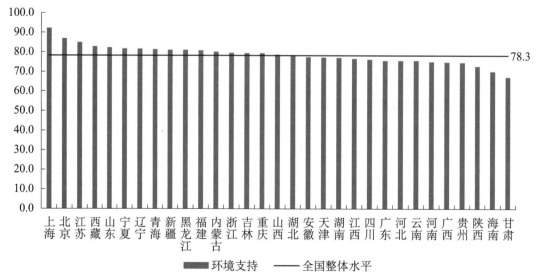

图1-17 环境支持要素指数测算结果（按得分降序排列）

环境支持要素得分排在前三的省区市经济发展水平均较高，但综合来看，某地区环境支持条件的优劣与其经济发展水平并无明显关联。经济发展落后的西藏环境支持排在第4名，而经济发达的广东环境支持排在第23名。

（2）环境支持要素各指标的贡献度及得分分析

图1-18显示了31个省区市公共服务和社会支持对环境支持要素的贡献度。可以看

出，大部分省区市社会支持的贡献度大于公共服务。全国测算结果显示，公共服务的贡献度为 46.7%，而社会支持的贡献度为 53.3%，后者略高。

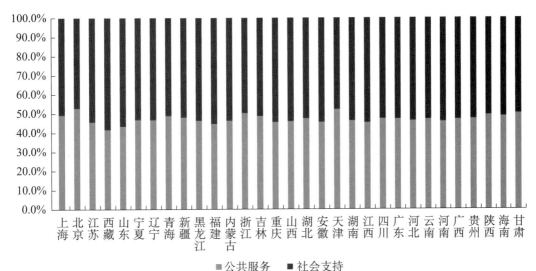

图 1－18　社会参与要素各指标的贡献度（按环境支持要素得分降序排列）

图 1－19 显示了 31 个省区市公共服务与社会支持指标的测算结果。由图可知，整体来看各个省区市在社会支持上得分普遍高于公共服务，各个省区市在安全环境建设方面普遍做得较好；而在公共服务建设方面，除了北京和上海有较为完善的医疗和养老服务体系，其他地区均有待完善；此外，各个省区市在两个指标上的得分差异均较大，地区之间发展不均衡。环境支持要素排名第一的上海，其公共服务和社会支持建设在各个省区市中均处于领先水平，两方面发展都较为完善。上海自 2009 年开展老年友好城市项目，一直致力于为老年人提供安全、便利和舒适的户外空间和公共环境，提倡社会为老年人提供公共服务、社区健康和生活支持等服务。位列第二的北京公共服务得分很高，远远高于全国其他省区市。可见北京和上海在医疗体系和养老服务建设方面做得很完善。值得注意的是，较多省区市在公共服务和社会支持上存在较大差异，其中差异最大的是西藏，二者得分分别是 69.1 分和 96.5 分，说明西藏老年人的生活环境很安全，但是难以享受完善的医疗和养老服务。

（3）环境支持要素指数的城乡比较分析

经测算，全国环境支持要素指数城市与农村得分分别为 81.5 分和 74.4 分，城市环境支持得分整体高于农村。从环境支持要素城市和农村得分折线图（见图 1－20）来看，各个省区市的城市得分均高于农村，且两条折线趋势相似，一般环境支持城市得分越高，相应的农村得分也越高，但青海、吉林和贵州例外。从图中可以看出，青海、吉林和贵州城市和农村的环境支持得分差异很大，特别是青海，该省城市老年人的环境支持得分很高，仅次于上海；而农村远远落后，城乡发展差异非常大。

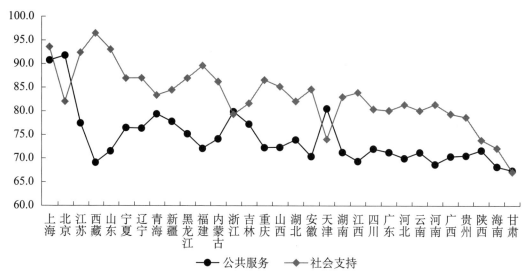

图 1-19 环境支持要素各指标的测算结果（按环境支持要素得分降序排列）

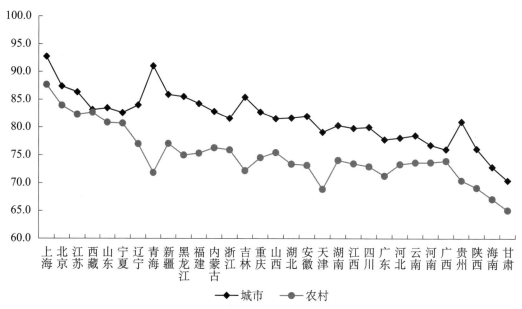

图 1-20 环境支持要素指数测算结果（城乡对比，按环境支持要素得分降序排列）

1.6 中国积极健康老龄化指数的主要结论

本书对全国 31 个省区市进行了积极健康老龄化指数测算，得到以下结论：

1.6.1 积极健康老龄化总指数测算分析结论

全国 31 个省区市总指数测算结果显示，得分最高的省市为江苏和上海，得分为 83.3 分；浙江、北京、山东分别排在第三至第五名；得分最低的省份为甘肃，为 70.3 分。大部分城市的得分集中在 75～80 分。整体而言，东部沿海省市整体积极健康老龄化得分更高。

三个一级指标中，对总指标贡献度最大的是主动健康指标，即主动健康指标得分对总指标得分影响最大。各省份中主动健康指标贡献度占比最高的是天津，主动健康指标的贡献度达到 35.5%；贡献度占比最低的是上海，占比为 32.3%。各省份中社会参与指标贡献度占比最高的是甘肃，占比为 35.3%；贡献度占比最低的是上海，占比为 31%。各省份中环境支持指标贡献度占比最高的是上海，占比为 36.6%；贡献度占比最低的是甘肃，占比为 31.8%。

各个省份三个一级指标的取值差异较大，各项均衡发展的城市较少。江苏、重庆、山西和贵州的三项指标得分相似，各项发展较为均衡。

各个省份总指数的城乡差异较大。整体而言，城市的指数得分高于农村，但北京例外，农村积极健康老龄化水平略高于城市。各省份中城市得分最高的为浙江，得分为 83.8 分；城市得分最低的为甘肃，得分为 73.4 分。农村得分最高的为北京，得分为 82.8 分；农村得分最低的为甘肃，得分为 68.1 分。

1.6.2　积极健康老龄化要素指数测算分析结论

主动健康要素指数得分前五的地区分别是天津、福建、浙江、山东和江苏，整体而言，经济发展较好的地区主动健康发展也较好；主动健康要素的两个二级指标的贡献度相差较小，各省区市健康现状的得分略高于自我管理；从城乡比较来看，城市的主动健康得分高于农村。主动健康得分最高的天津在二级指标上得分均较高，说明该市老年人的健康现状和自我管理均较好。

社会参与要素指数得分前五的地区分别是浙江、江苏、广西、福建和江西。社会参与要素的二级指标在贡献度与得分上均有差异，文化参与的贡献度较大，得分较高，而经济参与的贡献度最小，得分普遍较低；从城乡比较来看，城市和农村老年人社会参与相差不大。社会参与得分最高的浙江在经济参与上得分远高于其他省区市，可以得知该省有较多老年人参加工作；北京在文化参与上的得分远高于其他省区市，反映出北京老年人丰富的文化生活；家庭参与得分上各个省区市均较高，说明全国老年人家庭参与度均较高。

环境支持要素指数得分前五的地区分别是上海、北京、江苏、西藏和山东。环境支持要素的两个二级指标贡献度略有差异，社会支持的贡献度略大于公共服务，但各省区市公共服务得分普遍远低于社会支持；从城乡比较来看，城市的环境支持建设整体优于农村。多数省区市在公共服务建设上水平较低，远远落后于上海和北京；而环境支持得分第四的西藏，其社会支持得分特别高，公共服务得分却特别低，说明该地区亟待完善医疗体系和改善养老服务。

第 2 章
主动健康与积极健康老龄化分析

"十四五"期间，是全面建成小康社会的决胜期，也是老龄事业改革发展的重要机会窗口。当前，清晰地认识和把握我国老龄人口主动健康状况，是推进积极健康老龄化建设不可或缺的行动，对于积极健康老龄化中国方案的长足发展具有重要意义，在助力实现健康中国战略目标方面将发挥重要作用。

老龄人口主动健康指标包含健康现状和自我管理两方面。对老龄人口的健康现状进行全面评估，了解老年人面临的健康问题，是推动积极健康老龄化的基础。根据世界卫生组织对健康的定义，结合老龄人口的特点，健康现状从生理健康、心理健康、行动能力和社会功能健康等方面进行了测量。随着疾病谱的变化，当今老年人面临的许多健康问题都与慢性病有关，对于慢性病可通过采取健康行为有效预防或延缓发生；而心理健康及社会适应等与日常生活习惯息息相关。自我管理则是老龄人口健康理念的具体表现，真实地反映了老龄人口的日常生活习惯与健康行为，如控烟、体检等行为。因此自我管理是老龄人口基础与长远的健康保障方式，是积极健康老龄化建设的有效切入点，必须持续关注。

本章将深入分析探索各省区市主动健康指数的特点及关系，进一步分析城乡差异并进行国际比较，对于各地老龄事业改革与发展，维护健康公平，逐步缩小老龄人口健康领域的城乡差异、区域差异具有重要意义。

2.1 健康现状分析

2.1.1 基本情况分析

(1) 二级指标基本情况分析

健康现状为主动健康一级指标下的二级指标，其下又分为健康自评、BMI指数、慢病状况、活动受限、心理健康和人际信任六个三级指标，其中BMI指数因未采集到对应数据，不做研究。健康现状对应的三级指标和测度指标具体见表1-8。

分别计算全国31个省区市健康现状指数得分，见图2-1。由图2-1可知，健康现状指标得分高于81.4分的有天津、山西、江苏、浙江、福建、山东、重庆七个省份，甘肃得分最低（72.3分）。

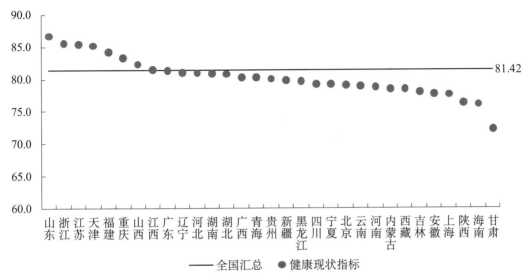

图 2-1 各省份健康现状指数得分

东中西部地区①各省份健康现状指数得分见图 2-2。东部地区健康现状指数得分均值为 82.1 分，明显高于中部地区（80.0 分）和西部地区（78.9 分），因此中部和西部地区老年人的健康状况有待改善。东部地区健康现状指数得分最高的为山东（86.8 分），最低为海南（76.1 分）；中部地区健康现状指数得分最高的为山西（82.3 分），最低为安徽（77.7 分）；西部地区健康现状指数得分最高的为重庆（83.4 分），最低为甘肃（72.3 分）。

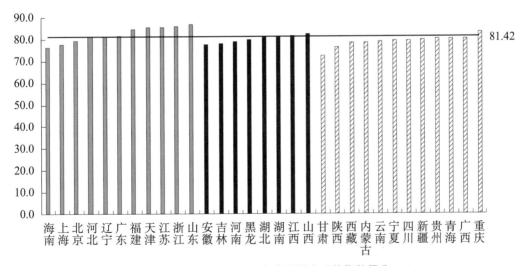

图 2-2 东中西部地区各省份健康现状指数得分

---

① 东中西部地区：东部地区包括北京市、天津市、河北省、辽宁省、上海市、江苏省、浙江省、福建省、山东省、广东省、海南省 11 个省、直辖市；中部地区包括山西省、吉林省、黑龙江省、安徽省、江西省、河南省、湖北省、湖南省 8 个省；西部地区包括内蒙古自治区、重庆市、广西壮族自治区、四川省、贵州省、云南省、西藏自治区、陕西省、甘肃省、青海省、宁夏回族自治区、新疆维吾尔自治区 12 个省、自治区、直辖市。

（2）三级指标基本情况分析

31个省份各个三级指标的具体情况见图2-3。可以看出，在健康自评方面，天津和浙江老年人身体状况良好的比例远高于其他省份，海南则最低。在慢病状况方面，广西、贵州、云南、广东四个省份老年人未患慢性病比例远高于全国平均水平，内蒙古、北京及天津则远低于全国平均水平。在活动受限方面，天津老年人未失能比例最大，甘肃和西藏则处于相对较低水平。在心理健康方面，北京、上海和福建的老年人的心情得分居前三位，而甘肃老年人的心情得分均值远小于其他省份。在人际信任方面，天津、山东和西藏三个省份老年人觉得子女孝顺的比例最大，广西和江西则相对较小；江西、湖南和重庆经常来往的亲属朋友均值最大，而甘肃最小；北京和上海邻居关系好的比例远低于其他省份。

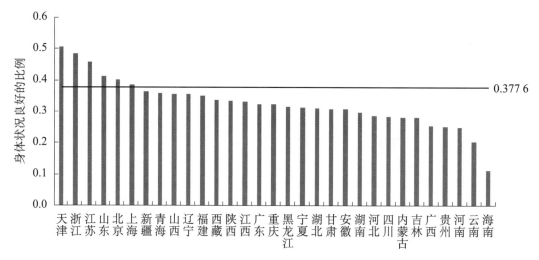

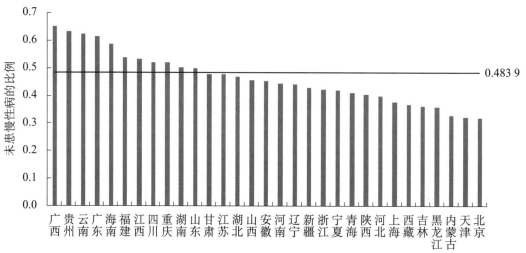

图2-3　健康现状三级指标基本情况

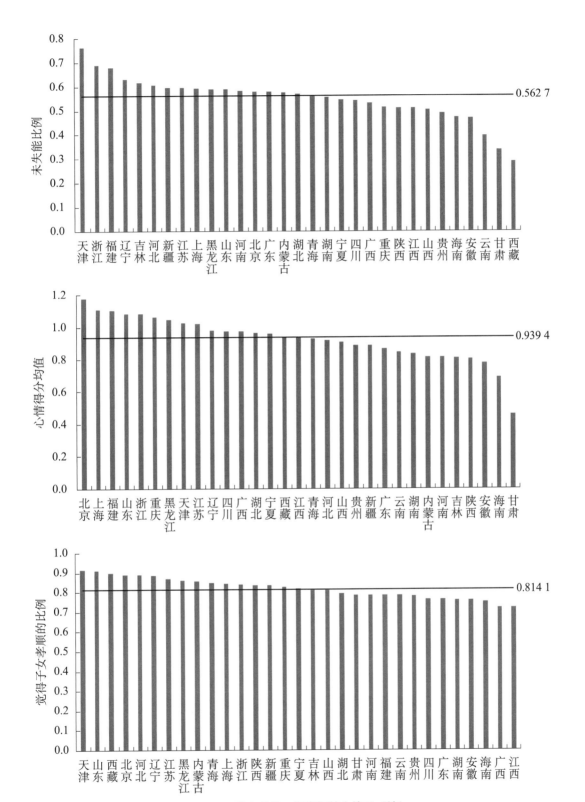

图 2 - 3　健康现状三级指标基本情况（续）

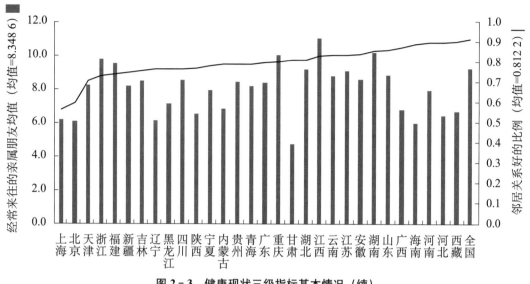

图 2 - 3　健康现状三级指标基本情况（续）

2.1.2　健康现状指标的城乡比较分析

（1）各省份健康现状指数得分的城乡比较

表 2 - 1 对 31 个省份的健康现状指数得分进行了城乡比较。总体来看，城市老年人的健康现状得分要高于农村老年人，说明各省份在推动积极老龄化、提升健康现状方面仍有较大的城乡差距，农村应进一步改善老龄人口的健康状况。甘肃城市和农村健康现状得分在 31 个省份中排在最后，说明甘肃在积极老龄化的健康现状方面发展得不好，需要进一步改善。

表 2 - 1　健康现状指数得分的城乡比较

	城市	农村
健康现状	81.4±3.2	79.4±3.8
最小值	74.1（甘肃）	70.9（甘肃）
最大值	87.6（山东）	86.8（江苏）

进一步观察 31 个省份健康现状指数的城乡得分及排名（见表 2 - 2）可以看出，某些省区市农村地区的健康现状反而要优于城市地区，例如北京和上海。北京农村健康现状得分为 82.2 分，全国排名第 7 名，而北京城市健康现状得分为 78.6 分，全国排名第 26 名；上海城市和农村健康现状得分和排名分别为 76.9 分（第 29 名）和 84.7 分（第 4 名）。另外一些省份的城市老龄居民健康现状的发展要远好于农村地区，比如贵州和青海，城市地区健康现状排名均在前十，而农村地区的排名均在后 15 名。因此，在提升居民健康现状时要考虑城乡协同发展，互相借鉴，互相促进。

表 2－2　各省份健康现状指数的城乡得分及排名情况

省份	城市	排名	农村	排名
山东	87.6	1	85.9	2
浙江	86.3	2	84.4	5
天津	85.7	3	83.4	6
江苏	84.8	4	86.8	1
重庆	84.8	5	81.4	8
贵州	83.9	6	77.6	23
江西	83.8	7	79.2	16
福建	83.8	8	85.2	3
山西	83.7	9	80.8	9
青海	83.6	10	76.9	25
河北	83.1	11	79.0	18
内蒙古	83.0	12	71.9	30
湖北	82.4	13	78.9	20
广东	82.3	14	79.7	14
四川	82.0	15	77.0	24
辽宁	81.4	16	80.3	11
湖南	81.4	17	80.4	10
广西	81.0	18	79.7	13
黑龙江	80.6	19	78.6	22
新疆	80.1	20	79.7	12
安徽	79.9	21	75.6	27
宁夏	79.6	22	78.9	19
河南	79.0	23	78.6	21
吉林	79.0	24	76.8	26
云南	78.8	25	79.1	17
北京	78.6	26	82.2	7
海南	77.8	27	74.2	29
陕西	77.5	28	75.1	28
上海	76.9	29	84.7	4
西藏	75.6	30	79.4	15
甘肃	74.1	31	70.9	31
全国	82.0	—	80.7	—

(2) 健康现状指标下三级指标的城乡比较

健康现状指标下各个三级指标的城乡差异分析如表 2－3 所示。除经常来往的亲属朋友均值外，城市老年人和农村老年人身体状况良好的比例、未患慢性病的比例、未失能比例、心情得分均值、觉得子女孝顺的比例、邻居关系好的比例均有差异。其中，城市老年人身体状况良好的比例、未失能比例、心情得分均值、觉得子女孝顺的比例、经常来往的亲属朋友比例,均高于农村老年人;而农村老年人未患慢性病的比例和邻居关系好的比例则高于城市老年人。

表 2-3 健康现状指标下三级指标的城乡差异分析

三级指标	健康自评	慢病状况	活动受限	心理健康		人际信任	
样本类别	身体状况良好的比例	未患慢性病的比例	未失能比例	心情得分均值	觉得子女孝顺的比例	经常来往的亲属朋友均值	邻居关系好的比例
城市样本	0.37±0.01	0.43±0.01	0.62±0.02	1.00±0.03	0.84±0.01	8.23±0.27	0.74±0.02
农村样本	0.30±0.02	0.50±0.02	0.47±0.02	0.85±0.03	0.79±0.01	7.99±0.34	0.89±0.01

相较于城市,农村地区经济基础较差,基础设施不完善,医疗资源相对较差,这是影响农村老龄人口健康现状的外部原因。本书所研究的 31 个省份中,城市老年人健康自评均好于农村老年人,这可能与城市地区医疗资源较好、城市老龄人口对于自身健康状况更加关注有关。这与以往的研究结论一致,如郭磊运用欧洲五维健康量表法(EQ-5D-5L)和集中指数法对山东省城乡居民的健康状况及其公平性进行分析,研究发现在健康自评方面,城市居民的健康水平要高于农村居民(郭磊等,2020)。

另外有研究发现,农村地区慢病状况显著好于城市地区,农村地区样本未患慢性病的比例是 49.8%,城市地区为 43.3%。王丽敏等(2019)对 2013 年中国慢性病及其危险因素监测数据分析发现,我国 60 岁及以上居民至少患有一种慢性病的比例为 76.3%,其中城市(79.6%)高于农村(73.8%)。这主要是因为城市居民的经济状况相对更好,不健康的行为和生活方式(吸烟、饮酒、身体活动不足、高盐高脂饮食、蔬菜水果摄入不足)普遍存在,因此慢性病的发病风险相对更高。慢性病严重影响老年人的日常生活能力和生活质量,同时罹患多种疾病使老年人门诊和住院次数增加,导致医疗费用剧增,消耗大量医疗资源。本书还发现城市地区老龄人口慢性病患病率虽然高于农村地区,但是活动受限情况要好于农村地区,可能与城市地区医疗资源较好、基础设施到位有关。我国人口老龄化不仅给医疗卫生工作带来了重大挑战,对其他相应配套的老年设施建设、老年服务的提供也提出了更高的要求。

研究发现农村地区老龄人口心情得分均值低于城市地区,这可能与农村地区物质生活和文化生活相对匮乏有关系,因此农村地区应加强老龄人口的社会参与,丰富老年人的物质生活与精神生活。在衡量人际信任的三个指标中,城市人口觉得子女孝顺的比例和经常来往的亲属朋友均值均高于农村地区,邻居关系好的比例则是农村地区较高。由于农村地区物质文化生活相对匮乏,因此子女的经济支持和精神慰藉对于农村老龄人口尤为重要。农村地区可以通过道德引领、村规民俗约束等方式推进"子女尽责、集体担责、社会分责、政府负责"的养老保障格局,提高农村地区老龄人口的人际信任感。

2.1.3 指标相关性

(1) 心理健康、活动受限及人际信任与健康自评的相关性分析

图 2-4 分别对心理健康、活动受限及人际信任与健康自评的相关性进行了分析。

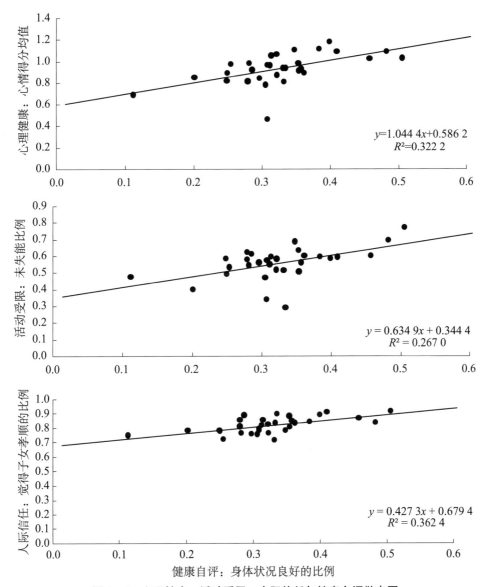

$y=1.044\ 4x+0.586\ 2$
$R^2=0.322\ 2$

$y = 0.634\ 9x + 0.344\ 4$
$R^2 = 0.267\ 0$

$y = 0.427\ 3x + 0.679\ 4$
$R^2 = 0.362\ 4$

健康自评：身体状况良好的比例

图 2－4　心理健康、活动受限、人际信任与健康自评散点图

心理健康、活动受限及人际信任与健康自评均存在正相关关系，说明健康自评与心理健康、活动受限、人际信任之间可以相互促进、相互联系。因此，可以通过改善老年人活动受限情况、通过道德引领等加强子女对老年人的经济支持和精神慰藉来提高老年人的健康自评，从而改善老年人的健康现状。

（2）心理健康与活动受限的相关性分析

心理健康与活动受限呈显著的正相关关系（见图 2－5），未失能比例越高，心理健康得分也越高。有研究发现，慢性病患者同时患抑郁症等心理疾病的比例相对较高（阎红，2019），这主要是因为长期的疾病状况、活动受限等导致心理疾病的发生（伏干，2018）。因此通过改善老年人活动受限情况也可以进一步促进老年人的心理健康发展。

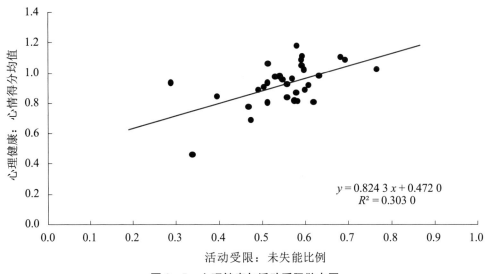

图 2 - 5　心理健康与活动受限散点图

2.2　自我管理分析

2.2.1　基本情况分析

（1）二级指标基本情况分析

自我管理为主动健康一级指标下的二级指标，其下又分为控烟情况、体检频率、身体锻炼、健康素养、社会联系、医疗自主六个三级指标，其中健康素养因未采集到对应数据，不做研究。自我管理对应的三级指标和测度指标具体见表 1 - 8。

本书分别计算了各省区市自我管理指数的得分，见图 2 - 6。自我管理得分高于 85 分的有北京、天津、上海，得分低于 70 分的有甘肃（67.1 分）和贵州（69.7 分）。

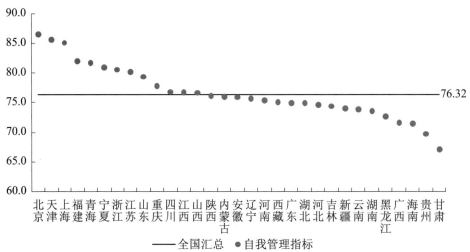

图 2 - 6　各省份自我管理指数得分

东中西部地区各省份自我管理指数得分见图 2-7。东中西部三个地区自我管理的得分有显著差异，东部地区的自我管理指数得分均值为 79.6 分，明显高于中部地区（75.0 分）和西部地区（75.0 分）。东部地区中，北京（86.5 分）、天津（85.6 分）、上海（85.1 分）得分显著较高，山东（79.3 分）、江苏（80.2 分）、浙江（80.6 分）及福建（82.0 分）得分也高于全国平均水平（76.3 分）；中部地区各省份得分较为集中，除山西（76.6 分）和江西（76.7 分）外，其他省份均未达到全国平均水平；西部地区各省得分较为分散，甘肃（67.1 分）和贵州（69.7 分）得分显著较低，四川（76.8 分）、重庆（77.8 分）、宁夏（81.0 分）和青海（81.7 分）均超过了全国平均水平。

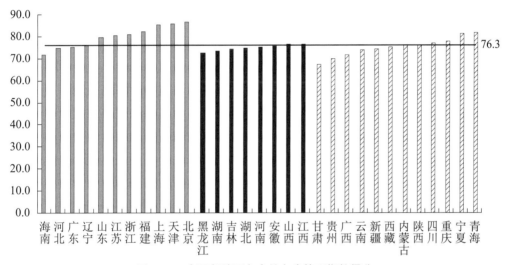

图 2-7 东西部地区各省份自我管理指数得分

（2）三级指标基本情况分析

图 2-8 对 31 个省份自我管理指标下相应的三级指标进行了分析。可以看出，在控烟情况方面，西藏老年人不吸烟的比例最大，贵州和甘肃老年人控烟情况远差于其他省份。在体检频率方面，西藏 2014 年体检过的老年人比例最大，而广东最小。在身体锻炼方面，北京和青海老年人的锻炼次数均值要显著多于其他省份。在社会联系方面，天津和北京老年人从不感到孤独的比例明显高于其他省份；江西和福建老年人来往亲友大于 3 的比例最大，甘肃最小；各省份老年人经常上网的比例都较小，上海、北京和天津明显大于其他省份。在医疗自主方面，各省份老年人患病后处置比例都很高，并且分布较集中。

2.2.2 自我管理指标的城乡比较分析

（1）各省份自我管理指数得分的城乡比较

表 2-4 对 31 个省份的自我管理指数得分进行了城乡比较，结果发现各省份自我管理指数得分存在城乡差异。各省份城市地区自我管理得分均值为 79.9 分，农村地区为 72.6 分，

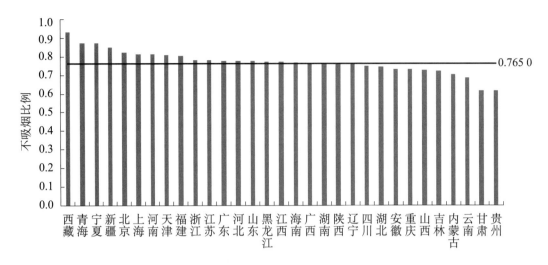

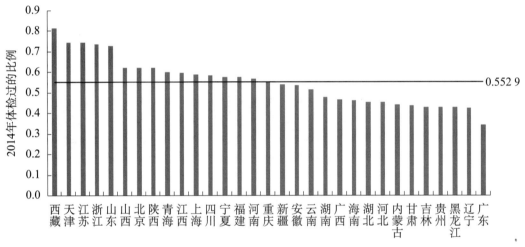

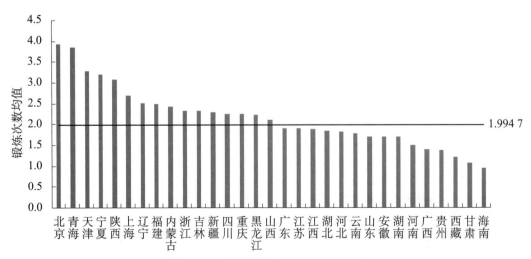

图 2-8　自我管理三级指标基本情况

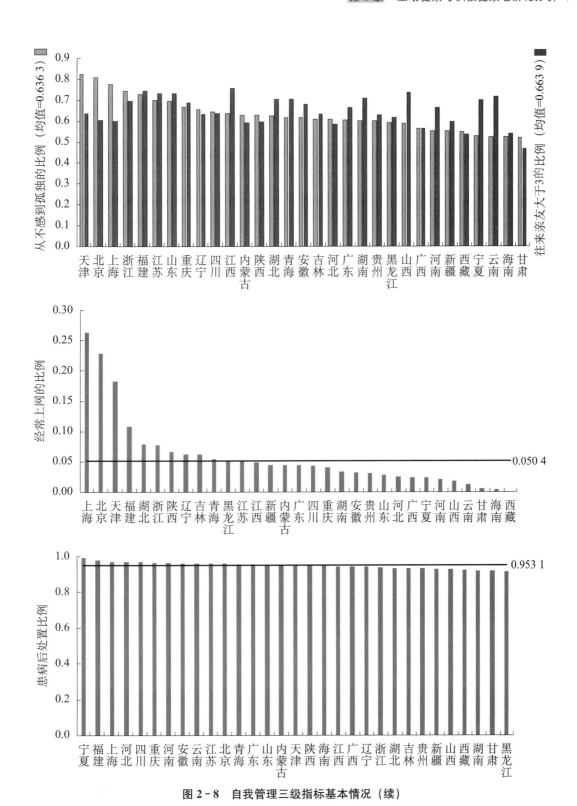

图 2 - 8　自我管理三级指标基本情况（续）

这说明自我管理在各省份的城市地区和农村地区差异显著，农村应积极加强自我管理，缩小与城市之间的差距。同健康现状一样，甘肃城市和农村自我管理得分在 31 个省份中排在最后，这说明甘肃在推动积极老龄化自我管理方面还需要进一步加强。

表 2 - 4　自我管理的城乡比较

	城市	农村
自我管理	79.9±3.8	72.6±4.4
最小值	71.6（甘肃）	63.8（甘肃）
最大值	87.7（天津）	82.0（北京）

　　表 2-5 进一步观察了 31 个省份自我管理的城乡得分及排名，可以看出一些省份城市和农村地区老龄居民的自我管理排名都比较靠前，如天津、北京、上海、福建、青海、浙江等。但也有一些省份城乡老龄居民自我管理的发展并不均衡，例如内蒙古，其城市地区排名（第 8 名）显著高于农村地区排名（第 29 名）。这说明在发展自我管理时各省份不应搞一刀切，应该考虑各自的优势与劣势，互相借鉴，互相促进，实现城乡协同发展。

表 2 - 5　各省份城乡自我管理得分及排名情况

省份	城市	排名	农村	排名
天津	87.7	1	75.9	9
北京	87.3	2	82.0	1
上海	85.9	3	77.9	4
福建	84.9	4	77.3	6
青海	84.1	5	79.3	3
浙江	82.4	6	77.2	7
宁夏	82.4	7	79.4	2
内蒙古	81.9	8	67.4	29
江苏	81.7	9	77.3	5
四川	81.6	10	72.6	15
山东	81.5	11	76.7	8
西藏	81.5	12	72.9	14
重庆	81.1	13	73.0	13
山西	80.7	14	71.9	18
江西	80.1	15	73.3	11
陕西	80.1	16	71.7	19
湖北	79.9	17	68.7	26
吉林	79.0	18	68.9	24
安徽	78.8	19	73.1	12
贵州	78.3	20	64.0	30
辽宁	78.0	21	70.9	21
湖南	77.5	22	69.9	22
广东	77.4	23	69.6	23
河北	77.2	24	72.2	16
云南	77.0	25	71.6	20
河南	76.7	26	74.3	10

续表

省份	城市	排名	农村	排名
新疆	76.2	27	72.1	17
黑龙江	75.9	28	68.2	27
广西	75.0	29	68.8	25
海南	74.4	30	68.0	28
甘肃	71.6	31	63.8	31
全国	79.9	—	72.0	—

（2）自我管理指标下三级指标的城乡比较

表 2-6 对自我管理指标下的三级指标分别进行了城乡比较分析。除 2014 年体检过的比例、来往亲友大于 3 的比例外，城市老年人不吸烟比例、锻炼次数均值、从不感到孤独的比例、经常上网的比例、患病后处置比例均要显著高于农村老年人。这表明城市老年人在控烟情况、身体锻炼、社会联系和医疗自主方面均要优于农村老年人，农村地区应继续加强自我管理，缩小与城市之间的差距。

表 2-6　自我管理三级指标的城乡差异分析

三级指标	控烟情况	体检频率	身体锻炼	社会联系			医疗自主
样本类别	不吸烟比例	2014 年体检过的比例	锻炼次数均值	从不感到孤独的比例	来往亲友大于 3 的比例	经常上网的比例	患病后处置比例
城市样本	0.790±0.012	0.561±0.021	2.794±0.117	0.683±0.139	0.661±0.010	0.090±0.012	0.966±0.003
农村样本	0.747±0.014	0.549±0.025	1.456±0.132	0.565±0.154	0.643±0.019	0.006±0.001	0.939±0.005

城市地区老年人的控烟情况要显著好于农村地区老年人，这可能是因为城市居民对于烟草危害的认知情况要好于农村地区的居民，农村地区应加强对烟草危害的宣传力度，使控烟宣传常态化，对农村重点人群展开针对性的健康教育，提高公众控烟的积极性。

农村地区老龄人口每周锻炼次数均值显著低于城市地区，体育锻炼可以帮助老年人增强体质、预防疾病或减轻疾病带来的负面影响，从而提升身体素质。有文献显示，农村老年人每周的锻炼次数对于其积极老龄化水平的正向预测作用非常明显：每周锻炼次数越多，积极老龄化水平越高（李宏洁，2020）。健康行为是延迟甚至扭转功能衰退的积极老龄化关键因素（Cabrita，2018），而且体育锻炼可以增加老年人与外界的接触和交流；锻炼获得的良好运动能力也有助于提升老年人的价值感和尊严感，主动参加体育活动的老年人具有更高的主观幸福感（Yamashita，2019）。因此，农村地区应充分考虑老年人的文体活动需求，可以合理利用闲置土地增设适老化健身及娱乐设施等，为实现积极老龄化提供良好的环境条件。

在衡量社会联系的指标中，城市地区老龄人口从不感到孤独的比例和经常上网的比例显著高于农村地区，来往亲友大于 3 的比例在城乡之间并没有显著差异。受文化因素影响，农村老年人多以家庭利益为重，在结束劳动生涯后主动承担家务、照看孙辈，压缩甚至放弃自身休闲的时间；随着年龄的增长，老年人对家庭的依赖逐渐增加，家人的态度对老年人决策有重要影响。因此家人的理解与支持有助于老年人主动从家务劳动中抽离，增加外出活动和社会交往的机会，从而增加自身的社会联系。农村地区样本老龄人口经常上网的比例为 0.006，显著低于城市样本。在社区心理健康干预措施方面，通过培训老年人学习使用计算机与网络能够提升老年人的幸福感。因此，农村地区应加大对老年教育资源的投入，帮助老龄人口掌握现代电子信息技术，增加老龄人口的老龄化潜能，提高其社会参与程度与质量（Owen，2015）。

另外，城市地区和农村地区老年人医疗自主比例均大于 90%，但是农村地区与城市地区相比仍有显著差异，农村地区应继续优化医疗资源的配置，提高老龄人口的医疗自主能力。

2.2.3 指标相关性

（1）自我管理指标下三级指标的相关性分析

图 2-9（a）为控烟情况与体检频率的相关性图示，由此可知体检频率与控烟情况存在显著的正相关关系，这可能是由于不吸烟的老年人对于自身健康水平更为在意，更加倾向于进行体检。因此，可以通过加强基层卫生服务体系建设加强老年人群的健康教育，培养老年人的健康习惯及生活方式，可定期组织健康体检来提高老年人对健康的自我管理水平。

图 2-9（b）为身体锻炼与社会联系的散点图，由此可见社会联系与身体锻炼存在显著的正相关关系。身体锻炼次数越多，老年人从不感到孤独的比例也越高。因此，可以通过增设适老化健身及娱乐设施等满足老年人对文体活动的需求，通过引导老年人进行身体锻炼从而增加其社会联系，推动积极老龄化的实现。

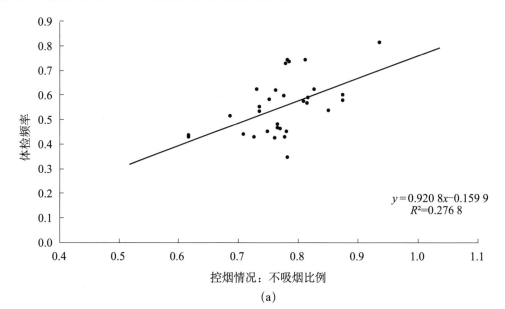

(a)

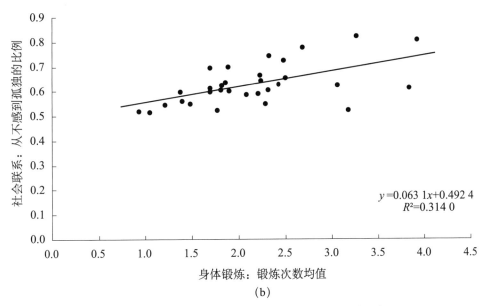

(b)

图 2 - 9 体检频率与控烟情况、社会联系与身体锻炼散点图

（2）健康现状和自我管理下三级指标间的相关性分析

a. 健康自评与体检频率

健康自评（健康现状）和体检频率（自我管理）的相关关系如图 2 - 10 所示。从图中可以看出，健康自评和体检频率存在显著的正相关关系，说明体检频率和健康自评可以相互促进。因此，可以通过社区宣传等手段提高老年人的体检意识，早发现、早诊断，变被动医疗为主动预防保健，从而改善老年人的健康状况。

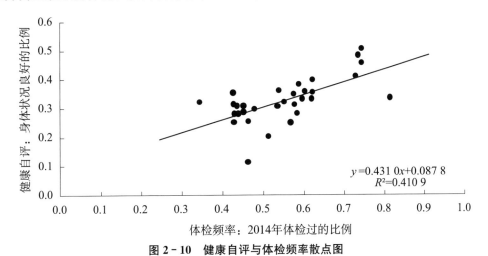

图 2 - 10 健康自评与体检频率散点图

b. 心理健康与身体锻炼

从心理健康（健康现状）与身体锻炼（自我管理）的散点图（见图 2 - 11）可以看出，心理健康与身体锻炼存在显著的正相关关系，心理健康与身体锻炼之间可以相互促进。因此，政府、社会应多关注并重视老年人的心理健康和身体锻炼问题，社区可通过开展义务健康讲座、分发健身指导手册等形式增强老年人对体育锻炼的认识，提高老年人的身体健康和心理健康水平。

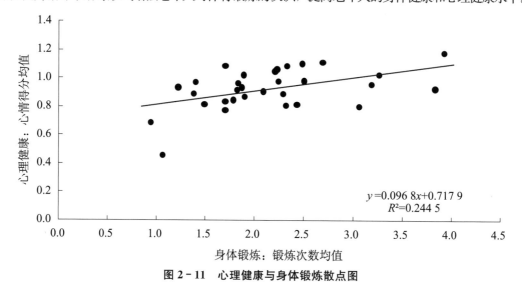

图 2-11　心理健康与身体锻炼散点图

c. 心理健康与社会联系

从心理健康（健康现状）与社会联系（自我管理）的散点图（见图 2-12）可以看出，心理健康与社会联系存在显著的正相关关系。因此，可以通过增加老年人的社会联系来减轻老年人的孤独感，提高心理健康水平。

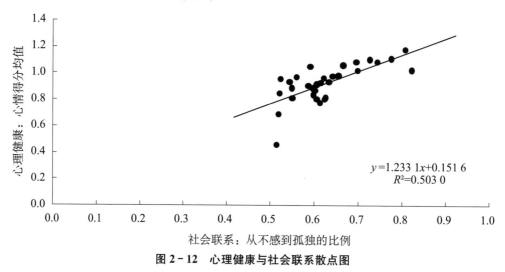

图 2-12　心理健康与社会联系散点图

2.3　主动健康与积极健康老龄化的关系

2.3.1　贡献度的城乡比较

（1）主动健康指数对积极健康老龄化指数贡献度的城乡比较

城市和农村地区主动健康对积极健康老龄化指数的相对贡献度之间的差异较小（见

图 2-13），极差分别为 3.3% 与 3.4%。在城市中，有 15 个省区市的主动健康指数对积极健康老龄化指数的相对贡献度高于全国平均水平（33.7%），其中天津、陕西、内蒙古、重庆及贵州等地的相对贡献度最高，新疆、上海、黑龙江、甘肃及云南等地最低。在农村中，有 11 个省区市的主动健康指数对积极健康老龄化指数的相对贡献度高于全国平均水平（33.3%），其中天津、河南、福建、吉林及山东等地相对贡献度较高，内蒙古、广西、湖北、安徽及上海等地较低。

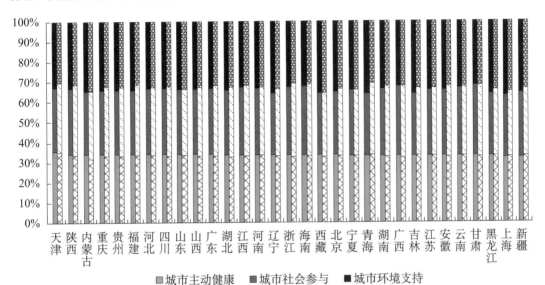

图 2-13　城乡主动健康指数对积极健康老龄化指数的贡献度比较

三个领域对积极健康老龄化指数的相对贡献度表明，城乡主动健康领域贡献度的差异较小，相对其他两个领域而言更为稳定。在内蒙古、湖北及贵州等地，城市主动健康贡献度高于农村；在江苏、甘肃及宁夏等地，城乡主动健康的贡献度几乎持平；而在黑龙江、上海及吉林等地，农村主动健康贡献度高于城市。

虽然图 2-13 报告了城市及农村主动健康指数对积极健康老龄化指数的相对贡献度，但该领域的绝对表现并非与其完全一致。表 2-7 列出了各省份城市及农村主动健康的排名情况。例如，在城市中，天津、陕西、内蒙古、重庆及贵州等地主动健康指数对积极健康老龄化指数贡献度较高，其中天津、重庆及内蒙古在主动健康指数绝对表现较佳，贵州处于中等水平，陕西则处于中下水平。在农村中，天津、河南、福建、吉林及山东等地主动健康指数对积极健康老龄化指数贡献度较高，其中山东、福建及天津主动健康指数绝对表现处于前十水平，河南处于中上水平，吉林则处于中下水平。

表 2-7　各省份城乡主动健康得分及排名情况

省份	城市	排名	农村	排名
天津	86.7	1	79.6	7
山东	84.6	2	81.3	4

续表

省份	城市	排名	农村	排名
浙江	84.4	3	80.8	6
福建	84.3	4	81.2	5
青海	83.9	5	78.1	9
江苏	83.3	6	82.1	2
北京	82.9	7	82.1	1
重庆	82.9	8	77.2	10
内蒙古	82.4	9	69.7	30
山西	82.2	10	76.4	12
江西	82.0	11	76.3	13
四川	81.8	12	74.8	20
上海	81.4	13	81.3	3
湖北	81.2	14	73.8	24
贵州	81.1	15	70.8	29
宁夏	81.0	16	79.1	8
河北	80.2	17	75.6	17
广东	79.8	18	74.7	21
辽宁	79.7	19	75.6	16
湖南	79.4	20	75.2	19
安徽	79.3	21	74.3	22
吉林	79.0	22	72.9	27
陕西	78.8	23	73.4	26
西藏	78.5	24	76.2	14
黑龙江	78.2	25	73.4	25
新疆	78.2	26	75.9	15
广西	78.0	27	74.3	23
河南	77.9	28	76.5	11
云南	77.9	29	75.4	18
海南	76.1	30	71.1	28
甘肃	72.8	31	67.4	31
全国	81.0	—	76.3	—

（2）健康现状指数与自我管理指数对主动健康指数贡献度的城乡比较

由图 2-14 看出，城市与农村地区的健康现状指数及自我管理指数对主动健康指数的相对贡献度之间的差异较小，极差分别为 4.7% 与 5.6%。在城市中，有 18 个省区市的健康现状指数对主动健康指数的相对贡献度高于全国平均水平（50.7%），其中广西、河北、山东、贵州及广东等地相对贡献度较高；13 个省区市的自我管理指数对主动健康指数的相对贡献度高于全国平均水平（49.3%），其中陕西、宁夏、西藏、北京及上海等地相对贡献较高。在农村中，有 10 个省区市的健康现状指数对主动健康指数的相对贡献度高于全国平均水平（52.8%），其中贵州、广西、黑龙江、湖南及湖北等地相对贡献度较高；21 个省区市的自我管理指数对主动健康的相对贡献度高于全国平均水平（47.2%），其中陕西、安徽、北京、宁夏及青海等地相对贡献度较高。

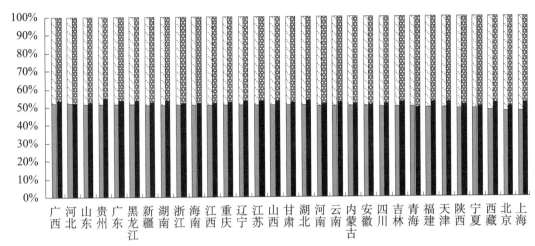

图2-14　健康现状指数与自我管理指数对主动健康指数贡献度的城乡对比

　　仅青海的城市健康现状指数对主动健康指数的贡献度略高于农村；河北、安徽等地城乡健康现状指数对主动健康指数的贡献度与农村几乎持平；而上海、西藏、贵州及天津等地农村健康现状指数对主动健康指数的贡献度高于城市。自我管理指数对主动健康指数的城乡贡献度差异与健康现状相反，在此不再赘述。

　　虽然图2-14报告了城市和农村健康现状及自我管理对主动健康的相对贡献度，但该领域的绝对表现并非与其完全一致。表2-8及表2-9列出了各省份城市及农村健康现状、自我管理及主动健康指数及排名情况。例如，在城市中，广西、河北、山东、贵州及广东等地健康现状指数对主动健康指数的贡献度较高，其中山东及贵州健康现状指数绝对表现最佳，河北及广东表现居中，广西则低于全国平均水平。在农村中，青海、宁夏、北京、安徽及陕西等地自我管理指数对主动健康指数的贡献度较高，其中北京、宁夏及青海自我管理指数排名领先，安徽处于中上水平，陕西则处于中下水平。

表2-8　各省份城市健康现状、自我管理及主动健康指数及排名情况

排名	省份	健康现状	排名	省份	自我管理	排名	省份	主动健康
1	山东	87.6	1	天津	87.7	1	天津	86.7
2	浙江	86.3	2	北京	87.3	2	山东	84.6
3	天津	85.7	3	上海	85.9	3	浙江	84.4
4	江苏	84.8	4	福建	84.9	4	福建	84.3
5	重庆	84.8	5	青海	84.1	5	青海	83.9
6	贵州	83.9	6	浙江	82.4	6	江苏	83.3
7	江西	83.8	7	宁夏	82.4	7	北京	82.9
8	福建	83.8	8	内蒙古	81.9	8	重庆	82.9
9	山西	83.7	9	江苏	81.7	9	内蒙古	82.4
10	青海	83.6	10	四川	81.6	10	山西	82.2
11	河北	83.1	11	山东	81.5	11	江西	82.0
12	内蒙古	83.0	12	西藏	81.5	12	四川	81.8

续表

排名	省份	健康现状	排名	省份	自我管理	排名	省份	主动健康
13	湖北	82.4	13	重庆	81.1	13	上海	81.4
14	广东	82.3	14	山西	80.7	14	湖北	81.2
15	四川	82.0	15	江西	80.1	15	贵州	81.1
16	辽宁	81.4	16	陕西	80.1	16	宁夏	81.0
17	湖南	81.4	17	湖北	79.9	17	河北	80.2
18	广西	81.0	18	吉林	79.0	18	广东	79.8
19	黑龙江	80.6	19	安徽	78.8	19	辽宁	79.7
20	新疆	80.1	20	贵州	78.3	20	湖南	79.4
21	安徽	79.9	21	辽宁	78.0	21	安徽	79.3
22	宁夏	79.6	22	湖南	77.5	22	吉林	79.0
23	河南	79.0	23	广东	77.4	23	陕西	78.8
24	吉林	79.0	24	河北	77.2	24	西藏	78.5
25	云南	78.8	25	云南	77.0	25	黑龙江	78.2
26	北京	78.6	26	河南	76.7	26	新疆	78.2
27	海南	77.8	27	新疆	76.2	27	广西	78.0
28	陕西	77.5	28	黑龙江	75.9	28	云南	77.9
29	上海	76.9	29	广西	75.0	29	河南	77.9
30	西藏	75.6	30	海南	74.4	30	海南	76.1
31	甘肃	74.1	31	甘肃	71.6	31	甘肃	72.8
—	全国	82.0	—	全国	79.9	—	全国	81.0

表 2-9　各省份农村健康现状、自我管理及主动健康指数及排名情况

排名	省份	健康现状	排名	省份	自我管理	排名	省份	主动健康
1	江苏	86.8	1	北京	82.0	1	北京	82.1
2	山东	85.9	2	宁夏	79.4	2	江苏	82.1
3	福建	85.2	3	青海	79.3	3	上海	81.3
4	上海	84.7	4	上海	77.9	4	山东	81.3
5	浙江	84.4	5	江苏	77.3	5	福建	81.2
6	天津	83.4	6	福建	77.3	6	浙江	80.8
7	北京	82.2	7	浙江	77.2	7	天津	79.6
8	重庆	81.4	8	山东	76.7	8	宁夏	79.1
9	山西	80.8	9	天津	75.9	9	青海	78.1
10	湖南	80.4	10	河南	74.3	10	重庆	77.2
11	辽宁	80.3	11	江西	73.3	11	河南	76.5
12	新疆	79.7	12	安徽	73.1	12	山西	76.4
13	广西	79.7	13	重庆	73.0	13	江西	76.3
14	广东	79.7	14	西藏	72.9	14	西藏	76.2
15	西藏	79.4	15	四川	72.6	15	新疆	75.9
16	江西	79.2	16	河北	72.2	16	辽宁	75.6
17	云南	79.1	17	新疆	72.1	17	河北	75.6
18	河北	79.0	18	山西	71.9	18	云南	75.4

续表

排名	省份	健康现状	排名	省份	自我管理	排名	省份	主动健康
19	宁夏	78.9	19	陕西	71.7	19	湖南	75.2
20	湖北	78.9	20	云南	71.6	20	四川	74.8
21	河南	78.6	21	辽宁	70.9	21	广东	74.7
22	黑龙江	78.6	22	湖南	69.9	22	安徽	74.3
23	贵州	77.6	23	广东	69.6	23	广西	74.3
24	四川	77.0	24	吉林	68.9	24	湖北	73.8
25	青海	76.9	25	广西	68.8	25	黑龙江	73.4
26	吉林	76.8	26	湖北	68.7	26	陕西	73.4
27	安徽	75.6	27	黑龙江	68.2	27	吉林	72.9
28	陕西	75.1	28	海南	68.0	28	海南	71.1
29	海南	74.2	29	内蒙古	67.4	29	贵州	70.8
30	内蒙古	71.9	30	贵州	64.0	30	内蒙古	69.7
31	甘肃	70.9	31	甘肃	63.8	31	甘肃	67.4
—	全国	80.7	—	全国	72.0	—	全国	76.3

2.3.2　指标相关性

(1) 社会参与及环境支持与主动健康的相关关系

图 2-15 进一步分析了社会参与及环境支持与主动健康的相关关系，可知社会参与及环境支持与主动健康间存在一定的正相关关系，主动健康与社会参与及环境支持之间可以相互影响。

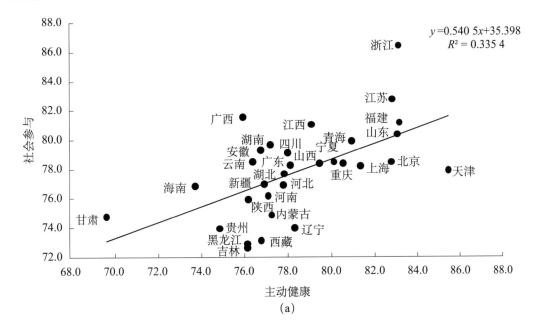

$y = 0.540\,5x + 35.398$
$R^2 = 0.335\,4$

(a)

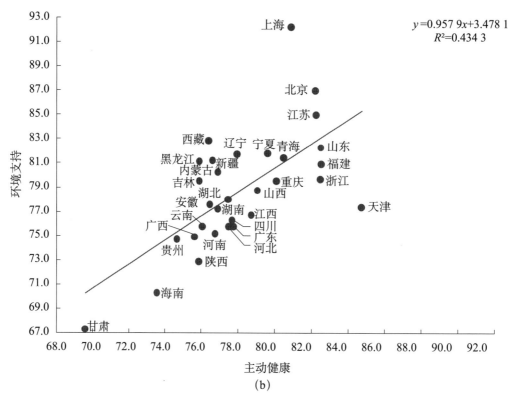

图 2-15　社会参与及环境支持与主动健康的相关关系

　　在文化参与方面，社会活动参与对老年人健康具有稳定的正向促进作用（胡宏伟等，2017）。经济参与也对老年人的健康水平有显著正向影响（李伟，2016），因为适当的经济参与可使老年人有一定的经济收入，从而实现自身价值，提升身心健康。经济参与对于家庭参与具有促进作用，生产性活动增强了代际关系，创造了紧密的社会关系，包括照顾、教导、建议、安慰和引导孙辈的相关活动（Mjelde-Mossey，2009；Ma et al.，2020）。就家庭参与而言，生活在跨代家庭中的泰国老年人可通过家庭的亲密关系找到幸福和快乐，因能够为家庭做出贡献、提供儿童照顾以及家庭烹饪和饮食活动而感到自豪（Komjakraphan et al.，2011）。在家庭参与中，年轻人和老年人既是关爱者又是情感接受者，通过对曼谷家庭的代际关系研究，发现家庭参与对于老年人的身体、心理、社会及精神健康均有重要的影响（Thianthai，2020）。社会参与对健康的积极影响则是通过自我管理来实现的，自我管理是改善慢性病患者幸福感的重要途径（Ang，2019）。韩静等（2016）、陈长香等（2017）等通过多因素分析同样验证了良好的家庭、社会支持对于冠心病及糖尿病老年人健康管理行为及身心健康具有积极的促进作用。

　　居住环境、建成环境对老年人的健康起到中介效应，如公共服务设施和城市公园绿地等环境要素，同时具有促进邻里交往与体力活动的积极作用（于一凡，2020）。居住环境资源的改善不仅直接影响老年人的健康水平，还可通过影响其主观社会地位进一步影响其健康水平（徐延辉，刘彦，2020）。养老服务方面，家庭养老和社会养老对农村老年人的身心健康均具有显著的改善作用，且家庭养老的作用大于社会养老（鲍伟，2020）。参加养老保险对老年健康贫困产生了显著的负向影响（胡文睿，2019）。医疗服务方面，基于 CLHLS 数据的实证分析表明，医疗服务不可及会对老年人健康造成重要影响，会显著增加老年人 IADL、ADL 及认知功能障碍和死亡风险（郭爱妹，顾大男，2020）。

虽然各项研究对主动健康、社会参与及环境支持的定义稍有差异，但总体内容一致。因此要健全老年人健康支持体系，实现"老有所为，老有所用"，鼓励老年人加强社会参与；要完善养老服务设施规划布局及配置，提高老年人医疗服务可及性，促进老年宜居环境建设，为老年人谋求更多来自建成环境的健康福祉，进一步提高老年人的自我管理与健康水平。

（2）自我管理与健康现状的相关关系

自我管理与健康现状这两个领域对于主动健康的贡献度的差异并不大，图 2 - 16 进一步分析了健康现状与自我管理间的相关关系，可知自我管理与健康现状间存在一定的正相关关系。

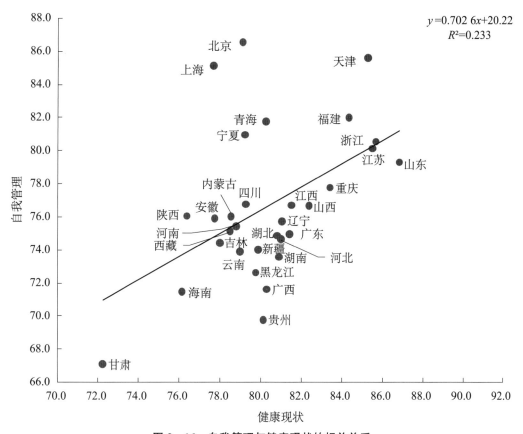

图 2 - 16 自我管理与健康现状的相关关系

目前，慢性病已经成为威胁老年人健康的危险因素（欧阳一非，张兵，2019），而坚持健康的生活方式，加强自我管理，有利于减少高血压、糖尿病、冠心病及脑卒中等慢性病的发病率并降低死亡风险（Elmer，2006；Lv，2017）。不良生活方式不仅影响身体健康，也与心理健康密切相关，如美国中老年人的吸烟与抑郁存在强的正相关关系（An，2015）。每周锻炼次数多的北京市老年人健康状况相对较好，且社会经济地位可通过影响老年人的生活方式进而对其健康产生正向影响（阮航清等，2016）。参与社会体检和经常锻炼能显著提高流动老年人的健康自评（王会光，2018）。关于社交网络的影响，以北京市老年人为例，社交网络的结构/数量和质量对老年人心理健康的影响至关重要（邢采等，2017）。

　　因此，老年人的自我管理与健康现状彼此相互促进，增强自我管理有利于健康现状的提升，良好的健康现状为自我管理提供了基本条件。有关部门应对老年人开展健康宣传教育，增加老年人社交联系平台与机会，提高其健康素养，促进健康生活方式的养成，这对我国实现健康积极老龄化具有重要意义。

2.3.3　指标间相关性的城乡比较

（1）社会参与及环境支持与主动健康关系的城乡比较

　　图2-17（a）进一步分析了社会参与与主动健康相关关系的城乡差异，可知相对于城市而言，农村地区社会参与与主动健康间的相关性略大，表明在农村地区社会参与与主动健康间的相互影响更显著。对于农村高龄老人，参加康体类和学习类活动有益于健康状况的改善，怡情类活动有益于高龄老人的身心健康，社交类活动对高龄老人的心理健康和社会完好性有显著影响，并且参加的活动类型越多，老年人的健康状况水平越佳（丁志宏，2018）。以南京市为例，城市老年人身体健康状况可显著影响其经济活动与文化活动（施春华等，2014）。以广东省为例，健康状况良好的城市老年人，其社会参与水平显著高于健康状况一般的老年人（郭浩等，2020）。由于城乡老年人隔代抚养方式不同，相对城市老年人而言，隔代抚养在降低农村中老年人抑郁风险方面的作用更大（吴培材，2018）。与城市老年人相比，社会参与对农村老年人的健康影响更为显著（Sun et al.，2020）。

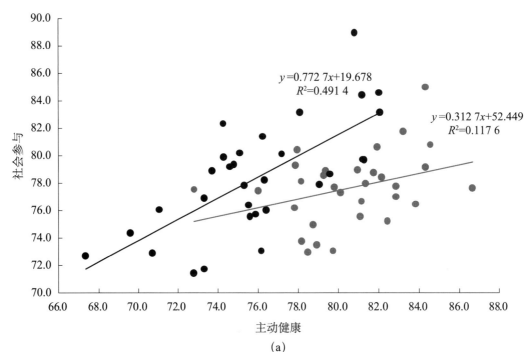

(a)

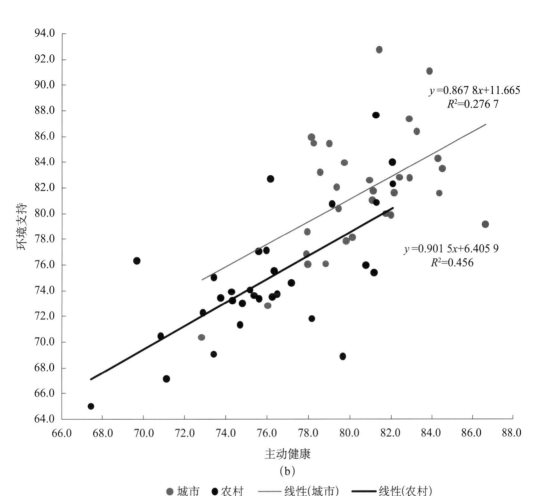

$$y=0.867\,8x+11.665$$
$$R^2=0.276\,7$$

$$y=0.901\,5x+6.405\,9$$
$$R^2=0.456$$

(b)

● 城市　　● 农村　　—— 线性(城市)　　—— 线性(农村)

图 2-17　社会参与及环境支持与主动健康相关关系的城乡比较

　　社会参与与老年人健康水平之间相互促进，相对于农村而言，城市老年人在日常生活中有较多机会参与各类社会活动，农村地区的娱乐设施则相对缺乏，因此社会参与在农村老年人主动健康水平的改善方面发挥着更为重要的作用。对于农村社区，增加公共娱乐设施的供给，开展多样化活动，增加老年人参与社会活动的机会，可对其健康现状的改善起到积极作用；良好的健康现状也为参与社会活动提供了必要的条件保障，二者相互促进，形成良性循环。

　　图 2-17（b）对环境支持与主动健康间相关关系的城乡差异进行了分析，可知相对于城市而言，农村地区的环境支持与主动健康间的相关性略大，表明在农村地区，主动健康与环境支持间的相互影响更显著。

　　有文献表明，对于患有慢性病的老年人而言，城市患糖尿病的老年人的健康自我管理行为好于农村患糖尿病的老年人，这与城市医疗服务设施齐全、就医便利等环境支持密不可分（陈长香等，2017）。基于 2014 年 CLHLS 数据的分析表明，城市老年人医疗服务的可及性优于农村老年人（苏敏艳等，2020），且相对于城市老年人而言，医疗服务可及性对农村老人健康的影响更大（郭爱妹，顾大男，2020）。以广州市部分社区为例，养老设施相对完善的城市老年人居住情感体验评价低于养老设施相对缺乏的农村老年人，这可能与城市老年人对于生活期望较高、居住环境不理想和居住面积较小有关。因此，同等居住环境对于农村老年人的精神情感方面起到更为积极的作用，（林琳等，2018）。参加养老保险的农村老年人陷入健康贫困的概率显著低于农村未参保的老年人，而是否参加养老保险对于城市老年人的健康现状无显著影响（胡文睿，2019）。

农村地区经济条件相对落后，医疗服务可及性相对较差且利用率较低，居住地养老设施较为缺乏，养老保险覆盖率相对低于城市地区。因此针对老年劣势群体（如高龄老人、农村老人等），中央和地方政府应提供充足的医疗服务，增加农村养老保障资金，以缩小城乡养老卫生保障的差距；增加社区养老设施，加大对农村地区养老保险的扶持力度，有效提高农村老年人对医疗服务的利用率，提升老年人精神生活的丰富度，从而缓解其健康贫困及精神贫困，促进老年人健康公平。

（2）自我管理与健康现状关系的城乡比较

图2-18对城乡自我管理与健康现状间的相关关系的差异进行了分析，可知相对于城市，农村地区自我管理与健康现状间的相关性略大，表明在农村地区这两个领域间的影响关系更为密切。文献表明，生活方式对于城乡老年人的生理健康差异的影响不容忽视（李建新，李春华，2014）。就医方面，相对于城市老年人，农村老年人就医主动性较差，且这种就医行为的城乡差异影响着城乡老年人对医疗卫生服务的利用，并显著影响城乡老年人的身心健康的差异（李玉娇，2016）。相对于城市老年人，农村老年人经济收入、社会保障、就医观念等方面均处于劣势，与城市存在显著差异，因此在农村地区，加强健康教育，提高健康素养，改善老年人健康生活方式，如不吸烟、体检、身体锻炼、正常社交活动及就医行为，可以对其健康现状产生较显著的影响。

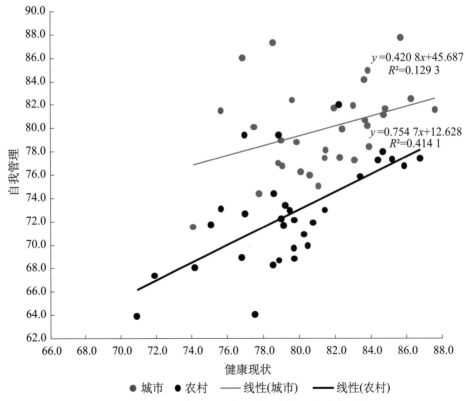

图2-18　自我管理与健康现状相关关系的城乡比较

2.4 主动健康与医疗卫生发展水平的关系

2.4.1 主动健康与医疗卫生资源

根据医疗卫生资源中的 2014 年每千人综合医院数、每千人三级医院数、每千人基层医疗机构数、每千人村卫生室数及每千人医疗机构床位数等五个指标对 31 个省区市进行 ward 系统聚类，采用平方欧式距离度量相似性，聚类结果如表 2-10 所示。

表 2-10 各省份医疗卫生资源系统聚类结果

分组	省份
第一组（14）	北京、福建、甘肃、广西、贵州、海南、吉林、内蒙古、宁夏、青海、上海、天津、西藏、重庆
第二组（10）	安徽、湖北、湖南、江苏、江西、辽宁、陕西、新疆、云南、浙江
第三组（7）	广东、河北、河南、黑龙江、山东、山西、四川

根据医疗卫生资源聚类产生的三组省份，在地理位置分布上无明显特征。三组省份在每千人综合医院数、每千人三级医院数、每千人基层医疗机构数、每千人村卫生室数及每千人医疗机构床位数这几个指标上均值差异较小。

表 2-11 对这三组的健康现状、自我管理及主动健康指数进行了比较。结果表明，医疗卫生资源分布不同的这三类省份，健康现状、自我管理及主动健康指数间的差异并不显著，表明医疗卫生资源的分布对该指数的影响不显著。改善老年人群的主动健康水平，仅从宏观层面改善医疗卫生资源水平是不够的，老年人主动健康水平还与许多其他因素密切相关，应根据各省份自身需求加以改进，进一步完善卫生服务体系，合理配置卫生资源，缩小城乡、地区间的差距。

表 2-11 各组健康现状、自我管理及主动健康指数差异分析

分组	健康现状	自我管理	主动健康
第一组（14）	79.5±3.3	77.5±6.3	78.5±4.3
第二组（10）	80.9±3.0	76.2±2.5	78.5±2.5
第三组（7）	81.4±2.7	75.8±2.1	78.6±2.2

2.4.2 主动健康与医疗卫生人员

根据医疗卫生人员中的 2014 年每千人卫生人员数、每千人卫生技术人员数及每千人基层医疗机构人员数等三个指标对 31 个省区市进行 ward 系统聚类，采用平方欧式距离度

量相似性，聚类结果如表 2-12 所示。

表 2-12　各省份医疗卫生人员系统聚类结果

分组	省份
第一组（8）	安徽、甘肃、贵州、河北、湖南、江西、西藏、云南
第二组（22）	福建、广东、广西、海南、河南、黑龙江、湖北、吉林、江苏、辽宁、内蒙古、宁夏、青海、山东、山西、陕西、上海、四川、天津、新疆、浙江、重庆
第三组（1）	北京

第一组主要为中西部省份；第二组包括大部分东中西部省份；第三组仅包括北京。每千人卫生人员数及每千人卫生技术人员数均值排序一致，均为：第一组＜第二组＜第三组；在每千人基层医疗机构人员数均值排序为：第二组＜第三组＜第一组。

对这三组的健康现状、自我管理及主动健康指数进行比较（见表 2-13），发现差异并不显著。由于中国各地经济发展不平衡，北京卫生人员资源相对优于其他省份，其自我管理及主动健康指数均较高；但仅从宏观层面增加医疗卫生人员对于改善各省份健康水平的影响仍是有限的，还需要配套增加其他卫生费用及设施等的投入。

表 2-13　各组健康现状、自我管理及主动健康指数差异分析

分组	健康现状	自我管理	主动健康指数
第一组（8）	78.9±3.0	73.3±3.3	76.1±2.9
第二组（22）	81.0±3.1	77.5±4.0	79.2±3.0
第三组（1）	79.1	86.5	82.8

2.4.3　主动健康与医疗保障能力

根据医疗保障能力中的 2014 年人均地区生产总值、人均卫生总费用及预期寿命等三个指标对 31 个省区市进行 ward 系统聚类，采用平方欧式距离度量相似性，聚类结果如表 2-14 所示。

表 2-14　各省份医疗保障能力系统聚类结果

分组	省份
第一组（21）	安徽、甘肃、广西、贵州、海南、河北、河南、黑龙江、湖北、湖南、吉林、江西、宁夏、青海、山西、陕西、四川、西藏、新疆、云南、重庆
第二组（7）	福建、广东、江苏、辽宁、内蒙古、山东、浙江
第三组（3）	北京、上海、天津

第一组包括除内蒙古外的所有西部省份、全部中部省份，及东部省份中的河北及海

南。第二组包括大部分东部省份及内蒙古。第三组为东部地区的北京、天津及上海。人均地区生产总值、人均卫生总费用及预期寿命均值排序一致，均为第一组＜第二组＜第三组。

表 2-15 对三组的健康现状、自我管理和主动健康进行了比较，在健康现状指数方面，第二组得分要明显高于第一组。在自我管理指数方面，第三组得分要高于第一组与第二组。在主动健康指数方面，第二组与第三组得分均要高于第一组。

表 2-15　各组健康现状、自我管理及主动健康指数差异分析

分组	健康现状	自我管理	主动健康指数
第一组（21）	79.3±2.4	74.8±3.3	77.1±2.5
第二组（7）	83.3±3.0	78.4±2.8	80.9±2.8
第三组（3）	80.7±4.0	85.7±0.7	83.2±2.1

以上结果说明，健康现状、自我管理及主动健康指数与医疗保障能力密切相关，相互影响。慢性病已成为影响我国老年人健康现状的主要疾病类型，由此造成的失能极大地影响了老年人的生活质量。在人口老龄化背景下，加强卫生经济支出对慢性病健康管理具有积极作用（王昕晔，2018）。中国老年人健康状况存在空间聚集性，而国内生产总值是影响其差异的重要社会经济因素（卢若艳等，2017）。收入不平等的加剧影响到总体人口的健康状况（Kawachi et al.，1999），相较于年轻人，收入不平等对老年人健康的不利影响更为严重（Huguet et al.，2008）。中国老年人口健康预期寿命分布与经济、教育、卫生及地理分布有密切关系（董惠玲等，2020），而当预期寿命达到一定年限时，老年人口生活自理失能率下降的幅度可能会减缓（顾大男，曾毅，2006）。因此随着经济发展水平的提升，政府医疗卫生投入的增加可从多方位有效缓解老年人的健康问题，促进老年人群重视身心健康，加强自我管理。

2.5　主动健康的国际比较

我们在文献中找到了与本指标体系中指标相似的研究其他国家老龄化问题的部分指标（Um，2019；Mejía，2017；O'Connell，2019；Bélanger，2017；Bélanger，2018；Hamann，2019；Watanabe，2017；Kim，2018；Sheridan，2019；Asghar，2018；丁英顺，2019；田香兰，2020），并将指标对应列出，以进行不同国家之间老龄化问题的比较研究。

2.5.1　健康自评

健康自评指标与其他文献中近似指标的比较情况见表 2-16。本书将健康自评定义为60 岁以上老年人身体状况良好的比例，结果为 37.8%。对比其他国家，欧洲 14 国 65~74

岁老年人自我评估健康状况较好的比例为 54.4%，美国 65 岁及以上老年人拥有较好身体机能的比例为 41%，加拿大 65~74 岁老年人健康状况较好的比例为 82.8%。我国测算的老年人范围最广（60 岁以上），但健康自评情况比其他国家要差，说明我国老年人对身体状况的自我认识大多不乐观。

表 2 - 16　健康自评的国际比较

问卷调查结果		欧洲 14 国*		美国		加拿大	
指标定义	n（%）	指标定义	n（%）	指标定义	n（%）	指标定义	n（%）
60 岁以上老年人身体状况良好的比例	37.8	65~74 岁老年人自我评估健康状况较好的比例	54.4	65 岁及以上老年人拥有较好身体机能的比例	41	65~74 岁老年人健康状况较好的比例	82.8

* 在该文献中，欧洲 14 国指奥地利、德国、瑞典、西班牙、意大利、法国、丹麦、瑞士、比利时、以色列、捷克共和国、卢森堡、斯洛文尼亚、爱沙尼亚。后同。

2.5.2　慢病状况

慢病状况指标与其他文献中近似指标的比较情况如表 2 - 17 所示。本书将这一指标定义为 60 岁以上老年人未患慢性病的比例，结果是 48.4%。对比其他国家，韩国 65 岁及以上老年人无慢性病症状的比例是 21.5%，德国 65 岁及以上老年人未患慢性病的比例是 33%，美国 65 岁及以上老年人没有疾病的比例是 31.5%，加拿大 64~75 岁老年人至多患一种慢性病的比例是 30.8%。可知我国老年人未患病比例较高，健康状况较好。从另一角度来看，我国 60 岁以上老年人患慢性病的比例是 51.6%，对比其他国家，欧洲 14 国 65 岁及以上老年人患高血压的比例是 48.8%，日本 65 岁及以上老年人患高血压的比例是 46%，以上两个地区仅患高血压的老年人比例就已经与我国所有患慢性病老年人的比例相当，可以推测这两个地区老年人患慢性病的比例一定高于我国。综合两个方面，我们可以看出，在慢病状况上，比起其他国家，我国老年人保持了比较低的患病水平。

除此之外，我们收集了其他文献中单个慢性病的患病情况，患病比例均较高的慢性病为高血压（46%~50%），最普遍的慢性病为糖尿病，其他慢性病情况也列在表 2 - 17 中供参考。

2.5.3　活动受限

活动受限指标与其他文献中近似指标的比较情况如表 2 - 18 所示。本书将这一指标定义为 60 岁以上老年人失能的比例，结果是 43.8%。对比其他国家，日本 65 岁以上老年人认定需要护理的比例为 17.3%，美国 65 岁及以上老年人有日常生活活动限制的比例为

表 2 - 17　慢病状况的国际比较

问卷调查结果		韩国		欧洲 14 国		日本		德国		美国		加拿大	
指标定义	n (%)	指标定义	n (%)	指标定义	n (%)	指标定义	n (%)	指标定义	n (%)	指标定义	n (%)	指标定义	n (%)
60 岁以上老年人患慢性病的比例	48.4	65 岁及以上老年人无慢性病症状的比例	21.5	—	—	—	—	65 岁及以上老年人未患慢性病的比例	33	65 岁及以上老年人没有疾病的比例	31.5	64~75 岁老年人至多患一种慢性病的比例	30.8
		65 岁及以上老年人患糖尿病的比例	23.6	65 岁及以上老年人患糖尿病的比例	16.6	65 岁及以上老年人患糖尿病的比例	12.8	65 岁及以上老年人患糖尿病的比例	20.5	70~79 岁老年人患糖尿病的比例	14.4		
		65 岁及以上老年人患肺病的比例	20.4	65 岁及以上老年人患肺病的比例	7.8	—		65 岁及以上老年人患慢性肺病的比例	18.1	70~79 岁老年人患肺部疾病的比例	10.8		
				65 岁及以上老年人患高血压的比例	48.8	65 岁及以上老年人患高血压的比例	46			70~79 岁老年人患高血压的比例	50		
60 岁以上老年人患慢性病的比例	51.6			65 岁及以上老年人患关节炎的比例	34.1	65 岁及以上老年人患关节炎的比例	18.6			70~79 岁老年人患关节炎的比例	11.3	64~75 岁老年人至少患两种慢性病的比例	69.2
				65 岁及以上老年人患癌症的比例	7.1			65 岁及以上老年人患癌症的比例	25.4	70~79 岁老年人患癌症的比例	16.9		
		65 岁及以上老年人患心脏病的比例	13.6			65 岁及以上老年人患心脏病的比例	17.2			—			
		65 岁及以上老年人患中枢神经系统疾病的比例	14.7	65 岁及以上老年人患心肌梗塞的比例	15.4	65 岁及以上老年人患骨质疏松症的比例	13.5	65 岁及以上老年人患认知障碍的比例	29.3	70~79 岁老年人患心血管疾病的比例	26.7		

20.2%，加拿大 65～74 岁老年人有多于两项日常活动受限制的比例为 6%。仅从数据来看，我国老年人活动受限情况较为突出，但日本、加拿大两国的指标定义与我国之间的差异也导致了最终数据的差异：日本指标中的"认定需要护理"指的是官方认定需要由专人承担护理任务，认定是有门槛的，普通活动受限的老年人不一定会得到认定，因此其数据相对偏小；加拿大将受限活动限定在两项及以上，因此该数据不包含只有一项活动受限制的老年人，其数据也相对偏小。

表 2-18　活动受限的国际比较

问卷调查结果		日本		美国		加拿大	
指标定义	n（%）	指标定义	n（%）	指标定义	n（%）	指标定义	n（%）
60 岁以上老年人失能（指在室内移动有困难、在日常生活的活动中遇到困难、在日常生活的器械使用中遇到困难等）的比例	43.8	65 岁及以上老年人认定需要护理的比例	17.3	65 岁及以上老年人有日常生活活动限制的比例	20.2	65～74 岁老年人有多于两项日常活动受限制的比例	6

2.5.4　控烟情况

控烟情况指标与其他文献中近似指标的比较情况如表 2-19 所示。本书将该指标定义为 60 岁以上老年人吸烟的比例，结果是 23.5%。对比其他国家，欧洲 14 国 65 岁及以上老年人吸烟的比例是 11.1%，德国 65 岁及以上老年人吸烟的比例是 44.2%，日本 65 岁及以上老年人目前或曾经吸烟的比例是 39.8%，美国 70～79 岁老年人目前吸烟的比例是 9.3%。由此可以看出，我国老年人的控烟情况处于中等水平，德国老年人吸烟的比例较高，但欧洲也存在不少吸烟比例较低的国家（平均水平低）。

表 2-19　控烟情况的国际比较

问卷调查结果		欧洲 14 国		德国		日本		美国	
指标定义	n（%）	指标定义	n（%）	指标定义	n（%）	指标定义	n（%）	指标定义	n（%）
60 岁以上老年人吸烟的比例	23.5	65 岁及以上老年人吸烟的比例	11.1	65 岁及以上老年人吸烟的比例	44.2	65 岁及以上老年人目前或曾经吸烟的比例	39.8	70～79 岁老年人目前吸烟的比例	9.3

2.5.5　社会联系

社会联系指标与其他文献中近似指标的比较情况如表 2-20 所示。本书使用了三个指标来共同描述社会联系。

表 2 - 20 社会联系的国际比较

问卷调查结果		韩国		西班牙		欧洲 28 国*		美国		加拿大	
指标定义	n (%)	指标定义	n (%)	指标定义	n (%)	指标定义	n (%)	指标定义	n (%)	指标定义	n (%)
60 岁以上老年人每周至少使用一次网络的比例	5	55～74 岁老人每周至少使用一次网络的比例	64.3	55～74 岁老人每周至少使用一次网络的比例	29	55～74 岁老人每周至少使用一次网络的比例	40.8	—	—	—	—
60 岁以上老年人从不感到孤独的比例	63.4	—	—	—	—	—	—	65 岁及以上老年人从不感到孤独的比例	55.5	—	—
60 岁以上老年人来往亲友大于 3 的比例	66.4	55 岁以上老人一周多次与朋友、亲戚或同事等社交的比例	59.5	55 岁以上老人一周多次与朋友、亲戚或同事等社交的比例	67.5	55 岁以上老人一周多次与朋友、亲戚或同事等社交的比例	49	65 岁及以上老年人参与社交活动的比例	57.5	65～74 岁老年人有工作/社交联系并参与其活动的比例	93

*在该文献中，欧洲 28 国指奥地利、比利时、保加利亚、克罗地亚、塞浦路斯、捷克共和国、丹麦、爱沙尼亚、芬兰、法国、德国、希腊、匈牙利、爱尔兰、意大利、拉脱维亚、立陶宛、卢森堡、马耳他、荷兰、波兰、葡萄牙、罗马尼亚、斯洛伐克、斯洛文尼亚、西班牙、瑞典、英国。

第一个指标 60 岁以上老年人每周至少使用一次网络的比例为 5%，韩国、西班牙以及欧洲 28 国 55～74 岁老人每周至少使用一次网络的比例分别为 64.3%、29% 和 40.8%，我国老年人使用网络比例较其他国家来说特别低，说明我国老年人平时很少使用网络。

第二个指标 60 岁以上老年人从不感到孤独的比例为 63.4%，美国 65 岁及以上老年人从不感到孤独的比例为 55.5%，两国均在 50% 以上，说明我国与美国基本在同一水平（考虑到美国没有纳入 60～65 岁的老年人）。

第三个指标 60 岁以上老年人来往亲友大于 3 的比例为 66.4%，韩国、西班牙以及欧洲 28 国 55 岁以上老人一周多次与朋友、亲戚或同事等社交的比例分别为 59.5%、67.5% 和 49%，美国 65 岁及以上老年人参与社交活动的比例为 57.5%，加拿大 65～74 岁老年人有工作或社交联系并参与工作或社交活动的比例为 93%。"来往亲友大于 3"可以认为老年人与亲友有社交联系，我国老年人进行社交的比例较其他国家来说处在平均水平之上，远小于加拿大，略小于西班牙。

综合以上指标，可以发现我国老年人社会联系的特点是倾向于熟人社交，对网络的应用甚少；而其他国家的老年人在进行亲友社交的同时，对网络的运用更多。

2.5.6 小结

通过与其他国家老年人主动健康情况的对比可以看出，我国老年人主动健康的情况总体不错，但也有一些值得关注的地方。

在控烟情况上，我国吸烟率不是太高，处于中等偏下水平；从慢病状况与其他国家相比的结果来看，我国整体的患病水平比较低，说明我国老年人的实际健康状况相对较好。但我国老年人对自身健康的评价相对比较保守，不太乐观，因此相比其他国家，健康自评状况并不是太好。有文献显示，"社区支持"对老年人健康自评可能具有保护效应，目前我国推行的"居家为基础、社区为依托、机构为支撑"的新型养老模式使得社区服务可以在很大程度上维护老年人生理和心理的健康（余玉善等，2019）。有研究报道，健康自评差的老年人的死亡风险是健康自评好的老年人的2～3倍，因此提升社区支持可以作为提高老年人健康自评的一种策略。除此之外，该文献还提到自理情况也与老年人的健康自评显著相关；而在我国的主动健康指标中，日常生活中遇到困难需要帮助的情况也处于较高水平，这说明我国虽然慢性病患病率低，但在对慢性病病人的照料方面做得不够好，配套设施和辅助跟不上。目前由于多种因素的影响，我国多数中小城市老年人的照顾服务仍处于起步阶段，尤其是老年人照顾方面的前瞻性、实证性研究还比较薄弱，需继续加强。这也可以与社区支持联系在一起，由社区进一步完善和落实这方面的措施，全方位提升老年人的整体健康水平（杨云革，2018）；完善社区卫生服务网络，重视照顾者的社区护理需求，尽最大努力满足照顾者的护理需求，帮助其提高照顾能力（陈丽，王娟，2016）。

在社会联系方面，我国老年人偏向于与亲友、近邻进行社交，使用网络进行社交的比例非常小，但总体来说感到孤独的比例偏低，社交需求基本能得到满足。这映射出社交方面的"中国特色"——爱热闹，喜欢串门走亲戚。中国城市老年人与近邻交往最多（徐勤，1994），这也进一步说明社区支持的必要性。社区为老年人提供活动中心，组织文化娱乐等集体性活动，可以促进老年人之间的沟通和交流，提升老年人的社会交往水平（余玉善等，2019）。网络社交依托于电子产品，需要一定的学习能力和文化水平，因此目前在老年人中并不普及，使用人数甚少，但随着互联网全民普及，未来老年人使用网络进行社交的比例会有所提升。

2.6 本章小结

2.6.1 健康现状分析主要结论

健康现状得分高于81.4分的有天津、山西、江苏、浙江、福建、山东、重庆七个省份，甘肃得分最低。东部地区健康现状指数的得分要明显高于中部地区和西部地区，说明中部和西部地区老年人的健康状况有待改善。城市老年人的健康现状指数得分也高于农村老年人，说明各省区市在推动积极老龄化、提升健康现状方面仍有较大的城乡差距，农村地区应进一步改善老龄人口的健康情况。

在对健康现状指标下三级指标的分析中发现，在健康自评方面，天津和浙江老年人身体状况良好的比例远高于其他省份，海南则最低。在慢病状况方面，广西、贵州、云南、广东四个省份老年人未患慢性病比例远高于全国平均水平，内蒙古、北京及天津则远低于全国平均水平。在活动受限方面，天津老年人未失能比例最大，甘肃和西藏则处于相对较低水平。在心理健康方面，北京、上海和福建的老年人的心情得分居前三位，而甘肃老年人的心情得分均值远小于其他省份。在人际信任方面，天津、山东和西藏三个省份老年人觉得子女孝顺的比例最大，广西和江西则相对较小；江西、湖南和重庆经常来往的亲属朋友均值最大，而甘肃最小；北京和上海邻居关系好的比例要远低于其他省份。对各三级指标进行城乡比较发现，城市老年人身体状况良好的比例、未失能比例、心情得分均值、觉得子女孝顺的比例、经常来往的亲属朋友比例均高于农村老年人；农村老年人未患慢性病的比例和邻居关系好的比例则高于城市老年人。

对健康现状指标下三级指标的相关性进行分析发现，心理健康、活动受限及人际信任均与健康自评存在正相关关系，心理健康和活动受限也呈现正相关关系，说明健康自评和心理健康、活动受限、人际信任之间可以相互促进、相互联系。

2.6.2　自我管理分析主要结论

自我管理得分高于 85 分的有北京、天津、上海，得分低于 70 分的有甘肃和贵州。东中西部三个地区自我管理的得分有显著差异，东部地区的自我管理指数得分要明显高于中部地区和西部地区。各省份城市地区自我管理得分高于农村地区，因此农村应积极加强自我管理，缩小和城市的差距。

在对自我管理指标下三级指标的分析中发现，在控烟情况方面，西藏老年人不吸烟的比例最大，贵州和甘肃老年人控烟情况远差于其他省份。在体检频率方面，西藏 2014 年体检过的老年人比例最大，而广东最小。在社会联系方面，天津和北京老年人从不感到孤独的比例明显高于其他省份；江西和福建老年人来往亲友大于 3 的比例最大，甘肃最小；各省市老年人经常上网的比例都较小，上海、北京和天津明显高于其他省份。在医疗自主方面，各省份老年人患病后处置比例都很高，并且分布较集中。在身体锻炼方面，青海和北京老年人的锻炼次数均值要显著高于其他省份。对各三级指标进行城乡比较发现，城市老年人不吸烟的比例、锻炼次数均值、从不感到孤独的比例、经常上网的比例、患病后处置比例均要高于农村老年人。这表明城市老年人在控烟状况、身体锻炼、社会联系和医疗自主方面均要优于农村老年人，因此农村地区应继续加强自我管理，缩小和城市的差距。

对自我管理指标下三级指标的相关性进行分析发现，体检频率和控烟情况、社会联系与身体锻炼均存在明显的正相关关系。健康自评与体检频率、心理健康与身体锻炼、心理健康与社会联系也存在明显的正相关关系。因此可以通过增强老年人对体育锻炼的认识，增加社会联系，从而提高老年人的身体健康和心理健康水平。

2.6.3　主动健康与积极健康老龄化关系的主要结论

城市和农村地区主动健康指数对积极健康老龄化指数的相对贡献度之间的差异较小，

相对其他两个领域而言更为稳定。城市与农村的健康现状指数、自我管理指数对主动健康指数的相对贡献度之间的差异也较小，说明这两个指标对于主动健康指数来说都非常重要。

主动健康与社会参与及环境支持之间存在一定的正相关关系，另外，相对于城市而言，农村地区主动健康与社会参与及环境支持间的相关性略高。应通过健全老年人健康支持体系，鼓励老年人加强社会参与；完善养老服务设施规划布局及配置，提高老年人医疗服务的可及性，促进老年宜居环境建设，为老年人谋求更多来自建成环境的健康福祉，进一步提高老年人的自我管理与健康水平，尤其是在农村地区。

健康现状与自我管理之间存在一定的正相关关系，相对于城市而言，农村地区健康现状与自我管理间的相关性略高，表明在农村地区，这两个领域间的关系更为密切。老年人的健康现状与自我管理之间相互促进，增强自我管理有利于健康现状的提升，良好的健康现状可以为自我管理提供基本条件。

2.6.4　主动健康与医疗卫生发展水平关系的主要结论

医疗卫生资源分布及医疗卫生人员数量对健康现状、自我管理及主动健康指数的影响均不显著，因此仅从宏观层面提高医疗卫生资源水平、增加医疗卫生人员数量对于改善各地区健康水平的影响是有限的。健康现状、自我管理及主动健康指数与医疗保障能力密切相关，相互影响。因此随着经济发展水平的提升，政府在医疗卫生投入的增加可从多方位有效缓解老年人的健康问题，促进老年人群重视身心健康，加强自我管理。

2.6.5　国际比较的主要结论

通过和其他国家老年人主动健康情况的对比可以发现，我国老年人吸烟率不是太高，处于中等偏下水平；慢性病的患病水平比较低，说明我国老年人实际健康状况相对较好；但我国老年人对自身健康的评价相对比较保守，不太乐观。另外，我国老年人日常生活中遇到困难需要帮助的情况也处于较高水平，这说明我们在对慢性病病人的照料方面可能存在配套设施和辅助跟不上的情况。在社会联系方面，我国老年人偏向于与亲友、近邻进行社交，使用网络进行社交的比例非常小，但总体来说感到孤独的比例偏低，社交需求基本能得到满足。

第3章
社会参与与积极健康老龄化分析

伴随着人口老龄化程度的加深和老龄化研究理论的不断发展，中国乃至世界范围内的各个国家和地区纷纷进行多种积极健康老龄化政策的探索与实践，老龄社会参与被认为是积极健康老龄化的精髓和核心（刘文学，2016）。联合国发布的《2002年马德里老龄问题国际行动计划》提出：使老年人能通过有偿工作，参与社会公益和志愿工作，积极参与经济、政治和文化生活，来为其晚年生活的个人发展、自我实现和追求幸福提供机会。老年人的社会参与有多种形式，包括：以再就业为主的经济参与、以精神娱乐为主的社会文化活动、以增加社会网络为主的人际交往活动、以实现自我为主的社会公益与志愿者活动，以及家务劳动与照顾家人的家庭参与活动等。

在本书介绍的研究中，社会参与一级指标下有三个二级指标：经济参与、文化参与和家庭参与（见表3-1）。本章的前三节分别对这三个二级指标展开分析，第四节对社会参与与积极健康老龄化的相关关系进行探索分析，第五节对老龄社会参与情况进行国际比较。

表 3-1　社会参与的指标

一级指标	二级指标	三级指标与测度
社会参与	经济参与	有偿工作：60～74岁各年龄段老年人的就业率
	文化参与	社会公益：老年人在过去的一年中参与社会公益活动的比例
		文化活动：老年人在过去的一年中参与文化活动的比例
		团体娱乐：老年人在过去的一年中参与团体娱乐活动的比例
		政治活动：老年人在过去的一年中参加政治活动的比例
		政治关注：老年人对国内外政治的关注程度和参与政治的意愿
	家庭参与	照顾家人：老年人在过去的一年中对子女及孙子孙女提供照顾的比例
		老年人在过去的一年中对更老的人提供照顾的比例

3.1　经济参与分析

3.1.1　经济参与基本情况和地域分析

根据本次调查结果，全国老龄经济参与指数为72.2分，其中，东部地区老龄经济参与指数为 75.1 分，中部地区老龄经济参与指数为 71.5 分，西部地区老龄经济参与指数为 68.6 分。这表明在全国范围内分区域看，东部地区整体老龄经济参与情况优于中部地区，中部地区优于西部地区（见图 3－1）。

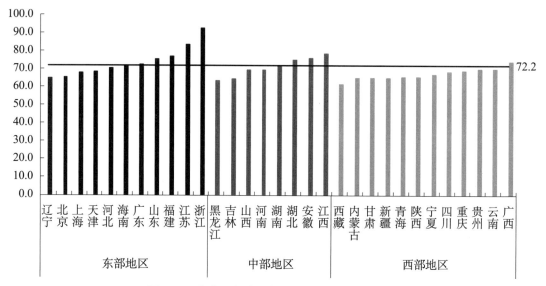

图 3－1　东中西部地区各省份老龄经济参与指数

全国 31 个省份的老龄经济参与指数中，东部地区经济参与得分最高的为浙江（92.5 分），最低的为辽宁（65.1 分）；中部地区经济参与得分最高的为江西（78.4 分），最低的为黑龙江（63.8 分）；西部地区经济参与得分最高的为广西（74.3 分），最低的为西藏（61.4 分）。其中浙江、江苏等经济发达省份的老龄经济参与指数也名列前茅，中西部以及大部分北方省份排名靠后，这表明各省区市的老龄经济参与指数与该地区经济发展水平存在一定的相关性。但是也存在例外，人均可支配收入位居全国前两名的上海和北京的老龄经济参与指数在本次排名中分别处于第 20 名和第 22 名，人均可支配收入位居中下水平的江西和广西的老龄经济参与指数分别排第 3 名和第 8 名（见表 3－2）。

表 3－2　各省份老龄经济参与指数与居民人均可支配收入排名

省份	老龄经济参与指数	排名	2014 年居民人均可支配收入（元）	排名
浙江	92.5	1	32 658	3
江苏	83.4	2	27 173	5
江西	78.4	3	16 734	18
福建	77.0	4	23 331	7
安徽	76.2	5	16 796	17
山东	75.6	6	20 864	9
湖北	74.9	7	18 283	12
广西	74.0	8	15 557	25
广东	72.4	9	25 685	6
海南	71.9	10	17 476	15

续表

省份	老龄经济参与指数	排名	2014 年居民人均可支配收入（元）	排名
湖南	71.8	11	17 622	13
河北	70.4	12	16 647	19
云南	70.3	13	13 772	28
贵州	70.0	14	12 371	29
河南	69.8	15	15 695	24
山西	69.7	16	16 538	20
重庆	69.1	17	18 352	11
四川	68.8	18	15 749	23
天津	68.6	19	28 832	4
上海	67.6	20	45 966	1
宁夏	67.1	21	15 907	21
北京	65.5	22	44 489	2
陕西	65.4	23	15 837	22
青海	65.4	24	14 374	27
新疆	65.2	25	15 097	26
甘肃	65.1	26	12 185	30
辽宁	65.1	27	22 820	8
内蒙古	64.8	28	20 559	10
吉林	64.8	29	17 520	14
黑龙江	63.8	30	17 404	16
西藏	61.4	31	10 730	31
全国	72.2	—	20 167	—

表 3 - 3 进一步总结了 31 个省份老龄经济参与指数的城乡得分及排名，可以看出很多省份老龄经济参与城乡发展不均衡。例如北京和上海的城市老龄经济参与指数排名明显低于农村老龄经济参与指数排名，北京城市和农村老龄经济参与指数的得分和排名分别为 64.6 分（第 28 名）和 70.7 分（第 14 名），上海城市和农村老龄经济参与指数的得分和排名分别为 65.8 分（第 23 名）和 83.6 分（第 4 名）。而山东、海南、甘肃等省份的城市老龄经济参与指数排名明显高于农村老龄经济参与指数排名。因此，老龄经济参与受经济水平的影响，但不仅限于经济影响，在提升老龄经济参与水平时要综合考虑经济、人口、地域、文化等多因素的影响。

表 3 - 3　各省份城乡老龄经济参与指数

省份	城市	排名	农村	排名
浙江	88.4	1	100.0	1
江苏	81.1	2	87.6	2
山东	76.9	3	73.9	12
江西	76.2	4	80.7	5
安徽	75.7	5	76.8	7
海南	75.2	6	68.0	22
广西	73.9	7	74.7	9

续表

省份	城市	排名	农村	排名
湖北	72.1	8	78.3	6
福建	72.1	9	85.1	3
广东	71.7	10	73.9	11
贵州	71.2	11	69.2	18
河北	71.0	12	69.7	16
云南	70.6	13	70.0	15
河南	70.6	14	69.1	20
山西	70.0	15	69.3	17
湖南	69.3	16	74.2	10
四川	68.4	17	69.1	19
重庆	67.5	18	71.3	13
甘肃	67.0	19	63.8	29
天津	66.9	20	76.3	8
新疆	66.6	21	64.1	27
宁夏	66.1	22	68.1	21
上海	65.8	23	83.6	4
吉林	65.5	24	63.9	28
内蒙古	65.2	25	64.2	26
陕西	65.0	26	65.9	24
辽宁	64.8	27	65.5	25
北京	64.6	28	70.7	14
青海	64.3	29	66.5	23
黑龙江	64.0	30	63.5	30
西藏	61.3	31	61.4	31
全国	71.7	—	72.7	—

3.1.2 经济参与的年龄比较分析

在本次调查中，我国 60～64 岁老年人的就业率为 18.4%，65～69 岁老年人的就业率为 11.2%，70～74 岁老年人的就业率为 6%。由图 3-2 可知，随着年龄的增加，无论在城市还是农村，老年人有偿工作的比例迅速下降，70 岁以上城乡老年人的就业率均低于 3%。可能是退休年龄偏低、受教育程度较低、就业岗位少等原因在一定程度上限制了我国老年人的再就业。

分年龄段比较城乡老年人的就业率，各年龄段城市户籍老年人参加工作的比例与农村户籍老年人整体相差不大，65～80 岁农村户籍的老年人就业率略高于城市户籍的老年人。这可能是由于城市户籍老年人退休后的收入或社会保障要优于农业户籍的老年人，良好的经济状况使得他们的再就业意愿并不强烈。

图 3-3 进一步比较了 31 个省份各年龄段老年人的就业率，结果发现东部地区低龄老年人口就业率高于中部以及西部地区，其中浙江和江苏两省的低龄城市户籍老年人和低龄农村户籍老年人（60～69 岁）的就业率均排在前两名。这可能是由于东中西部地区经济

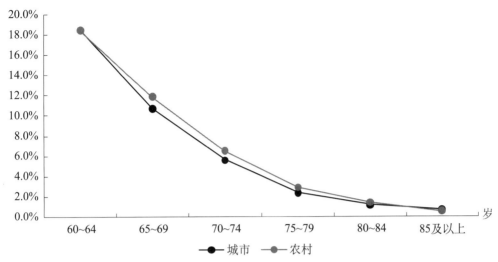

图3-2　分城乡不同年龄段的老年人口就业率

发展水平存在明显差异。东部地区良好的市场条件、基础设施和就业环境为老年人提供了更多的就业机会，而中西部人口大省和传统农业区由于较低的就业层次和就业环境导致低龄老年人口资源向人力资源转化不足（陈磊等，2015）；另外东部沿海省份在低龄老年人口质量上位居前列，城市老年就业人群很可能包含高级党政机关人才、高级技能人才和高级经营管理人才等。

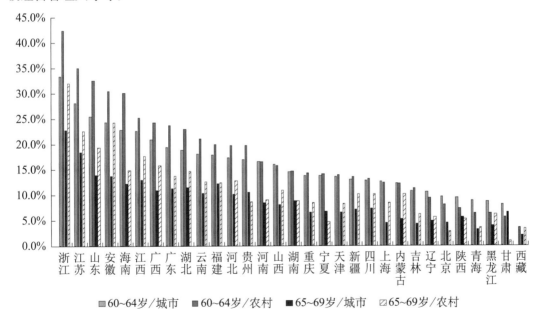

图3-3　各省份城市和农村低龄老年人口的就业率

3.2　文化参与分析

老龄文化参与二级指标下分社会公益、文化活动、团体娱乐、政治活动与政治关注三级指标，3.2 节分别对文化参与二级指标整体进行分析（3.2.1），对社会公益参与（3.2.2）、文化和团体娱乐活动参与（3.2.3）及政治活动参与和关注（3.2.4）等三级指标进行分析。

3.2.1 文化参与基本情况

（1）文化参与基本情况和地域分析

根据本次调查结果，全国老龄文化参与指数为 82.2 分。分区域来看，东部地区老龄文化参与指数 84.1 分，中部地区老龄文化参与指数为 80.4 分，西部地区老龄文化参与指数为 82.8 分。这表明全国范围内老龄文化参与的区域差异不大，东部地区老龄文化参与情况略优于中部地区和西部地区（见图 3-4）。

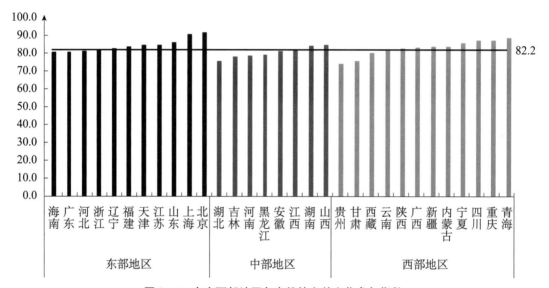

图 3-4　东中西部地区各省份的老龄文化参与指数

进一步看各省份的老龄文化参与指数，老龄文化参与得分高于全国平均水平的有北京、上海、青海、重庆、四川、宁夏、山东、山西、湖南、天津、江苏、内蒙古、新疆、福建、广西、陕西、辽宁等 17 个省份，贵州得分最低（74.2 分）。分东中西部地区看各省份的老龄文化参与情况，东部地区老龄文化参与得分最高的为北京（91.4 分），最低的为海南（80.5 分）；中部地区老龄文化参与得分最高的为山西（84.6 分），最低的为湖北（75.4分）；西部地区老龄文化参与得分最高的为青海（88.6 分），最低的为贵州（74.2 分）。

（2）文化参与的城乡比较

表 3-4 对 31 个省份的老龄文化参与指数进行了城乡比较，总体来看，城市老年人的老龄文化参与指数（83.4 分）要显著高于农村老年人（80.8 分）。城市老龄文化参与指数最高的为北京（91.4 分），最低的为湖北（76.9 分）；农村老龄文化参与指数最高的为青海（91.5 分），最低的为贵州（71.1 分）。

表 3 - 4　各省份城乡老龄文化参与指数得分及排名

省份	城市	排名	农村	排名
北京	91.4	1	91.5	2
上海	90.7	2	86.2	4
四川	88.3	3	86.1	5
宁夏	88.2	4	82.9	11
重庆	87.6	5	87.2	3
新疆	87.2	6	80.6	18
西藏	87.1	7	77.9	26
湖南	85.9	8	83.0	9
青海	85.7	9	91.5	1
山东	85.5	10	85.9	6
山西	85.4	11	83.8	8
内蒙古	84.8	12	82.7	12
天津	84.7	13	81.9	15
云南	84.5	14	79.4	24
江苏	84.0	15	84.5	7
江西	84.0	16	80.1	20
陕西	83.9	17	81.7	16
福建	83.7	18	82.9	10
广西	83.5	19	82.4	13
辽宁	82.7	20	82.2	14
浙江	82.4	21	79.6	23
安徽	82.4	22	80.0	21
河北	81.4	23	80.0	22
甘肃	80.7	24	72.1	30
广东	80.6	25	80.5	19
海南	80.3	26	80.7	17
黑龙江	79.7	27	78.5	25
吉林	79.6	28	76.6	28
河南	79.5	29	77.7	27
贵州	78.8	30	71.1	31
湖北	76.9	31	73.4	29
全国	83.4	—	80.8	—

　　进一步分析 31 个省份老龄文化参与指数的城乡得分及排名可以看出，很多省份城乡老龄文化参与情况存在较大差异，例如江苏和新疆。江苏农村老龄文化参与指数排名（第7 名）明显高于城市老龄文化参与指数排名（第 15 名），新疆城市老龄文化参与指数排名（第 6 名）明显高于农村老龄文化参与指数排名（第 18 名）。因此，推动老龄人口积极参与文化活动时有必要考虑城乡的协同发展。

3.2.2 社会公益参与基本情况和比较分析

本次调查结果显示，全国老龄参与社会公益活动的比例平均为 45.6%。分区域来看，西部地区的老龄社会参与比例（50%）显著高于东部地区（42.6%）和中部地区（40.9%）。

分省份来看，四川、重庆、宁夏、广西、山东、海南、新疆、青海、湖南、江西、江苏、云南、甘肃、上海、西藏等 15 个省份的老龄社会公益活动参与比例超过全国平均水平（见图 3-5）。另外，东部地区老龄社会公益活动参与比例最高的为山东（54.7%），最低的为浙江（32.5%）；中部地区老龄社会公益活动参与比例最高的为湖南（52.6%），最低的为吉林（26.5%）；西部地区老龄社会公益活动参与比例最高的为四川（58.8%），最低的为内蒙古（38.0%）。

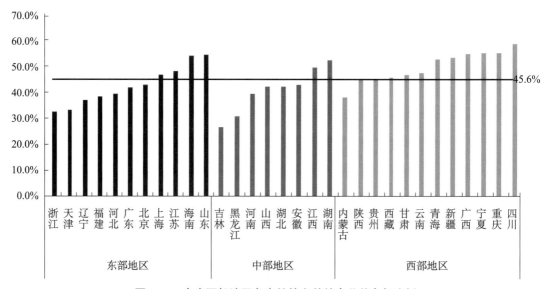

图 3-5 东中西部地区各省份的老龄社会公益参与比例

表 3-5 对 31 个省份的老龄社会公益活动参与比例进行了城乡比较，总体来看，农村老年人参与社会公益活动的比例（48.3%）略高于城市老年人（43.2%）。

表 3-5 各省份城乡老龄社会公益活动参与比例及排名

省份	城市	排名	农村	排名
西藏	58.2%	1	41.8%	22
宁夏	57.1%	2	53.7%	9
新疆	56.7%	3	50.0%	11
海南	53.7%	4	54.2%	7
四川	53.5%	5	64.3%	2
湖南	51.3%	6	53.9%	8
甘肃	51.1%	7	45.6%	19
山东	50.8%	8	58.6%	5

续表

省份	城市	排名	农村	排名
江西	50.6％	9	49.0％	15
重庆	50.0％	10	62.7％	3
贵州	48.5％	11	42.7％	20
广西	48.5％	12	59.4％	4
上海	46.4％	13	48.8％	16
江苏	44.4％	14	55.3％	6
云南	44.2％	15	49.4％	14
青海	43.8％	16	64.5％	1
陕西	43.2％	17	49.5％	13
北京	43.1％	18	41.3％	23
山西	42.0％	19	42.7％	21
河北	40.2％	20	38.9％	25
湖北	40.0％	21	46.6％	17
内蒙古	39.0％	22	37.2％	26
安徽	38.7％	23	46.1％	18
河南	38.2％	24	40.5％	24
辽宁	37.3％	25	36.0％	27
广东	36.3％	26	49.8％	12
天津	34.3％	27	28.1％	29
福建	33.4％	28	51.4％	10
黑龙江	32.9％	29	27.9％	30
浙江	31.4％	30	34.0％	28
吉林	29.8％	31	23.3％	31
全国	43.2％	—	48.3％	—

　　进一步观察各省份城乡老龄社会公益活动参与比例及排名可以看出，多数省份的城乡老龄社会公益活动参与比例排名相近，但也有一些省份老龄社会公益活动参与存在较大差异，例如城市老龄社会公益活动参与比例明显高于农村老龄社会公益活动参与比例的有西藏、宁夏、新疆、甘肃、江西和贵州等；农村老龄社会公益活动参与比例明显高于城市老龄社会公益活动参与比例的有福建、广东、重庆、青海等。

　　依据本次调查的各省份老龄社会公益活动参与比例和社会保障水平的散点图（见图 3-6），可见二者存在明显的正相关关系，与李凯瑞（2015）的结论一致，社会保障水平对老年人参与社会公益活动的意愿呈显著正向影响。因此，完善社会保障体系、提升社会保障水平可以提升老年人参与社会公益活动的意愿，更好地实现积极老龄化。

3.2.3　文化和团体娱乐活动参与基本情况和比较分析

　　从文化活动参与情况来看（见图 3-7），各省份老龄文化活动的参与比例普遍较高，

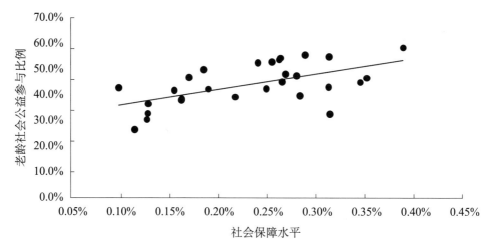

图3-6　各省份老龄社会公益活动参与比例与社会保障水平的散点图

资料来源：参考李凯瑞（2015）的研究，社会保障水平＝城乡居民社会养老保险支出/GDP；数据来源于《中国统计年鉴2015》.

全国平均水平为87.8%。除河南、海南、湖北、贵州、西藏、甘肃以及云南外，其他省份老龄文化活动比例均高于全国平均水平。分区域来看，东部地区老龄文化活动参与比例最高的为北京（98.2%），最低的为海南（84.2%）；中部地区老龄文化活动参与比例最高的为吉林（94.4%），最低的为湖北（35.2%）；西部地区老龄文化活动参与比例最高的为宁夏（94.5%），最低的为贵州（48.9%）。

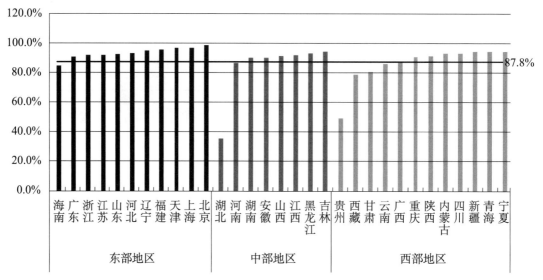

图3-7　东中西部地区各省份自治区老龄文化活动参与比例

从团体娱乐活动参与情况来看（见图3-8），老龄团体娱乐活动参与比例全国平均水平为49.8%，明显低于文化活动参与比例。分区域来看，东部地区老龄团体娱乐活动参与比例最高的为北京（78.9%），最低的为海南（29.1%）；中部地区老龄团体娱乐活动参与

比例最高的为湖北（55.5%），最低的为河南（39.4%）；西部地区老龄团体娱乐活动参与
比例最高的为青海（72.5%），最低的为贵州（28.6%）。

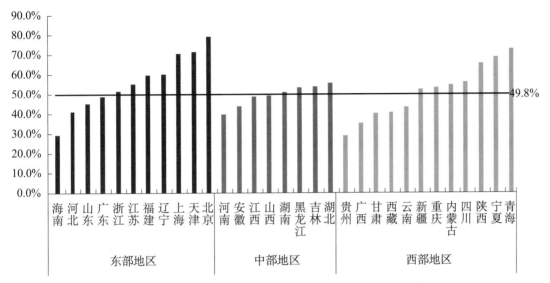

图 3-8 东中西部地区各省份老龄团体娱乐活动参与比例

在对老龄文化活动和团体娱乐活动参与比例的比较中，北京、天津、上海等发达地区
的老年人文化活动参与以及团体娱乐活动参与意愿均较强，而海南、贵州等相对欠发达地
区的老年人参加文娱活动的意愿均较弱。

表 3-6 对 31 个省份的老龄文化活动与团体娱乐活动参与比例进行了城乡比较。总体
来看，城市和农村的老年人文化活动参与比例都比较高，前者比例（90.1%）略高于后者
（85.2%）；但在团体娱乐活动的参与方面存在较大差异，城市老年人参与团体娱乐活动的
比例（62.6%）显著高于农村老年人（35.8%）。湖北的城市和农村老龄文化活动参与比
例均为全国最低；北京的城市和农村老龄文化活动和团体娱乐活动的参与比例均为全国
最高。

表 3-6 各省份城乡老龄文化活动和团体娱乐活动参与比例及排名

省份	文化活动参与比例与排名				团体娱乐活动参与比例与排名			
	城市	排名	农村	排名	城市	排名	农村	排名
北京	98.5%	1	97.0%	1	80.0%	2	72.8%	1
青海	98.3%	2	89.5%	17	79.7%	3	42.6%	9
宁夏	97.7%	3	91.3%	12	82.3%	1	32.6%	25
上海	97.4%	4	92.0%	9	73.2%	5	34.9%	21
天津	97.4%	5	91.7%	10	71.3%	8	22.2%	30
新疆	96.4%	6	92.1%	7	65.3%	14	40.0%	11
福建	95.7%	7	93.7%	2	65.0%	15	43.9%	8
辽宁	95.6%	8	93.3%	4	69.6%	9	32.3%	26
四川	95.2%	9	91.2%	13	72.8%	6	24.7%	29
吉林	95.1%	10	93.7%	3	67.1%	11	45.1%	7

续表

省份	文化活动参与比例与排名				团体娱乐活动参与比例与排名			
	城市	排名	农村	排名	城市	排名	农村	排名
山西	94.9%	11	89.7%	16	64.3%	16	29.5%	28
西藏	94.6%	12	72.9%	29	52.1%	28	34.1%	24
陕西	94.2%	13	86.0%	24	72.4%	7	10.1%	31
内蒙古	94.0%	14	92.2%	6	75.7%	4	34.6%	22
浙江	93.9%	15	87.9%	19	59.8%	21	40.4%	10
黑龙江	93.8%	16	92.1%	8	59.9%	20	36.4%	17
河北	93.7%	17	92.5%	5	52.2%	27	37.0%	14
山东	93.6%	18	91.5%	11	53.4%	25	68.9%	2
江西	93.5%	19	89.8%	15	62.2%	17	35.2%	20
安徽	93.4%	20	87.8%	20	60.5%	18	55.2%	4
重庆	93.3%	21	87.6%	21	66.8%	12	34.6%	23
湖南	92.8%	22	87.0%	22	65.5%	13	36.9%	15
江苏	92.5%	23	90.9%	14	60.5%	19	63.2%	3
广东	91.8%	24	87.9%	18	57.2%	24	38.7%	12
云南	90.5%	25	83.5%	26	59.4%	22	49.9%	6
广西	89.5%	26	86.8%	23	50.0%	30	35.7%	19
甘肃	88.2%	27	78.2%	28	58.2%	23	50.8%	5
河南	87.4%	28	85.9%	25	53.2%	26	36.6%	16
海南	85.7%	29	83.5%	27	44.4%	31	35.8%	18
贵州	57.9%	30	41.8%	30	51.9%	29	38.6%	13
湖北	39.3%	31	29.6%	31	68.2%	10	31.6%	27
全国	90.1%	—	85.2%	—	62.6%	—	35.8%	—

从区域和城乡分析结果可以看出，老龄文娱活动的参与比例可能与一个地区的经济发展水平相关。经济发展水平较高，该地区基础设施建设相对较好，老年人可选择的文化活动和团体娱乐活动也较多。

3.2.4 政治参与基本情况和比较分析

老龄政治参与的分析分为政治活动参与和政治关注两个方面。

调查数据显示（见图3-9），我国老年人政治活动参与比例相对较高，全国平均水平为65.7%。分区域来看，东部地区老龄政治活动参与比例最高的为上海（85.4%），最低的为天津（52.0%）；中部地区老龄政治活动参与比例最高的为山西（78.0%），最低的为吉林（35.4%）；西部地区老龄政治活动参与比例最高的为重庆（78.4%），最低的为甘肃（27.4%）。

调查数据显示（见图3-10），我国老年人政治关注度相对较高，全国平均水平为71.5%。分区域来看，东部地区老龄政治关注度最高的为北京（95.2%），最低的为广东（64.2%）；中部地区老龄政治关注度最高的为山西（77.5%），最低的为江西（60.3%）；西部地区老龄政治关注度最高的为青海（84.4%），最低的为甘肃（52.9%）。

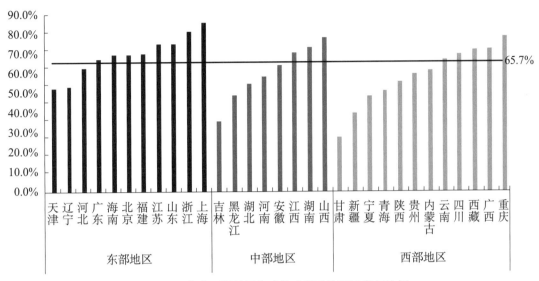

图 3 - 9　东中西部地区各省份老龄政治活动参与比例

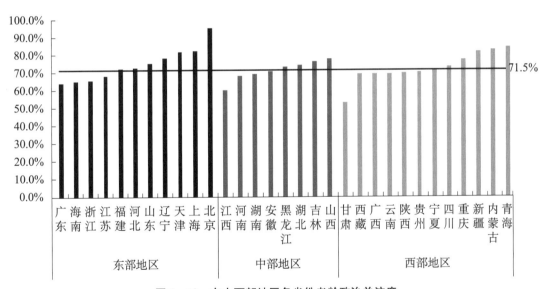

图 3 - 10　东中西部地区各省份老龄政治关注度

　　在政治活动参与和政治关注度的比较中，北京、上海等发达地区老年人对政治活动的参与比例普遍较高，而甘肃、吉林、江西等相对欠发达地区的老年人政治参与比例均较低。

　　表 3 - 7 对 31 个省份的老龄政治活动参与和政治关注度进行了城乡比较。总体来看，城市老年人的政治活动参与和政治关注度与农村地区存在明显差异，城市老年人政治关注度（75.1%）要显著高于农村老年人的政治关注度（67.5%）；而城市老年人的政治活动参与比例（59.8%）显著低于后者（72.1%）。城市老年人政治活动参与率略低于农村老年人，但其参与质量优于农村老年人（张祥晶，2018）。此外对各省区市老龄政治参与的城乡对比可以发现，上海城市和农村老龄政治活动参与在全国排名均比较靠前，黑龙江城

市和农村老龄政治关注度在全国排名均比较靠前，而甘肃、吉林等欠发达地区老龄政治参与处于较低水平。

表3-7 各省份城乡老龄政治活动参与比例和政治关注度与排名

省份	政治活动参与比例与排名				政治关注度与排名			
	城市	排名	农村	排名	城市	排名	农村	排名
西藏	87.5%	1	65.9%	23	75.7%	18	78.0%	4
上海	83.7%	2	95.7%	1	96.5%	1	66.7%	19
浙江	75.3%	3	88.4%	4	76.9%	14	70.1%	13
江苏	72.9%	4	77.4%	14	71.1%	23	55.9%	28
重庆	72.7%	5	85.6%	5	65.6%	29	63.7%	24
山东	69.2%	6	79.7%	11	73.7%	21	74.2%	8
山西	67.6%	7	83.9%	7	76.5%	15	67.2%	17
云南	67.5%	8	66.1%	22	59.1%	31	75.6%	7
广西	67.5%	9	75.2%	15	75.3%	20	88.1%	2
湖南	66.0%	10	80.1%	10	68.8%	26	52.8%	29
福建	65.8%	11	80.1%	9	75.6%	19	70.8%	11
北京	64.9%	12	91.7%	2	77.6%	13	66.0%	21
广东	63.4%	13	71.7%	17	71.9%	22	77.2%	5
四川	60.8%	14	78.5%	12	81.5%	6	65.4%	22
江西	60.2%	15	83.7%	8	68.5%	27	71.0%	9
海南	58.8%	16	73.8%	16	66.7%	28	76.4%	6
河南	55.8%	17	59.3%	27	78.1%	9	70.9%	10
安徽	54.9%	18	69.9%	21	87.4%	3	58.6%	27
贵州	53.3%	19	64.6%	24	70.8%	24	66.7%	20
河北	52.1%	20	69.9%	20	81.5%	7	65.0%	23
宁夏	48.9%	21	47.7%	29	76.2%	17	78.4%	3
湖北	48.6%	22	62.2%	26	77.9%	11	70.1%	12
陕西	44.2%	23	78.4%	13	76.2%	16	51.5%	30
天津	43.3%	24	89.7%	3	84.5%	5	61.9%	25
辽宁	41.6%	25	71.6%	18	79.0%	8	67.7%	16
黑龙江	37.6%	26	62.9%	25	88.3%	2	88.9%	1
新疆	37.5%	27	41.8%	30	62.5%	30	59.6%	26
内蒙古	35.9%	28	84.2%	6	85.9%	4	47.5%	31
青海	35.9%	29	70.2%	19	77.9%	10	67.9%	15
甘肃	29.2%	30	26.9%	31	70.1%	25	66.7%	18
吉林	17.4%	31	54.2%	28	77.8%	12	69.3%	14
全国	59.8%	—	72.1%	—	75.1%	—	67.5%	—

董亭月（2016）的研究表明，媒体使用对老年人参与政治活动有显著影响，经常使用广播、电视的老年人参与投票的比例高于经常阅读报纸、杂志的老年人的比例，而经常使用互联网、手机对老年人参与投票的影响并不显著。根据本次调查数据可以得到类似结论，由图3-11和图3-12可以看出，老龄政治活动参与和政治关注度与有线广播

的使用比重①呈正相关关系，即有线广播使用人数越多的地区，其老龄政治参与度相对越高。

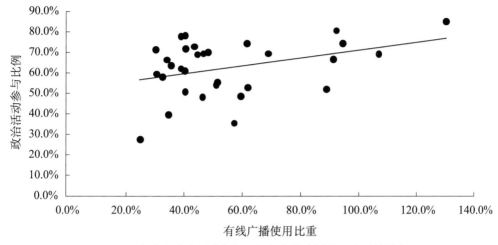

图 3 - 11　各省份政治活动参与比例与有线广播使用比重的散点图

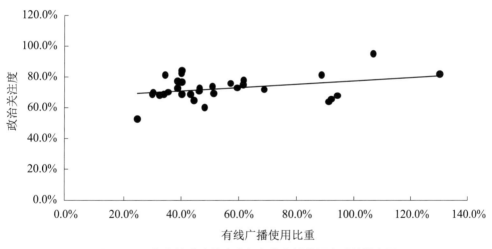

图 3 - 12　各省份政治关注度与有线广播使用比重的散点图

3.2.5　文化参与与心理健康

文化作为一种精神力量能够在人们认识世界和改造世界的过程中转化为物质力量，对社会发展和个人成长产生深远影响。文化与老年人身心健康有着密切的关系，是影响老年人身心健康的重要因素（李文龙等，2015）。世界卫生组织认为，一旦人们的经济水平达到或超出其基本需求，并有条件决定生活资料的使用方式，文化因素对身心健康的作用也就越来越重要。

---

①　有线广播的使用比重的数据来源于《中国统计年鉴 2015》。

刘颂（2006）和 Liddle 等（2013）的研究结果均表明参与社会文化活动的老年人的心理健康状态要优于未参与文化活动的老年人，社会文化参与有助于促进老年人心理健康和幸福感。吴素萍和肖来付（2011）通过对浙江西部地区老年女性的文化参与现状的调查发现，健康状况、文化水平是老年妇女文化参与的直接影响因素。前人研究认为老年文化参与与心理健康存在互为影响的正相关关系。本次调查通过老年人心情得分均值来反映老年人的心理健康状况，图 3-13 展示了老龄文化参与指数和心理健康指数的折线图，数据说明二者存在明显的正相关关系，即文化参与度高的地区，老年人心理健康水平（心情得分均值）也高。

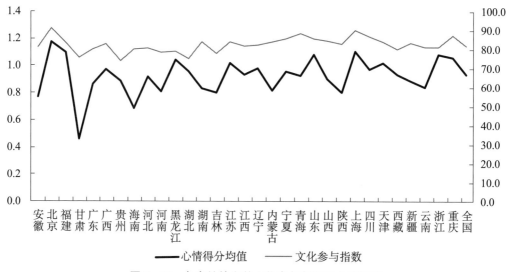

图 3-13　各省份的老龄文化参与与老龄心理健康

综上所述，文化参与对老年人的精神生活以及心理健康有一定影响。文化参与作为社会参与的一部分，逐渐成为老年人继续社会化的重要途径，也成为老年人调整自我、接受新的价值观念从而跟上时代发展步伐的重要方式之一。因此，对于政府、社区、媒体以及其他一些社会团体而言，需要更多关注老年人在文化方面的需求，为老年人在文化参与方面提供更好的服务，搭建广阔的社会文化参与平台，适当地鼓励和引导，让老年人在安享晚年的同时也能够实现自我价值，最终实现积极老龄化的目标。

3.3　家庭参与分析

3.3.1　家庭参与基本情况和比较分析

本次调查结果显示，我国老龄家庭参与指数较高，全国平均水平为 80.4 分，其中城市老龄家庭参与指数为 79.3 分，农村老龄家庭参与指数为 81.6 分。由表 3-8 可知，分区域看，东、中、西部地区的老龄家庭参与指数得分相近；分城乡来看，东、中、西部地区的城市老龄家庭参与指数均低于农村地区，城市老龄家庭参与指数得分基本一致，西部地区的农村老龄家庭参与指数略高于东部和中部地区。

表 3-8 东中西部地区城乡老龄家庭参与指数

	东部	中部	西部
全部	80.1	80.5	80.9
城市	79.4	79.4	79.1
农村	81.3	81.7	82.6

由图 3-14 可知，东北三省和内蒙古等地的老龄家庭参与指数相对较低。结合城乡比较，多数省份的城市老龄家庭参与指数低于农村地区，其中北京、广西、青海、西藏等地差异较大。但也存在例外，如上海、甘肃、黑龙江、天津、吉林等地的城市老龄家庭参与指数高于农村地区。

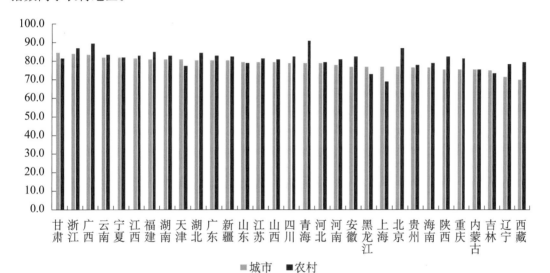

图 3-14 各省份城乡老龄家庭参与指数

3.3.2 家庭参与分项分析

老龄家庭参与三级指标分为照顾子女和照顾老人两个维度，分别对应两个测度问题："您在过去的一年中是否对子女及孙子孙女提供照顾"和"您在过去的一年中是否对更老的人提供照顾"。本次调查结果显示，照顾子女及孙子孙女的老年人占比（50.5%）明显低于照顾老人的老年人占比（69.3%）。详见表 3-9。

表 3-9 分城乡的老龄家庭参与状况

	照顾子女及孙子孙女	照顾老人
全部	50.5%	69.3%
城市	50.4%	66.4%
农村	50.6%	72.2%

在照顾子女方面，整体上城市地区和农村地区照顾子女及孙子孙女的老年人比例相

近，但各省份之间存在差异。由图 3-15 可知，西藏、宁夏、青海、北京、陕西等地，农村老年人照顾子女及孙子孙女的比例高于城市地区；山西、河北、重庆、上海等地，城市老年人照顾子女及孙子孙女的比例高于农村地区。①

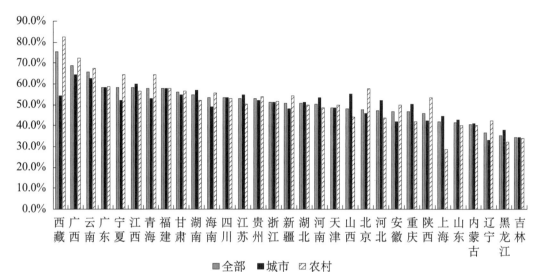

图 3-15　各省份城乡老年人照顾子女及孙子孙女的比例

由图 3-16 可知，在照顾老人方面，农村地区照顾老人的老年人比例普遍高于城市地区，其中重庆、北京、青海等地城乡之间差异较大；但也存在部分省份城市地区照顾老人的老年人比例较高，如黑龙江、吉林等地。

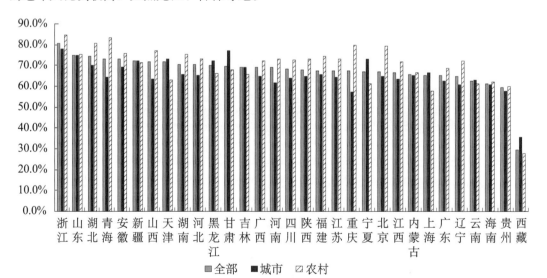

图 3-16　各省份城乡老年人照顾老人的比例

---

①　在照顾子女问题中，宁夏、青海、西藏、甘肃、海南、北京农村、上海农村、天津农村等地的样本量小于100，可能存在样本代表性问题。

3.3.3　家庭参与与社会发展

（1）经济发展状况

由老龄家庭参与指数和人均 GDP① 的散点图（见图 3-17）可知，二者之间存在较弱的负相关关系，说明随着经济增长老龄家庭参与度呈微弱的下降趋势。这可能是由于经济发达地区的公共政策、医疗服务体系和市场化的儿童照顾机制比较完善，一定程度上分担了老年人照顾家人的责任。而在经济欠发达地区，老龄人口受教育水平不高，社会技能不足，因此需要整合区域资源，关注老龄人的经济状况，并发展社区养老服务。

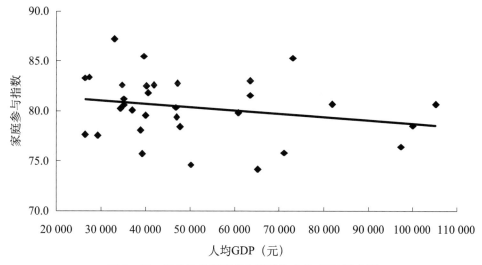

图 3-17　各省份的家庭参与指数和人均 GDP 散点图

（2）健康现状

分城乡来看，由图 3-18 可知，城市家庭参与与老年人健康现状之间存在正相关关系。这与一些学者的研究结果相同。研究发现，社会参与对于提升老年人心理健康水平具有积极作用，老年人的社会参与与其心理健康水平呈正相关关系（刘颂，2007），积极的、有目的的参与可以延缓老年群体中常见的生理、心理和认知衰退（Morrow-Howell，2011）。

由图 3-19 可知，农村家庭参与与健康现状之间无明显的相关关系。有研究指出：与其说老年人的社会参与是一种行动，不如说是一种文化，从根本上来讲老年人的社会参与还是一种文化行为，文化和心理是影响老年人社会参与的核心成分（姚远，2009）。经农村地区的传统文化孕育出的尊老成分，即所谓的"孝文化"或"崇老文化"相较于城市地区更加浓厚，文化行为成为比健康现状更重要的影响家庭参与的因素。

---

① 人均 GDP 数据来源于《中国统计年鉴 2015》。

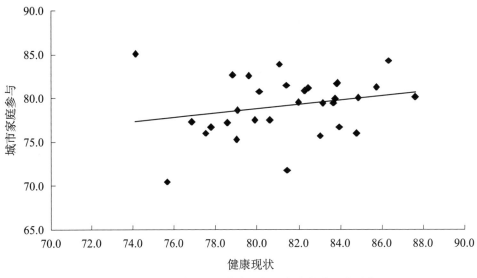

图 3 - 18　各省份的城市家庭参与与老年人健康现状散点图

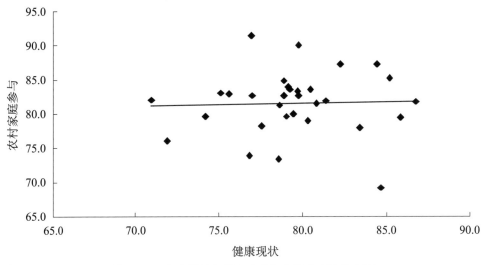

图 3 - 19　各省份的农村家庭参与与健康现状散点图

3.4　社会参与与积极健康老龄化的关系

本节将分析老龄社会参与对积极健康老龄化的贡献，经济参与、文化参与和家庭参与三个指标对社会参与的贡献，以及上述三个指标彼此之间的关联性。

3.4.1　社会参与对积极健康老龄化的贡献

老龄人口的社会参与对实现积极健康老龄化具有重大的意义和贡献。

第一，老年人社会参与可以为社会经济的发展做出贡献。人口老龄化不可避免地带来劳动力结构性短缺、社会抚养比增大以及社会服务内容增加等社会问题。根据《2014 年国民经济和社会发展统计公报》发布的数据，2013 年老年社会抚养比达到 21.58%，社会总抚养比接近 46%。全国老龄工作委员会办公室在《中国人口老龄化发展趋势预测研究报告》中也提出，2030—2050 年是中国人口老龄化最严峻的时期，人口总抚养比最终将超过 50%，有利于经济发展的低抚养比的"人口黄金时期"将于 2033 年结束。因此，老年人在退休后积极参与社会经济的生产与发展不仅是开发老年人力资源的途径，也是缓解人才资源结构性短缺、减轻社会负担的有效途径（熊斌，杨江蓉，2002；闵伸，2003）。此外，也有学者从微观社会学的视角出发，提出老年人参与社会活动是一种构建包含健康资本、经济资本、社会资本以及知识资本的"老年资本"的重要途径（穆光宗，2002；李德瑞，2007）。也有研究发现，老年人再就业在领导地位和专业知识方面有很强的延续性，例如曾担任机关企事业单位管理人员的退休老年人有利用其手中资源继续创造经济价值的可能（高静恩，2018）。

第二，老年人社会参与可以有效提升身心健康水平。刘颂（2007）利用交叉列联表分析了社会参与与老年人心理健康的关系，结果显示二者存在正向关系。Siegrist（2009）、王萍（2012）、曹杨和王记文（2015）通过研究发现，老年人的精神状态、情感交流满意度等情感满意度测量指标都会受到社会参与程度的影响。张丹和张冲（2016）、Hong（2009）发现城市老年人积极进行社会参与能够改善抑郁状况，提升身心健康状况，反之，优良的精神健康状况又会促进社会参与，二者相辅相成。

第三，老年人社会参与可以帮助实现自我价值。裴晓梅（2004）认为老年人的社会参与问题关乎人类的发展，老年人的发展包括内在和外在两个方面，即内在的自我完善和外在的社会参与，老年人正是通过社会参与来实现内在的自我完善与自我价值的提升。老年人无论是通过延迟退休、退休后再就业，或是参与社会志愿服务，均可实现老有所为、老有所乐，使老年人的尊严与人格需求得到满足，实现积极老龄化（钱宁，2015）。

基于 31 个省区市的各项积极健康老龄化指数，各省份的社会参与指数对积极健康老龄化指数的平均贡献度为 33.1%，极差为 4.3%。进一步分析健康老龄化总指数和社会参与指数的相关关系，由各省份的积极健康老龄化总指数与社会参与指数的散点图（如图 3-20 所示）可知，二者之间存在中度正相关关系（$R^2 = 0.400\ 4$，Spearman 相关系数的检验 p 值接近 0）。例如江苏与浙江的积极健康老龄化指数与社会参与指数在全国的排名都比较靠前，吉林、黑龙江的积极健康老龄化指数与社会参与指数的排名均比较靠后。

此外，分城乡对 31 个省区市的社会参与贡献度进行了比较分析（见图 3-21）。总体来看，各省份社会参与贡献率的城乡差异性表现为农村大于城市，且与贡献度排名的关系呈现出隐约的"两头轻中间重"的状态——贡献度排名较靠前的省份，城乡差异较小；排名位于中间的省份，城乡差异较大。例如甘肃、海南和广西的社会参与贡献度排名靠前，城市和农村的社会参与贡献度都相对较高，且城乡间差异不大；重庆、青海、福建、湖北农村社会参与贡献度在全国范围内排名居中等位置，但城乡差距较大。

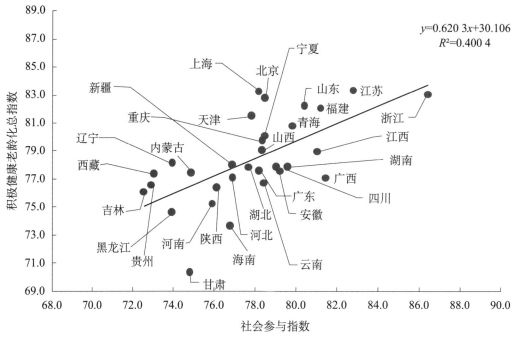

图 3-20 各省份的积极健康老龄化总指数与社会参与指数散点图

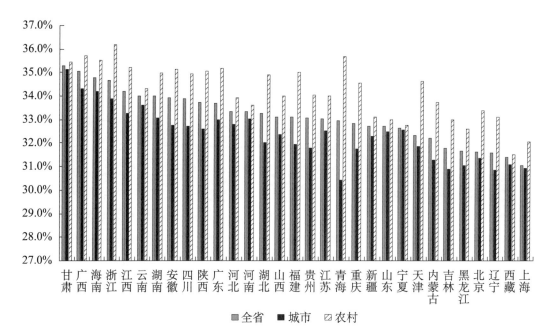

图 3-21 分城乡的各省份社会参与对积极健康老龄化总指数的贡献度

　　总体而言,数据显示中国老年人社会参与对积极健康老龄化总指数呈现出较为明显的积极贡献,但这一贡献在城乡之间、各省份之间表现出不同的特征,体现出中国幅员辽阔、各地老龄化状况错综复杂的特点。

3.4.2　经济参与、文化参与和家庭参与对社会参与的贡献

本项研究从老年人经济参与、文化参与和家庭参与三个角度综合衡量其社会参与程度。基于调查数据，各省份经济参与、文化参与和家庭参与对社会参与的平均贡献度分别为 30.2%、35.4% 和 34.4%。显然，家庭参与和文化参与对社会参与的贡献作用大于经济参与。分省份来看，浙江和江苏的经济参与贡献度最高，分别为 35.7% 和 33.6%；北京和上海的文化参与贡献度最高，分别为 38.8% 和 38.5%；甘肃和青海的家庭参与贡献度最高，分别为 37.2% 和 35.7%。

进一步分析社会参与指数与三个二级指标之间的相关关系。社会参与和这三者均存在不同程度的正相关关系，其中与经济参与的关系最强（$R^2 = 0.693\,3$），家庭参与次之（$R^2 = 0.499\,5$），文化参与关系最弱（$R^2 = 0.160\,5$）。此外利用 Spearman 相关系数进行相关性检验可得三者的检验 p 值均小于显著性水平 0.01，说明社会参与的三个二级指标与其存在显著的正相关关系，经济参与、文化参与和家庭参与对社会参与有积极的贡献。

3.4.3　经济参与、文化参与和家庭参与的关系

为了更直观地展示经济参与、文化参与和家庭参与三个指标之间的关联性，绘制这三个指标得分的矩阵散点图与相关系数图（见图 3-22）。

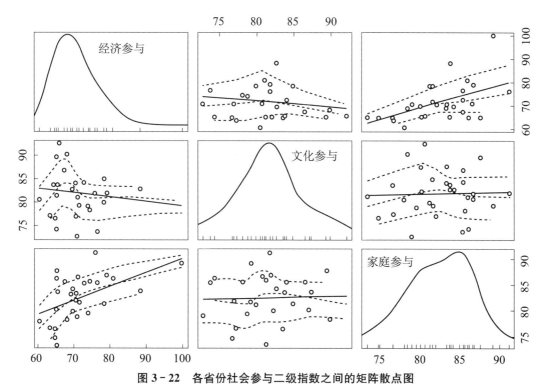

图 3-22　各省份社会参与二级指数之间的矩阵散点图

由矩阵散点图可知，经济参与和家庭参与的回归拟合线呈现较明显的正相关趋势，文

化参与与经济参与和家庭参与之间的关联性较弱。同样，相关系数检验表明，经济参与和家庭参与有正相关关系（Spearman 相关系数检验 p 值＝0.002），经济参与和文化参与之间（Spearman 相关系数检验 p 值＝0.535）、家庭参与和文化参与之间（Spearman 相关系数检验 p 值＝0.771）都不存在显著相关关系。

老年人经济参与和家庭参与之间的散点图进一步验证了二者之间的正相关关系（见图 3-23）。然而有关老年人经济参与和家庭参与之间的关系，现有研究的结论并不一致。Hochman 等（2013）认为二者存在冲突，老年人承担照顾孙子女义务会增加个人提前退休的可能性。牟俊霖和宋湛（2012）认为照料责任会因占用老年人精力和时间而降低其就业率，缩短其劳动参与时间。宋健等（2018）认为对城镇老年人而言，孙子女照料与其就业之间不存在显著相关性。陆圆圆和童晔（2020）认为老年退休人员的经济需求来自抚养孙子女，或照顾更老的老人，二者存在正相关关系。

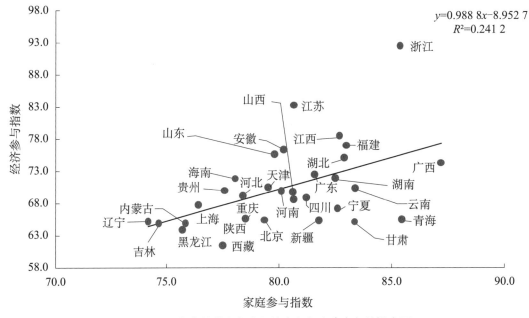

图 3-23　各省份的老年人经济参与与家庭参与的散点图

本项研究显示中国老年人经济参与与家庭参与存在正相关关系，而文化参与同经济参与和家庭参与之间的相关关系并不显著。结合现有研究的结论，本书倾向于认为老年人上述三种参与指标之间的关系是错综复杂的，相互之间的关系及解释的合理性有待进一步检验。

3.5　社会参与的国际比较

本项研究将本次调查结果与现有针对其他国家的研究结果[①]进行对比，探索我国老年

---

① 国外的相关数据资料主要来源于田香兰（2020）、Um（2019）、Mejía（2017）、Asghar（2018）、Alan（2015）等的研究。

人社会参与情况与其他国家的异同。

3.5.1　经济参与

国际上评价经济参与的指标较为统一，大多采用不同年龄段老年人口的就业率。在本次调查中，我国 60～64 岁老年人的就业率仅为 18.4%，远低于日本（68.8%）、韩国（51.9%）和欧洲 28 国（31.6%）。65～69 岁老年人的就业率（11.2%）和 70～74 岁老年人就业率（6%）与欧洲 28 国相近，但远低于日本和韩国（见表 3 - 10）。

表 3 - 10　经济参与的国际比较

	问卷调查结果	日本	韩国	欧洲 28 国
60～64 岁老年人的就业率（%）	18.4	68.8	51.9	31.6
65～69 岁老年人的就业率（%）	11.2	46.6	38.6	11.6
70～74 岁老年人的就业率（%）	6.0	30.2	25.5	6.1

总体来看，与其他国家相比，我国各年龄段老年人经济参与水平均较低，这一差异在 60～64 岁人群中尤为明显，估计主要受退休政策差异的影响。

3.5.2　社会公益参与

本次调查中，我国 60 岁以上老年人在过去的一年中每周至少参加一次社会公益活动的比例高达 45.6%。这里提到的社会公益活动范围较广，包括无偿参加专业技术志愿活动、维护交通治安、协助调解民间纠纷、环境卫生维护管理、看护照顾服务、慈善捐赠、社区组织管理等。韩国、日本、欧洲 28 国及美国衡量公益活动参与情况的指标涵盖范围和测度口径上有些差异（见表 3 - 11），它们更强调参加志愿服务活动或志愿团体的比例。研究表明，韩国 60 岁以上老年人提供无报酬社区和志愿服务活动的比例为 8.1%，日本 60 岁以上老年人愿意参加志愿者团体、市民活动团体的比例为 30%，欧洲 28 国 55 岁以上老年人每周至少参加一次志愿服务的比例为 14.7%，美国 65 岁及以上老年人中参加工作或志愿工作的比例为 15%。

表 3 - 11　社会公益的国际比较

问卷调查结果		韩国		欧洲 28 国		日本		美国	
指标定义	n（%）	指标定义	n（%）	指标定义	n（%）	指标定义	n（%）	指标定义	n（%）
60 岁以上老年人在过去的一年中每周至少参加一次社会公益活动的比例	45.6	60 岁以上老年人提供无报酬社区和志愿服务活动的比例	8.1	55 岁以上老年人每周至少参加一次志愿服务的比例	14.7	60 岁以上老年人愿意参加志愿者团体、市民活动团体的比例	30.0	65 岁及以上老年人中参加工作/志愿工作的比例	15.0

各国志愿服务的涵盖范围和参与形式不尽相同，但仍可以看出，与其他国家相比，我国老年人志愿活动的参与程度较高。这些志愿活动往往由社区及各种组织发起，老年人可

以根据自身兴趣自由选择,而不一定要加入某个特定的公益组织,参与形式较为多样化和自由。

3.5.3 文化活动参与

本次调查采用较广的口径统计老年人的文化活动参与情况,看演出、参观展览、看音乐剧、听戏剧、学习充电等活动均纳入统计范围。在此标准下,87.8%的受访老年人表示自己每周至少会参加一次文化活动。其他国家采用的文化活动方面的指标大多是终身学习参与情况。现有研究表明,日本50%以上的老年人参与过终身学习,韩国55~74岁的老年人在过去一年中接受过教育或培训的占5.5%,欧洲28国55~74岁的老年人在调查前四周内接受过教育或培训的占4.5%(见表3-12)。

表3-12 文化活动的国际比较

问卷调查结果		日本		韩国		欧洲28国	
指标定义	n(%)	指标定义	n(%)	指标定义	n(%)	指标定义	n(%)
60岁以上老年人在过去一年中每周至少参加一次文化活动的比例	87.8	参与过终身学习的老年人比例	50以上	55~74岁的人老年人在过去一年中接受过教育或培训的比例	5.5	55~74岁的人老年人在调查前四周内接受过教育或培训的比例	4.5

不同国家统计口径的差异使得国家间数据的直接比较缺乏说服力,但其口径本身和绝对数值也在一定程度上直接反映了各国老年人的休闲活动参与情况。文化活动是本次调查中文化参与方面得分最高的三级指标,说明我国绝大多数老年人会将自己的部分空余时间分配给兴趣爱好,这些爱好使老年人的生活更加丰富充实,对积极老龄化发挥着重要的作用。

3.5.4 团体娱乐参与

团体娱乐是我国老年人富有特色的文化生活参与方式,包括广场舞、健身、练功、旅游、打牌下棋、手工等。在本项研究中,每周至少参与一次团体娱乐活动的老年人的比例为49.8%。这一统计口径与日本较为接近,日本60岁以上老年人参加运动健身、兴趣活动、社区活动等老年俱乐部活动的比例达到61%(见表3-13)。

表3-13 团体娱乐的国际比较

问卷调查结果		日本		韩国		欧洲28国		美国	
指标定义	n(%)	指标定义	n(%)	指标定义	n(%)	指标定义	n(%)	指标定义	n(%)
60岁以上老年人在过去的一年中每周至少参与一次团体娱乐活动的比例	49.8	60岁以上老年人参与老年俱乐部活动的比例	61.0	55岁及以上老年人每周至少与朋友、亲戚或同事见一次面的比例	59.5	55岁及以上老年人每周至少与朋友、亲戚或同事见一次面的比例	49.0	65岁及以上老年人中参与社交的比例	57.5

更多国家采用社交情况——因工作以外的其他原因每周至少与亲朋好友见一次面的比例——来度量老年人的活动参与情况，与亲友见面时进行的活动包括但不限于团体娱乐活动。在韩国 59.5％的 55 岁以上老年人每周与亲友见面，欧洲 28 国的这一比例为 49％，美国 57.5％的 65 岁以上老年人与亲友保持着密切的社交关系。可见团体活动和社会交往对世界各国的老年人来说都是日常生活的重要组成部分。

3.5.5　政治活动参与

在政治活动参与方面，由于我国在法律和制度上对公民参与民主选举、民主决策、民主管理、民主监督等政治活动的保障，以及人们高度的社会责任感和对公共事务的参与热情，我国 60 岁以上老年人在过去的一年中参加各种形式的政治活动的比例高达 65.7％。日韩及欧洲 28 国在量化政治活动参与情况时将统计范围进一步缩小到参加相关政治团体。在日本，老年人参与政治活动的重要形式是町内会及自治会，60 岁以上老年人参加这两个自治组织的比例为 26.7％。欧洲 12％的 55 岁以上老年人加入了政党或利益团体，而在韩国这一比例仅为 0.3％（见表 3－14）。

表 3－14　政治活动参与的国际比较

问卷调查结果		日本		韩国		欧洲 28 国	
指标定义	n（％）	指标定义	n（％）	指标定义	n（％）	指标定义	n（％）
60 岁以上老年人在过去的一年中参加各种形式的政治活动的比例	65.7	60 岁以上老年人参加町内会及自治会的比例	26.7	55 岁老年人参加政党、利益团体的比例	0.3	55 岁以上老年人参加工会、政党或政治行动团体会议活动的比例	12.0

3.5.6　家庭参与

本次调查结果显示，我国 50.5％的 60 岁以上老年人在过去的一年中需要照顾子女或孙子孙女等晚辈，承担照顾其长辈责任的比例更高，达到 69.3％。在韩国、欧洲 28 国，55 岁以上老年人的家庭参与水平均远低于我国，其照顾晚辈的比例分别为 5％和 32.5％，且需照顾长辈的比例更低，分别为 2.2％和 12.9％。这种比例上的差异反映了家庭参与对我国老年人生活的重要影响（见表 3－15）。

表 3－15　家庭参与的国际比较

问卷调查结果		韩国		欧洲 28 国	
指标定义	n（％）	指标定义	n（％）	指标定义	n（％）
60 岁以上老年人在过去的一年中为子女及孙子孙女提供照顾的比例	50.5	55 岁以上老年人为子女及孙子孙女提供照顾的比例	5.0	55 岁以上老年人为子女及孙子孙女提供照顾的比例	32.5

续表

问卷调查结果		韩国		欧洲28国	
指标定义	n（%）	指标定义	n（%）	指标定义	n（%）
60岁以上老年人在过去的一年中为其长辈提供照顾的比例	69.3	55岁以上老年人为其长辈提供照顾的比例	2.2	55岁以上老年人为其长辈或残疾亲属提供照顾的比例	12.9

受儒家文化和传统习俗的影响，与追求个人成就相比，家庭观念、亲缘传承和家庭责任的履行在我国老年人的生活中占有重要地位，赡养父母、照顾幼儿成为中国人潜意识中的行为规范。在这种传统文化的影响下，与世界各国相比，我国各年龄段老年人经济参与程度显著偏低，老年人把更多的时间用于照顾家庭中的长辈或孩童、个人兴趣爱好和社会公共事务。

3.6 本章小结

3.6.1 经济参与分析主要结论

根据本次调查结果，全国老龄经济参与指数为72.2分。在全国范围内分区域看，东部地区整体老龄经济参与情况优于中部地区，中部地区优于西部地区。浙江、江苏等经济发达省份的老龄经济参与指数名列前茅，中西部以及大部分北方省份排名靠后，这表明各省份的老龄经济参与指数与经济发展水平存在一定的相关性。

通过对城乡的比较分析发现，很多省份老龄经济参与城乡发展不均衡。例如北京和上海的城市老龄经济参与指数排名明显低于农村老龄经济参与指数排名，而山东、海南、甘肃等省份的城市老龄经济参与指数排名明显高于农村老龄经济参与指数排名。因此，老龄经济参与受经济水平的影响，但不仅限于经济影响，因此在提升老龄经济参与水平时要综合考虑经济、人口、地域、文化等多种因素的影响。

本项研究分年龄段、分城乡统计了老年人有偿工作的就业率情况。随着年龄的增加，无论在城市还是农村，老年人有偿工作的比例均有明显下降。东部地区低龄老年人口就业率高于中部以及西部地区，其中浙江和江苏两省的低龄城市户籍老年人和低龄农村户籍老年人工作比例均排在前两名。这可能是由于东中西部地区经济发展水平存在明显差异，东部地区良好的市场条件、基础设施和就业环境为老年人提供了更多的就业机会，并且东部沿海省份在低龄老年人口质量上位居前列。

3.6.2 文化参与分析主要结论

根据本次调查结果，全国老龄文化参与指数为82.2分。全国范围内老龄文化参与的区域差异不大，东部地区老龄文化参与情况略优于中部地区和西部地区。对城乡进行比较来看，城市老年人的老龄文化参与指数要显著高于农村老年人，而且很多省份城乡老龄文化参与情况存在较大差异。

全国老龄参与社会公益活动的比例平均为 45.6%。分区域来看，西部地区的老龄社会参与比例显著高于东部地区和中部地区。对城乡进行比较来看，农村老年人参与社会公益活动的比例略高于城市老年人，多数省份城乡老龄社会公益活动参与比例排名相近。依据本次调查的各省份老龄社会公益活动参与比例与社会保障水平的散点图，可知社会保障水平对老年人参与社会公益活动的意愿有显著正向影响。因此，完善社会保障体系、提升社会保障水平可以提升老年人参与社会公益活动的意愿，更好地实现积极老龄化。

各省份老龄文化活动的参与比例普遍较高，全国平均水平为 87.8%；老龄团体娱乐活动参与比例全国平均水平为 49.8%，明显低于文化活动参与比例。在老龄文化活动和团体娱乐活动参与比例的比较中，北京、天津、上海等发达地区的老龄文化活动参与以及团体娱乐活动参与意愿均较强，而海南、贵州等相对欠发达地区的老年人参加文娱活动的意愿均较弱。从城乡比较来看，城市和农村的老年人文化活动参与比例都比较高；但城市老年人参与团体娱乐活动的比例显著高于农村老年人。因此，老龄文娱活动的参与比例可能与一个地区的经济发展水平相关。经济发展水平较高，该地区基础设施建设相对较好，老年人可选择的文化活动和团体娱乐活动也较多。

我国老年人政治活动参与比例和政治关注度都相对较高，全国平均水平分别为 65.7%、71.5%。在政治活动参与和政治关注度的比较中，北京、上海等发达地区老年人对政治活动的参与比例普遍较高，而甘肃、吉林、江西等相对欠发达地区的老年人政治参与比例均较低。从城乡比较来看，城市老年人政治关注度要显著高于农村老年人，而城市老年人的政治活动参与比例显著低于后者。老龄政治活动参与和政治关注度与有线广播的使用比重呈正相关关系，即有线广播使用人数越多的地区，其老龄政治参与度相对越高。

本次调查通过老年人心情得分均值来反映老年人的心理健康状况。数据说明文化参与度高的地区，老年人心理健康（心情得分均值）也高。因此，对于政府、社区、媒体以及其他一些社会团体而言，需要更多关注老年人在文化方面的需求，改变对老年人不恰当的观念，为老年人在文化参与方面提供更好的服务，搭建广阔的社会文化参与平台，适当地鼓励和引导，让老年人在安享晚年的同时也能够实现自我价值，最终实现积极老龄化的目标。

3.6.3 家庭参与分析主要结论

本次调查结果显示，我国老龄家庭参与指数较高，全国平均水平为 80.4 分，分区域看，东、中、西部地区的老龄家庭参与指数得分相近。分城乡来看，城市老龄家庭参与指数低于农村地区。分省份看，东北三省和内蒙古等地的老龄家庭参与指数相对较低。

在照顾子女方面，整体上城市地区和农村地区照顾子女的老年人比例相近。在照顾老人方面，农村地区照顾老人的老年人比例普遍高于城市地区。

由老龄家庭参与与人均 GDP 的散点图可知，随着经济增长，老龄家庭参与度呈微弱的下降趋势。分城乡来看，城市家庭参与与老年人健康现状之间存在正相关关系，农村老年人健康现状与家庭参与之间无明显相关关系。

3.6.4　社会参与与积极健康老龄化关系主要结论

数据显示中国老年人社会参与对积极健康老龄化总指数呈现出较为明显的积极贡献，但这一贡献在城乡之间、各省份之间表现出不同的特征，体现出中国幅员辽阔、各地老龄化状况错综复杂的特点。

各省份经济参与、文化参与和家庭参与对社会参与的平均贡献度分别为 30.2%、35.4% 和 34.4%，而且社会参与和这三者均存在不同程度的正相关关系，经济参与、文化参与和家庭参与对社会参与有积极的贡献。

3.6.5　国际比较主要结论

通过和其他国家老年人社会参与情况对比，可以发现，我国老龄经济参与水平相对较低，这一差异在 60~64 岁的人群中尤为明显。文化参与方面，我国老年人团体娱乐活动参与程度较低，志愿活动、文化活动和政治活动参与程度很高，说明我国绝大多数老年人会将自己的部分空闲时间分配给兴趣爱好，这些爱好使老年人的生活更加丰富，对积极老龄化发挥着重要的作用。家庭参与方面，我国老年人家庭参与水平远高于韩国、欧洲 28 国。

总的来说，与世界各国相比，我国各年龄段老年人的经济参与水平明显偏低，老年人把更多的时间用于照顾家庭中的长辈或孩童、个人兴趣爱好和社会公共事务。

第4章
环境支持与积极健康老龄化分析

本章将对最后一个要素指数环境支持指数进行分析。环境支持的量化测度指标借鉴了联合国欧洲经济委员会针对欧盟的积极老龄化相关研究与测度（UNECE，2019），特别是其中对"能力与环境"的测度。欧盟的积极老龄化指数更侧重于对老龄人口个人情况的分析，本书则在此基础上增加了公共服务和社会支持两个维度，与主动健康和社会参与相结合，全方位测度主动健康与积极老龄化。作为积极健康老龄化指数的三个要素之一，环境支持指数分别从公共服务和社会支持两个维度进行指标体系的构建和测量。接下来我们对环境支持指数如何影响积极老龄化总指数进行详细分析。

4.1 公共服务分析

4.1.1 公共服务情况基本分析

公共服务指数具体由医疗服务和养老服务综合测算获得。在医疗服务方面，全国老年人医疗费用的自付比例平均为 0.60，最高为甘肃（0.72），最低为上海（0.30）；每千人执业医师数平均为 1.74，最高为北京（3.50），最低为西藏（1.25）。在养老服务方面，基本养老保险可支配收入替代率平均为 0.25，最高为上海（0.51），最低为西藏（0.13）；老年人所居住的社区养老设施的覆盖率平均为 0.32，最高为上海（0.60），最低为海南（0.07）。经综合测算，各省份的公共服务得分与排名情况如图 4-1 所示。

从图 4-1 可以看出，公共服务指数得分最高的三个省份分别为：北京（91.80 分）、上海（90.78 分）、天津（80.56 分），得分最低的三个省份分别为：甘肃（67.44 分）、海南（68.24 分）、河南（68.75 分）。其中第一名北京和第二名上海的分数远超过全国其他省份，这在某种程度上说明两大一线城市在公共服务方面做得较为出色。

以北京为例，2015 年 5 月 1 日起实施《北京市居家养老服务条例》，调整本市基本医疗保险报销范围中的护理费、医疗康复项目，提高报销水平。2015 年 1—10 月，全市新建老年人家庭病床数 252 张，为符合优待政策的老年人免费查床 1 588 次，家庭医生式服务签约 65 岁以上老年人 170 余万人。截至 2015 年 10 月底，全市运行的社区卫生服务机构

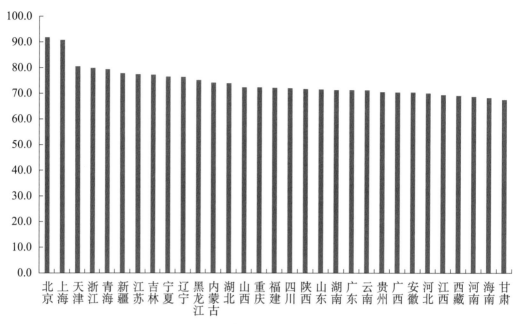

图 4 - 1　各省份公共服务得分情况

达 1 918 个，其中社区卫生服务中心 332 个、社区卫生服务站 1 586 个，基本实现城镇居民出行 15 分钟、远郊平原地区居民出行 20 分钟、山区居民出行 30 分钟即可享受社区卫生服务的目标，有效提升了老年人就医的便捷性和可及性。

东中西部各省的公共服务得分如图 4 - 2 所示，其中东部地区公共服务得分最高的是北京（91.80 分），得分最低的是海南（68.24 分）；中部地区公共服务得分最高的是吉林（77.26 分），得分最低的是河南（68.75 分）；西部地区公共服务得分最高的是青海（79.41 分），得分最低的是甘肃（67.44 分）。虽然东中西部地区各省份公共服务最高分和最低分没有明显的规律，但可以看出东部地区各省份发展差异较大，中部和西部地区公共服务发展情况较为均衡。

31 个省区市公共服务的各个三级指标的具体情况如表 4 - 1 所示。从表 4 - 1 中可见，对于医疗服务的两个指标，在老年人医疗费用的自付比例方面，自付比例较高的省份有甘肃（0.72）、海南（0.68）和重庆（0.68），而自付比例较低的省份有上海（0.30）、北京（0.39）和新疆（0.49）。需要注意的是，该指标为逆指标，自付比例越高的地方公共服务发展越欠缺。在每千人执业医师数上，医师数较多的省份有北京（3.5 人）、上海（2.4人）以及浙江（2.3 人），而医师数较少的省份有安徽（1.3 人）、云南（1.3 人）、贵州（1.3 人）和西藏（1.3 人），发达地区的医师数要多于欠发达地区的医师数。而对于养老服务的两个指标，在基本养老保险可支配收入替代率方面，替代率较高的地区为上海（0.51）、北京（0.51）和天津（0.44），而替代率较低的省份为西藏（0.13）、甘肃（0.13）、云南（0.14），该指标的计算公式为：

$$基本养老保险可支配收入替代率 ＝ 平均养老金水平 ÷ 人均可支配收入$$

该指标越高，表示该地的养老金水平能够替代人均可支配收入的能力越强。而在社区

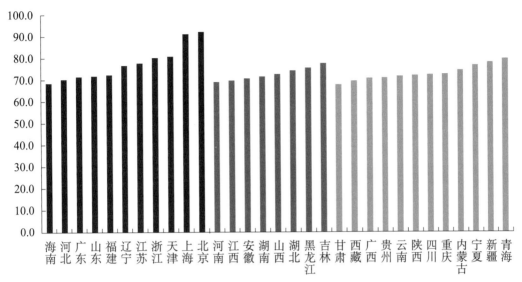

图 4 - 2　东中西部地区各省份公共服务得分情况

养老设施覆盖率方面，覆盖率较高的省份有上海（0.60）、江苏（0.60）和浙江（0.60），覆盖率较低的省份有海南（0.07）、云南（0.13）以及河北（0.15），可以发现东部沿海发达地区的养老设施比较完善。

表 4 - 1　各省市自治区公共服务三级指标基本情况

三级指标	医疗服务		养老服务	
省份	老年人医疗费用的自付比例	每千人执业医师数	基本养老保险可支配收入替代率	老年人所居住的社区养老设施的覆盖率
甘肃	0.722 6	1.490 0	0.133 8	0.209 1
海南	0.683 5	1.560 0	0.239 5	0.065 2
重庆	0.676 6	1.480 0	0.309 0	0.395 1
广东	0.676 0	1.640 0	0.197 6	0.251 2
内蒙古	0.666 3	2.100 0	0.310 8	0.169 8
河北	0.644 1	1.640 0	0.182 6	0.154 1
江西	0.639 5	1.370 0	0.206 3	0.242 6
山西	0.638 7	2.100 0	0.188 1	0.268 3
湖南	0.638 5	1.470 0	0.233 6	0.288 3
河南	0.629 5	1.420 0	0.162 6	0.180 9
安徽	0.629 3	1.320 0	0.193 9	0.312 0
山东	0.628 1	2.000 0	0.193 4	0.269 6
广西	0.620 9	1.440 0	0.166 1	0.344 8
四川	0.615 7	1.780 0	0.273 7	0.322 9
吉林	0.607 6	2.010 0	0.312 2	0.439 0
湖北	0.601 6	1.790 0	0.285 8	0.374 2
陕西	0.600 8	1.670 0	0.331 2	0.235 0
福建	0.596 7	1.690 0	0.243 2	0.369 0
西藏	0.592 9	1.250 0	0.125 2	0.275 9

续表

三级指标	医疗服务		养老服务	
省份	老年人医疗费用的 自付比例	每千人执业 医师数	基本养老保险可 支配收入替代率	老年人所居住的社区 养老设施的覆盖率
辽宁	0.585 5	2.080 0	0.336 6	0.332 1
黑龙江	0.569 8	1.800 0	0.299 9	0.324 3
浙江	0.554 5	2.260 0	0.294 5	0.596 0
江苏	0.553 7	1.880 0	0.259 8	0.596 8
贵州	0.537 9	1.300 0	0.211 7	0.154 8
青海	0.523 4	1.880 0	0.360 2	0.333 3
宁夏	0.521 2	2.010 0	0.303 7	0.400 0
云南	0.510 4	1.320 0	0.142 5	0.134 5
天津	0.505 4	2.040 0	0.437 3	0.406 3
新疆	0.486 4	1.960 0	0.348 3	0.223 7
北京	0.393 2	3.500 0	0.505 7	0.509 3
上海	0.298 8	2.370 0	0.508 6	0.600 0
全国	0.598 5	1.740 0	0.245 9	0.320 5

在我国社会化养老服务需求不断增加的大背景下，医疗卫生服务和养老服务仍是老年群体最主要的需求（葛延风等，2020）。因此，我国仍需加快老年人医疗服务体系建设，建立健全相关保障制度，实现"老有所医"，稳步提高各地区公共服务水平，发挥医养结合的宗旨，完善养老服务制度和设施，加大对老龄工作的财政支持力度，建立起促进积极老龄化的长效机制，真正做到"老有所养"。

4.1.2 公共服务情况城乡比较分析

从上一节的分析可以看出，公共服务得分在不同省份之间存在较大差异，造成这种差异的原因是多方面的，本节从城乡比较角度进一步分析。在医疗服务方面，城市老年人医疗费用的自付比例平均为 0.59，最高为海南（0.79），最低为上海（0.36）；农村老年人医疗费用的自付比例平均为 0.67，最高为天津（0.82），最低为上海（0.40）。城市每千人执业医师数平均为 3.29 人，最高为青海（5.82 人），最低为重庆（1.86 人）；农村每千人执业医师数平均为 1.08 人，最高为北京（3.12 人），最低为贵州（0.70 人）。在养老服务方面，城市基本养老保险可支配收入替代率平均为 0.34，最高为青海（0.60），最低为西藏（0.04）；农村基本养老保险可支配收入替代率平均为 0.13，最高为上海（0.45），最低为黑龙江（0.08）。城市老年人所居住的社区养老设施的覆盖率平均为 0.44，最高为吉林（0.81），最低为西藏（0.13）；农村老年人所居住的社区养老设施的覆盖率平均为 0.19，最高为浙江（0.56），最低为青海（0.00）和海南（0.00）。经综合测算，公共服务得分按城市和农村分别进行统计的情况如图 4 - 3 所示。

图 4 - 3 中有两个省份尤其值得关注，分别是青海和上海。可以看到，青海的城市公共服务得分非常高，排名仅次于第一名北京，但是青海的农村公共服务得分很低，排名比较靠后，这说明与其他地区相比，青海农村的公共服务亟待提高。另一个值得注意的省份

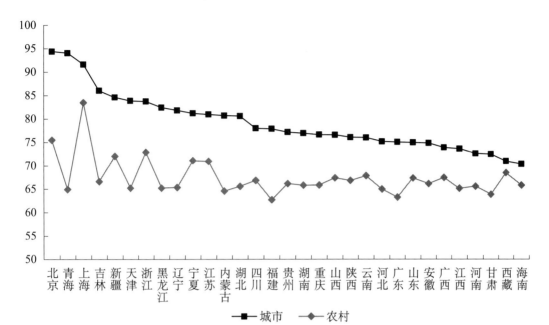

图 4 - 3　各省份公共服务城乡得分情况

是上海，其不仅城市公共服务水平远远领先于大多数地区，排名比较靠前，而且农村公共
服务得分排名第一，表明上海市在公共服务方面城乡发展较为均衡。

　　由表 4 - 2 可知，总体来看，城市地区的公共服务得分要明显高于农村地区，说明各
省份在推动积极老龄化的公共服务方面仍有较大的城乡差距，农村地区应提升针对老年人
的公共服务能力。北京和上海的城市和农村地区公共服务得分都排在前三名，说明这两个
城市整体公共服务发展较好。海南和西藏虽然城市公共服务得分排名靠后，但其农村地区
公共服务处于中上水平，城乡公共服务发展差距较小，应当继续协同发展。福建和广东两
省的城乡公共服务发展差距则较大，需要着力提升农村公共服务水平。

表 4 - 2　各省份城乡公共服务得分及排名

省份	城市	排名	农村	排名
北京	94.39	1	75.46	2
青海	94.05	2	64.91	27
上海	91.63	3	83.46	1
吉林	86.05	4	66.60	14
新疆	84.59	5	72.04	4
天津	83.86	6	65.22	24
浙江	83.72	7	72.87	3
黑龙江	82.42	8	65.23	23
辽宁	81.82	9	65.36	22
宁夏	81.19	10	71.08	5
江苏	80.95	11	70.93	6
内蒙古	80.69	12	64.56	28

续表

省份	城市	排名	农村	排名
湖北	80.60	13	65.60	20
四川	77.99	14	66.85	12
福建	77.88	15	62.72	31
贵州	77.18	16	66.16	15
湖南	76.93	17	65.81	19
重庆	76.63	18	65.86	17
山西	76.59	19	67.37	10
陕西	76.08	20	66.82	13
云南	76.02	21	67.83	8
河北	75.17	22	64.99	26
广东	75.05	23	63.25	30
山东	74.96	24	67.35	11
安徽	74.83	25	66.13	16
广西	73.87	26	67.45	9
江西	73.62	27	65.13	25
河南	72.57	28	65.6	21
甘肃	72.42	29	63.88	29
西藏	70.93	30	68.48	7
海南	70.32	31	65.83	18
全国	78.41	—	66.58	—

4.1.3 公共服务与人口结构之间的协同关系

本节将公共服务得分与当年各省份的人口结构指标结合起来进行分析，主要考察以下指标：人口自然增长率、65 岁及以上人口数占比、老年人口抚养比、每千老年人口养老床位数。

首先，公共服务得分与人口自然增长率的相关系数为 0.32，二者的关系如图 4 - 4 所示，其中西藏和海南的人口自然增长率相对较高，但是公共服务得分较低，这或许提示我们相应地区的公共服务水平应该提高以适应人口增长率。

其次，公共服务得分与 65 岁及以上人口数占比的相关系数为 0.02，二者的关系如图 4 - 5 所示，其中重庆和四川的 65 岁及以上人口数占比很高，分别达到 14.12% 和 13.99%，明显高于其他地区，但是其公共服务得分处于中等水平，这从侧面提示我们应该改善相应地区的公共服务情况以适应较高的老年人占比。

再次，公共服务得分与老年人口抚养比的相关系数为 0.13，二者的关系如图 4 - 6 所示，其中四川与重庆的老年人口抚养比很高，达到 20%，远高于其他地区，但是公共服务得分处于中等水平，结合公共服务指标得分与 65 岁及以上人口数占比的关系，这或许提示我们应该提高相应地区的公共服务水平以适应较高的老年人占比、老年人口抚养比。

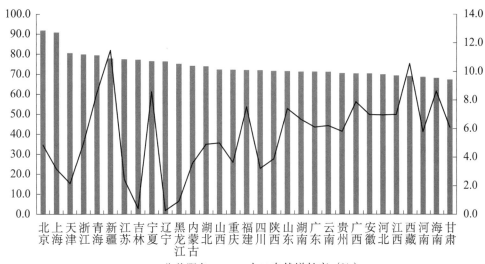

图 4-4　公共服务与人口自然增长率

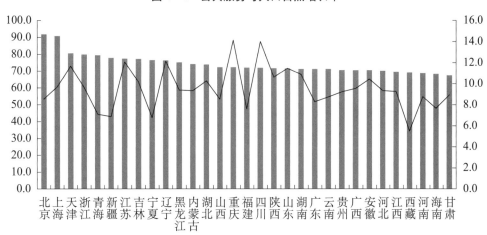

图 4-5　公共服务与 65 岁及以上人口数占比

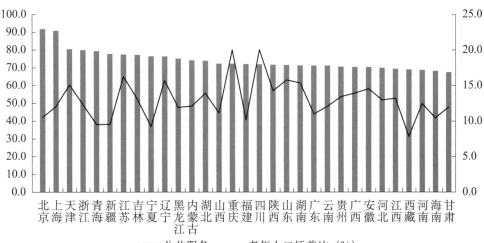

图 4-6　公共服务与老年人口抚养比

最后，公共服务得分与每千老年人口养老床位数的相关系数为 0.39，二者的关系如图 4-7 所示，可以看出每千老年人口养老床位数最多的浙江和内蒙古，其公共服务得分也处于较靠前的位置，云南等每千老年人口养老床位数较少地区的公共服务有待加强。

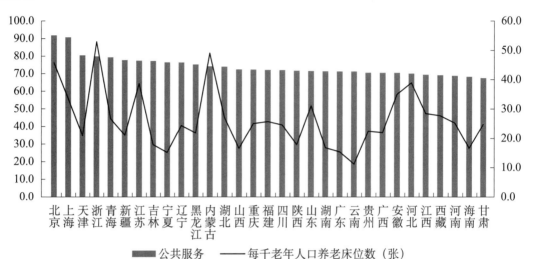

图 4-7　公共服务与每千老年人口养老床位数

倪宣明等（2020）的研究表明我国人口老龄化是一个长期存在的社会问题，面对日益增多的老年人口，各地区应不断提升对公共服务的支持，为应对老龄化的持久战夯实基础。

4.1.4　公共服务与人民生活之间的协同关系

本节将公共服务得分与当年各省份的人民生活指标结合起来进行分析，主要考察以下指标：居民人均消费支出、城乡居民基本养老保险领取人数、人均地区生产总值、城镇卫生和社会工作单位就业人员平均工资。

首先，公共服务得分与居民人均消费支出的相关系数为 0.85，二者之间的关系如图 4-8 所示，可以看出北京和上海的居民人均消费支出均超过 3 万元，远高于其他地区，其公共服务得分也同样远高于其他地区。老年性公共服务质量水平与地区经济发展程度相关（马慧强等，2020），总体而言，居民消费水平高的地区，其公共服务水平也高。因此，对于经济发展相对落后的地区，或许可以通过拉动当地消费水平以改善其公共服务状况。

其次，公共服务指标得分与城乡居民基本养老保险领取人数的相关系数为 0.42，二者的关系如图 4-9 所示，其中北京和上海的城乡居民基本养老保险领取人数很少，但是其公共服务得分位居第一和第二，这可能是因为北京和上海的常住人口数不如其他省份多。此外，河南和山东是基本养老保险领取人数最多的两个省份，但是相应的公共服务指标得分并不是很高。

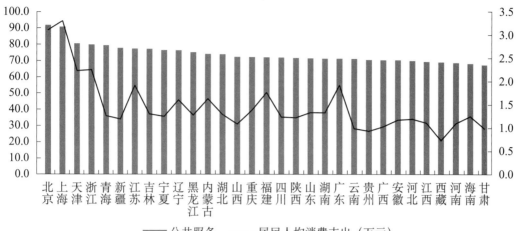

图 4 - 8　公共服务与居民人均消费支出

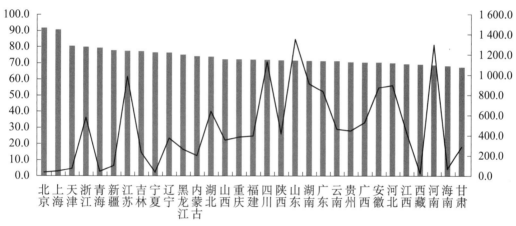

图 4 - 9　公共服务与城乡居民养老保险领取人数

　　再次，公共服务得分与人均地区生产总值的相关系数为 0.77，二者之间的关系如图 4 - 10 所示，可以看出总体上公共服务得分和人均地区生产总值呈正相关关系，但青海和新疆的人均地区生产总值排名靠后，而其公共服务得分却分别排在第 5、6 名，这是一个比较有趣的现象，说明即便这两个地区的经济水平相对落后，但是其养老公共服务做得比较好。

　　事实上，青海和新疆在保障老年人公共服务上做出了不懈努力。2020 年 4 月 29 日，青海省政府印发《青海省推进养老服务发展的若干措施》，制定了青海加快推进养老服务发展六个方面的 27 条措施，提出加大农村养老机构和互助养老服务设施的建设力度，到 2025 年农村养老服务设施覆盖率达到 100%。而早在 2016 年，新疆就出台了《关于推进医疗卫生和养老服务相结合的实施意见》，2017 年，新疆 80% 以上的医疗卫生机构开设为老年人提供挂号、就医等便利服务的绿色通道或窗口，50% 以上的养老机构能够以不同形式为入住老年人提供医疗卫生服务，各县（市、区）100 张及以上床位的养老服务中心设立医务室

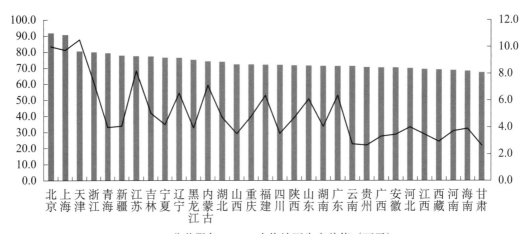

图4-10 公共服务与人均地区生产总值

或护理站的比例达到50%以上，家庭医生与65岁以上居家老人签约服务覆盖率达到30%以上，医疗护理服务延伸到居民家庭和社区，老年人健康养老服务可及性明显提升。

最后，公共服务得分与城镇卫生和社会工作单位就业人员平均工资的相关系数为0.77，二者的关系如图4-11所示，可以看出总体上城镇卫生和社会工作单位就业人员平均工资较高的地区公共服务指标得分更高。这可能是因为城镇卫生和社会工作单位的就业人员的工作完成情况会影响公共服务的质量。

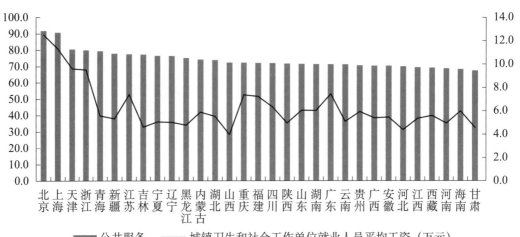

图4-11 公共服务与城镇卫生和社会工作单位就业人员平均工资

4.2 社会支持分析

4.2.1 社会支持情况基本分析

社会支持指数由安全环境和社会关注综合测算获得。安全环境三级指标由老年人居住安全程度评估和老年人的合法权益保障度测度。从整体上来看，全国老年人居住安全程度评估的均值为 0.96 分，各省份中得分最高的是西藏（0.99 分），得分最低的为天津（0.92 分）。全国老年人的合法权益保障度的均值为 0.93 分，各省份中得分最高的是上海（0.98 分），得分最低的为甘肃（0.80 分）。经综合测算，各省份社会支持得分情况如图 4-12 所示。

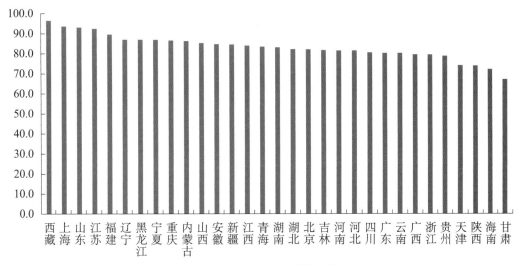

图 4-12　各省份社会支持得分情况

从图 4-12 可以看出，社会支持得分最高的三个省份分别为：西藏（96.49 分）、上海（93.60 分）、山东（93.07 分），得分最低的三个省份分别为：甘肃（67.14 分）、海南（72.15 分）、陕西（73.89 分）。其中西藏的分数明显高于全国其他省份，说明该地区在老年人居住安全程度和老年人的合法权益保障方面做得很好。由中国老龄科学研究中心编写的《老龄蓝皮书：中国城乡老年人生活状况调查报告（2018）》显示，西藏老年人幸福比例以 84.3% 位列全国第一。

东中西部各省份的社会支持得分如图 4-13 所示，其中东部地区上海得分最高，为 93.60 分；海南得分最低，为 72.15 分。中部地区黑龙江得分最高，为 86.99 分；河南得分最低，为 81.43 分。西部地区西藏得分最高，为 96.49 分；甘肃得分最低，为 67.14 分。

31 个省区市社会支持的各个三级指标的具体情况如表 4-3 所示，社会关注的具体分析将在探索篇第 8 章展开，此处只讨论安全环境三级指标的具体情况。老年人居住安全程度评估指标通过统计问卷中各省份老年人没有受到侵害的比例得到；老年人的合法权益保障度指标通过统计问卷中各省份老年人合法权益得到保障的比例得到。老年人居住安全程度评估排名前三的省份为西藏、黑龙江、山东，排名后三位的分别是天津、陕西、海南。老年人的合法权益保障度排名前三的省份为上海、江苏、重庆，这三个省份的经济都较为发达，排名后三位的分别是甘肃、海南、广东。

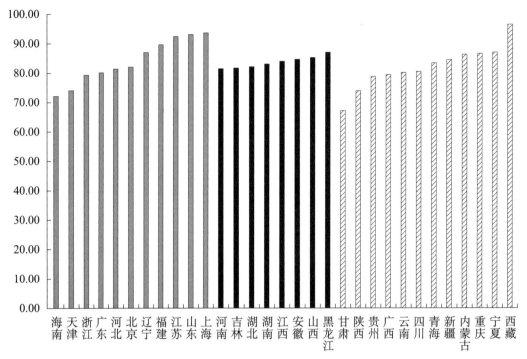

图 4-13　东中西部地区各省份社会支持得分情况

表 4-3　各省份社会支持三级指标基本情况

三级指标	安全环境	
省份	老年人居住安全程度评估	老年人的合法权益保障度
西藏	0.987 0	0.962 4
黑龙江	0.983 2	0.890 4
山东	0.976 8	0.959 6
福建	0.971 3	0.945 0
辽宁	0.970 4	0.923 8
上海	0.969 7	0.975 8
江苏	0.969 6	0.968 0
内蒙古	0.964 0	0.933 1
吉林	0.960 9	0.894 0
广东	0.959 7	0.886 7
山西	0.959 5	0.927 0
河北	0.958 5	0.901 6
河南	0.958 4	0.902 7
江西	0.957 0	0.928 8
浙江	0.955 4	0.889 3
湖南	0.955 1	0.922 7
新疆	0.954 8	0.937 4
安徽	0.950 0	0.938 4
湖北	0.948 0	0.929 0
宁夏	0.947 9	0.967 3

续表

三级指标	安全环境	
省份	老年人居住安全程度评估	老年人的合法权益保障度
贵州	0.947 7	0.903 2
重庆	0.944 1	0.968 6
青海	0.943 5	0.950 3
甘肃	0.936 6	0.803 4
广西	0.935 6	0.930 0
北京	0.934 5	0.952 4
四川	0.933 6	0.942 1
云南	0.932 5	0.939 8
海南	0.924 7	0.864 6
陕西	0.922 2	0.911 7
天津	0.921 8	0.905 2
全国	0.955 0	0.926 1

文献表明，老年人的身心健康及生活质量与社会支持有着密切的关系，老年人获得更多的社会支持，会在各方面表现出良好状态（田苗苗等，2015；刘连龙等，2015）。例如，可提升老年人的认知功能和主观幸福感（翟绍果，王健荣，2018）。杜旻（2017）使用2014年"中国家庭发展追踪调查"数据研究了社会支持对老年人心理健康的影响，结果表明从生活、经济、卫生等各方面进行全方位的支持与保障都可以提高老年人的身心健康水平。

4.2.2　社会支持情况城乡比较分析

通过4.2.1节的分析可以看出，社会支持得分在不同地区差异较大，本节进一步从城乡比较方面进行分析。从安全环境指标看，全国城市老年人居住安全程度评估的均值为0.96分，各省份中得分最高的是西藏（0.99分），得分最低的是天津（0.91分）；全国农村老年人居住安全程度评估的均值为0.96分，各省份中得分最高的是黑龙江（0.99分），得分最低的是海南（0.91分）。全国城市老年人的合法权益保障度的均值为0.94分，得分最高的是上海（0.98分），得分最低的是海南（0.82分）；全国农村老年人的合法权益保障度的均值为0.92分，各省份中得分最高的是江苏（0.97分），得分最低的是甘肃（0.79分）。经综合测算，各省份社会支持按城市和农村统计的得分情况如图4-14所示。

总体来看，城市老年人的社会支持得分要高于农村地区，说明各省份在推动积极老龄化的社会支持方面仍有较大的城乡差距，农村地区应加大老龄人口的社会支持力度。其中甘肃城市和农村社会支持得分在31个省份排在最后，说明甘肃在促进积极老龄化的社会支持方面需要进一步改善。西藏在社会支持方面做得十分出色，其城市和农村的排名均位列全国第一。实际上，西藏在维护老年人合法权益上采取了一些积极有效的措施，例如为60岁以上老人发放《老年人优待证》、80岁以上老人发放《寿星证》等；还于2015年出台了《西藏自治区人民政府关于加快发展养老服务业的实施意见》，规划建设63所县五保

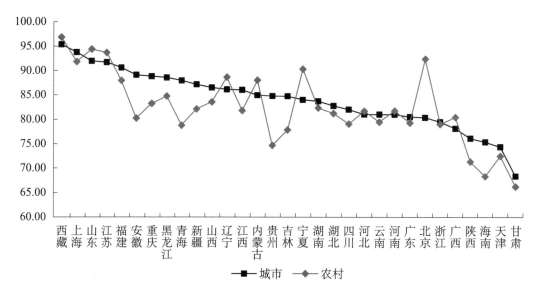

图 4-14　各省份社会支持城乡得分情况

集中供养机构和 17 所养老护理院。

　　表 4-4 为 31 个省份城乡社会支持得分及其排名，从中可以看出，大部分省份的城市和农村社会支持排名相差不大，但有四个省的农村和城市排名差距较大。各省份中城市排名明显高于农村排名的有安徽（城市排名第 6，农村排名第 20）和青海（城市排名第 9，农村排名第 25），城市排名明显低于农村排名的省份有北京（城市排名第 25，农村排名第 4）和宁夏（城市排名第 17，农村排名第 6），说明不同地区城乡老年人社会支持存在发展不平衡的问题。相比于安徽和青海，北京和宁夏更应当注意提高城市老年人的居住安全程度和合法权益的保障水平。

表 4-4　各省份城乡社会支持得分及排名

省份	城市	排名	农村	排名
西藏	95.38	1	96.88	1
上海	93.80	2	91.87	5
山东	91.98	3	94.40	2
江苏	91.73	4	93.70	3
福建	90.64	5	88.00	9
安徽	89.13	6	80.27	20
重庆	88.85	7	83.25	12
黑龙江	88.60	8	84.76	10
青海	87.99	9	78.81	25
新疆	87.20	10	82.14	14
山西	86.55	11	83.59	11
辽宁	86.17	12	88.69	7
江西	86.06	13	81.82	15
内蒙古	84.98	14	88.07	8
贵州	84.81	15	74.68	27

续表

省份	城市	排名	农村	排名
吉林	84.78	16	77.86	26
宁夏	84.03	17	90.34	6
湖南	83.74	18	82.35	13
湖北	82.78	19	81.23	18
四川	82.03	20	79.09	23
河北	81.04	21	81.72	17
云南	81.03	22	79.49	21
河南	81.01	23	81.78	16
广东	80.54	24	79.32	22
北京	80.39	25	92.40	4
浙江	79.50	26	79.04	24
广西	78.16	27	80.46	19
陕西	76.14	28	71.39	29
海南	75.40	29	68.36	30
天津	74.40	30	72.52	28
甘肃	68.38	31	66.25	31

4.2.3　社会支持与人口结构之间的协同关系

本节将分析社会支持得分与当年各省份的人口结构指标的协同关系，具体考察的指标有：人口自然增长率、65 岁及以上人口数占比、老年人口抚养比、每千老年人口养老床位数。

首先，社会支持得分与人口自然增长率的相关系数为 0.04，二者之间的关系如图 4－15所示，其中新疆拥有最高的人口自然增长率，而其社会支持指标得分却仅排第 13 名。此外海南的人口自然增长率也较高，社会支持得分却偏低，仅高于甘肃。

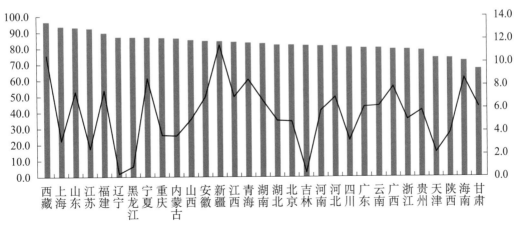

图 4－15　社会支持与人口自然增长率

　　其次，社会支持得分与 65 岁及以上人口数占比的相关系数为 0.04，二者之间的关系如图 4 - 16 所示，65 岁及以上人口数占比较高的省份有重庆、四川、江苏和辽宁，这些省份的 65 岁及以上人口数占比均超过 12%。其中四川的社会支持得分比较靠后，与其他 65 岁及以上人口数占比较高的省份差距较大。

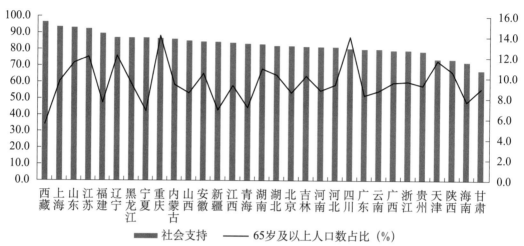

图 4 - 16　社会支持与 65 岁及以上人口数占比

　　再次，社会支持得分与老年人口抚养比的相关系数为 0.05，二者之间的关系如图 4 - 17 所示，其中四川和重庆的老年人口抚养比很高。四川的社会支持得分与其他老年人口抚养比较高的地区相比较为靠后，四川是我国的人口大省，同时也是老年人口大省，或许应当注重提高其社会支持水平以适应较高的老年人口抚养比。

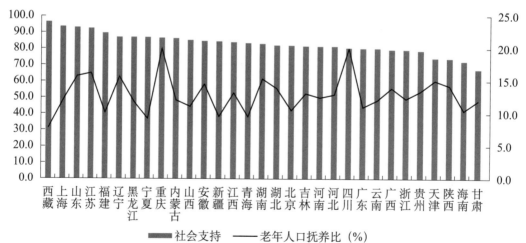

图 4 - 17　社会支持与老年人口抚养比

　　最后，社会支持得分与每千老年人口养老床位数的相关系数为 0.25，二者的关系如图 4 - 18 所示，大部分每千老年人口养老床位数较多的省份如浙江、河北、北京等的社会支持得分排名都比较靠后。

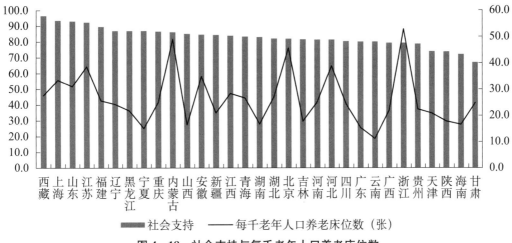

图 4 - 18　社会支持与每千老年人口养老床位数

4.2.4　社会支持与人民生活之间的协同关系

本节将社会支持得分与当年各省份的人民生活指标结合起来进行分析，主要考察以下指标：居民人均消费支出、城乡居民基本养老保险领取人数、人均地区生产总值、城镇卫生和社会工作单位就业人员平均工资。

首先，社会支持得分与居民人均消费支出的相关系数为 0.16，二者的关系如图 4 - 19 所示，可以看出北京和上海的居民人均消费支出远高于其他地区，但上海的社会支持得分位列全国第 2，而北京市的社会支持得分却排在第 18 位；居民人均消费支出处于全国最低水平的西藏，其社会支持得分却是全国最高的，而居民人均消费支出与西藏相近的甘肃的社会支持得分则是全国最低的。

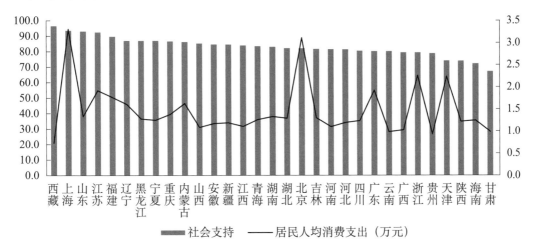

图 4 - 19　社会支持与居民人均消费支出

其次，社会支持得分与城乡居民基本养老保险领取人数的相关系数为 0.07，二者的关系如图 4 - 20 所示，其中西藏和上海的城乡居民基本养老保险领取人数很少，但是其社会支持得分分别是第一和第二；河南是城乡居民基本养老保险领取人数最多的省份，但是相应的社会支持得分并不是很高。这可能是因为城乡居民基本养老保险领取人数与当地常住人口数量有关，上海和西藏相对于其他省份常住人口少，这会导致其城乡居民基本养老保险领取人数少；而河南是人口大省，其人口基数大，相应的城乡居民基本养老保险领取人数会较多。

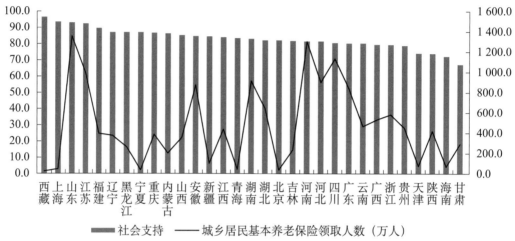

图 4 - 20　社会支持与城乡居民养老保险领取人数

再次，社会支持得分与人均地区生产总值的相关系数为 0.20，二者的关系如图 4 - 21 所示，天津和北京的人均地区生产总值分列全国前两位，而社会支持得分却相对靠后。相反，西藏的人均地区生产总值很低，而其社会支持得分却最高，这说明人均地区生产总值高的地区，社会支持得分未必也高。

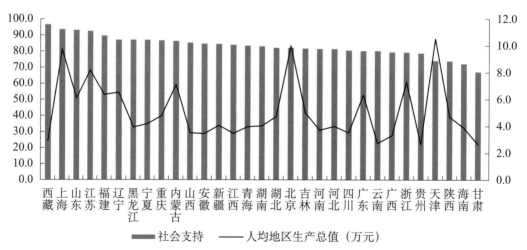

图 4 - 21　社会支持与人均地区生产总值

最后，社会支持得分与城镇卫生和社会工作单位就业人员平均工资的相关系数为 0.11，二者的关系如图 4 - 22 所示，可以看出北京和上海作为中国经济发展最好的两个直辖市，其城镇卫生和社会工作单位就业人员平均工资远高于其他省份，但上海的社会支持得分是全国第二，而北京的社会支持得分却比较靠后。西藏和甘肃城镇卫生和社会工作单位就业人员平均工资水平相近，但西藏的社会支持得分最高，甘肃的社会支持得分最低。这说明社会支持得分与城镇卫生和社会工作单位就业人员平均工资的关系还需进一步探索。

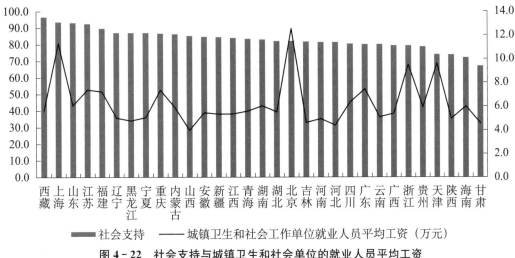

图 4-22　社会支持与城镇卫生和社会单位的就业人员平均工资

4.3　环境支持指数对积极健康老龄化指数的贡献

4.3.1　环境支持指数总体分析

环境支持指数由公共服务和社会支持两项指标综合测算而得，全国公共服务平均得分为73.06 分，北京最高（91.80 分），甘肃最低（67.44 分）；社会支持平均得分为 83.49 分，西藏最高（96.49 分），甘肃最低（67.14 分）。全国环境支持指数得分平均为 78.27 分，各省份排名情况如图 4-23 所示。

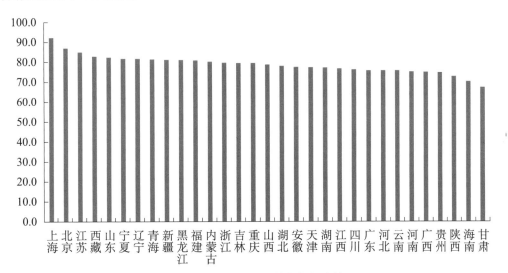

图 4-23　各省份环境支持指数得分情况

从图 4-23 可以看出，环境支持指数得分最高的两个省份是上海（92.19 分）与北京（86.92 分），这可能与北京和上海的公共服务指数得分明显高于其他省份有关。海南（70.20 分）、甘肃（67.29 分）的环境支持指数得分明显低于其他省份，与这两个省份的公共服务指数和社会支持指数都是最低的相一致。

图 4-24 展示了各省份环境支持指数按城市和农村的排名情况。我国城市环境支持指数得分平均为 81.48 分，农村的环境支持指数得分平均为 74.39 分，整体来说农村的环境支持发展不如城市。其中，青海尤其需要关注，青海的城市环境支持指数排名第 2（91.02），而其农村的排名是第 25（71.86 分），说明青海省的农村与城市发展差距较大，在环境支持方面农村还有待改善。

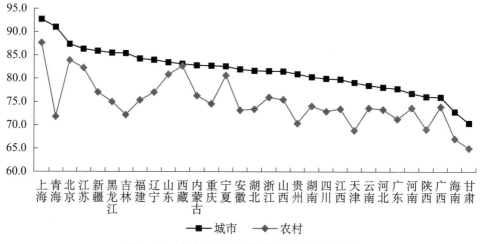

图 4-24　各省份环境支持指数城乡得分情况

4.3.2　公共服务与社会支持对环境支持指数的贡献度分析

本节将对公共服务和社会支持对环境支持指数的贡献度进行分析。总体而言，全国各地区公共服务和社会支持对环境支持指数的贡献度平均值分别为 46.70% 和 53.30%。

从城市（见图 4-25）和农村（见图 4-26）角度分别对环境支持指数的二级指标贡献度进行分析。全国各地区城市公共服务和社会支持对环境支持指数的贡献度平均值分别为 48.10% 和 51.90%。其中，北京的公共服务指数贡献度最高（54.00%），社会支持指数贡献度最低（46.00%）。西藏的公共服务指数贡献度最低（42.70%），社会支持指数贡献度最高（57.30%）。

全国各地区农村公共服务和社会支持对环境支持指数的贡献度平均值分别为 44.70% 和 55.30%。其中，甘肃的公共服务指数贡献度最高（49.10%），社会支持指数贡献度最低（50.90%）。西藏的公共服务指数贡献度最低（41.40%），社会支持指数贡献度最高（58.60%）。值得注意的是，所有地区的农村公共服务指数的贡献度都低于社会支持指数，说明我国农村地区在社会支持方面的表现要优于公共服务。

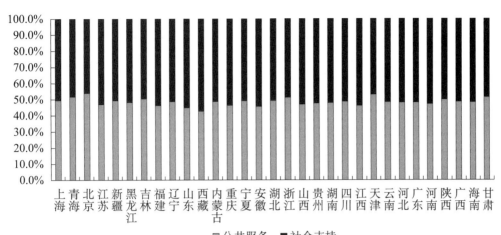

图 4 – 25 环境支持指数二级指标贡献度堆积柱状图（城市）

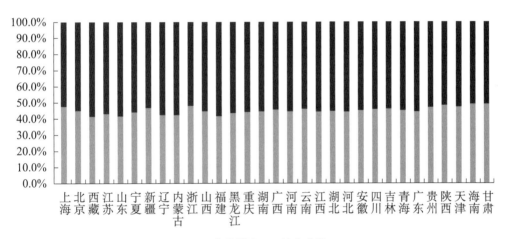

图 4 – 26 环境支持指数二级指标贡献度堆积柱状图（农村）

　　总体来看，与农村相比，城市的公共服务指数对环境支持指数的贡献度更高，尤其对于环境支持指数排名靠前的省份而言，公共服务发挥了较大作用。我国老龄化程度越来越高，随着城镇化进程的加速，农村养老问题也越来越严峻。根据第六次全国人口普查的数据，2010 年农村地区 60 岁及以上人口所占比例已达到 15.0%，65 岁及以上人口所占比例达到 10.1%，但是农村家庭的养老、照护功能却在下降，传统养老模式受到冲击。研究表明，农村老年人在经济收入、社会交往、身心健康等方面比城市老年人面临更大压力（张娜，2015）。在此背景下，各地政府应继续重视养老服务体系的完善，着力改善农村地区的公共服务。各地区分城市和农村的公共服务、社会支持与环境支持指数及排名情况如表 4 – 5 与表 4 – 6 所示。

表4-5　各省份城市公共服务、社会支持与环境支持指数及排名情况

排名	省份	公共服务	排名	省份	社会支持	排名	省份	环境支持
1	北京	94.4	1	西藏	95.4	1	上海	92.7
2	青海	94.1	2	上海	93.8	2	青海	91.0
3	上海	91.6	3	山东	92.0	3	北京	87.4
4	吉林	86.1	4	江苏	91.7	4	江苏	86.3
5	新疆	84.6	5	福建	90.6	5	新疆	85.9
6	天津	83.9	6	安徽	89.1	6	黑龙江	85.5
7	浙江	83.7	7	重庆	88.9	7	吉林	85.4
8	黑龙江	82.4	8	黑龙江	88.6	8	福建	84.3
9	辽宁	81.8	9	青海	88.0	9	辽宁	84.0
10	宁夏	81.2	10	新疆	87.2	10	山东	83.5
11	江苏	80.9	11	山西	86.5	11	西藏	83.2
12	内蒙古	80.7	12	辽宁	86.2	12	内蒙古	82.8
13	湖北	80.6	13	江西	86.1	13	重庆	82.7
14	四川	78.0	14	内蒙古	85.0	14	宁夏	82.6
15	福建	77.9	15	贵州	84.8	15	安徽	82.0
16	贵州	77.2	16	吉林	84.8	16	湖北	81.7
17	湖南	76.9	17	宁夏	84.0	17	浙江	81.6
18	重庆	76.6	18	湖南	83.7	18	山西	81.6
19	山西	76.6	19	湖北	82.8	19	贵州	81.0
20	陕西	76.1	20	四川	82.0	20	湖南	80.3
21	云南	76.0	21	河北	81.0	21	四川	80.0
22	河北	75.2	22	云南	81.0	22	江西	79.8
23	广东	75.0	23	河南	81.0	23	天津	79.1
24	山东	75.0	24	广东	80.5	24	云南	78.5
25	安徽	74.8	25	北京	80.4	25	河北	78.1
26	广西	73.9	26	浙江	79.5	26	广东	77.8
27	江西	73.6	27	广西	78.2	27	河南	76.8
28	河南	72.6	28	陕西	76.1	28	陕西	76.1
29	甘肃	72.4	29	海南	75.4	29	广西	76.0
30	西藏	70.9	30	天津	74.4	30	海南	72.9
31	海南	70.3	31	甘肃	68.4	31	甘肃	70.4
—	全国	78.4	—	全国	84.6	—	全国	81.5

表4-6　各省份农村公共服务、社会支持及环境支持指标及排名情况

排名	省份	公共服务	排名	省份	社会支持	排名	省份	环境支持
1	上海	83.5	1	西藏	96.9	1	上海	87.7
2	北京	75.5	2	山东	94.4	2	北京	83.9
3	浙江	72.9	3	江苏	93.7	3	西藏	82.7
4	新疆	72.0	4	北京	92.4	4	江苏	82.3
5	宁夏	71.1	5	上海	91.9	5	山东	80.9
6	江苏	70.9	6	宁夏	90.3	6	宁夏	80.7
7	西藏	68.5	7	辽宁	88.7	7	新疆	77.1
8	云南	67.8	8	内蒙古	88.1	8	辽宁	77.0

续表

排名	省份	公共服务	排名	省份	社会支持	排名	省份	环境支持
9	广西	67.5	9	福建	88.0	9	内蒙古	76.3
10	山西	67.4	10	黑龙江	84.8	10	浙江	76.0
11	山东	67.3	11	山西	83.6	11	山西	75.5
12	四川	66.8	12	重庆	83.3	12	福建	75.4
13	陕西	66.8	13	湖南	82.3	13	黑龙江	75.0
14	吉林	66.6	14	新疆	82.1	14	重庆	74.6
15	贵州	66.2	15	江西	81.8	15	湖南	74.1
16	安徽	66.1	16	河南	81.8	16	广西	74.0
17	重庆	65.9	17	河北	81.7	17	河南	73.7
18	海南	65.8	18	湖北	81.2	18	云南	73.7
19	湖南	65.8	19	广西	80.5	19	江西	73.5
20	河南	65.6	20	安徽	80.3	20	湖北	73.4
21	湖北	65.6	21	云南	79.5	21	河北	73.4
22	辽宁	65.4	22	广东	79.3	22	安徽	73.2
23	黑龙江	65.2	23	四川	79.1	23	四川	73.0
24	天津	65.2	24	浙江	79.0	24	吉林	72.2
25	江西	65.1	25	青海	78.8	25	青海	71.9
26	河北	65.0	26	吉林	77.9	26	广东	71.3
27	青海	64.9	27	贵州	74.7	27	贵州	70.4
28	内蒙古	64.6	28	天津	72.5	28	陕西	69.1
29	甘肃	63.9	29	陕西	71.4	29	天津	68.9
30	广东	63.2	30	海南	68.4	30	海南	67.1
31	福建	62.7	31	甘肃	66.3	31	甘肃	65.1
—	全国	66.6	—	全国	82.2	—	全国	74.4

4.3.3 环境支持指数的东中西部比较

不论是全国还是城乡范围，东部地区环境支持指数均明显高于中部及西部地区，西部地区的环境支持水平相对偏低（见表 4-7）。

表 4-7 东中西部地区环境支持指数情况

	地区	环境支持
城市	东部	83.1
	中部	81.0
	西部	80.1
农村	东部	77.0
	中部	73.8
	西部	72.6
全国	东部	80.9
	中部	77.4
	西部	76.2

进一步对环境支持的二级指标进行分析，可以发现东部地区的公共服务及社会支持均遥遥领先（见表 4-8）。西部地区在城市和农村的公共服务得分均略高于中部地区，社会支持得分却明显落后。这表明不论是城市还是农村，社会支持方面的短板都是阻碍西部地区环境支持水平提升的重要因素。

表 4-8　东中西部地区环境支持的二级指标情况

	地区	公共服务	社会支持
城市	东部	80.3	86.0
	中部	77.2	84.8
	西部	78.3	81.9
农村	东部	67.7	86.3
	中部	66.0	81.5
	西部	66.7	78.5
全国	东部	75.7	86.1
	中部	71.7	83.2
	西部	72.2	80.1

总体来看，我国东中西部地区的公共服务的城市差距大于农村差距；而在社会支持方面，各地区的农村差距大于城市差距，即相比之下我国农村的社会支持发展不均衡问题更为突出，应加大对中西部地区农村的社会支持保障力度。

以往文献的研究也表明我国人口老龄化具有区域差异化明显的特征（袁俊等，2007；李秀丽，王良健，2008）。其中中西部地区的老龄化速度要比东部地区快（蔡远飞，李凤，2016），农村人口老龄化速度比城市快（邹湘江，吴丹，2013），并且城市和农村表现出了不同的老龄化演进规律（许海平，2016；徐升艳等，2019）。因此，只有统筹做好各个地区城市和农村的公共服务和社会支持，才能更有效地应对人口老龄化的挑战。

4.4　环境支持指数的国际比较

根据世界卫生组织欧洲区域办事处老年友好环境（Age-friendly Environments in Europe，AFEE）中的指标框架（WHO Regional Office for Europe，2018），对老年友好环境的测度主要涉及八个领域，分别是户外环境、交通与流动能力、住房、社会参与、社会包容与非歧视、公民参与与就业、沟通与信息和社区与健康服务。

对应于本书所构建的环境支持指数，世界卫生组织对公共服务和社会支持的测度集中体现在社区与健康服务、户外环境两方面。在社区与健康服务领域，提出了四个服务集群作为目标主题，分别是保健和牙齿护理、支持性卫生服务、家庭或社区服务、应急预案，使用的指标包括：55 岁及以上老年人口报告没有未被满足的医疗和牙科检查或治疗需要的比例（或有初级保健医生的老年人的比例）、与老年人高度相关的健康问题预防方案的可用性、接受正式（公共或私人）家庭或社区服务的需要个人护理或援助的老年人比例、过去一年中报称参加了满足老年居民需求的紧急应变培训或演习的老年人所占比例等。在户外环境领域，涉及邻里可走性、公共安全与建筑可得性和公共安全三方面的指标，如社区有符合当地公共标准的人行道的街道比例、报告的每年对老年人的犯罪率、55 岁及以上老年人中觉得天黑后在本地区行走非常安全或安全的比例、公共场所发生老年人跌倒和其他伤害的数量等。

具体到各个国家和地区层面，不同国家和地区选用的测度指标又有所不同，下文将对我国与其他国家在公共服务与社会支持两个维度上的表现进行比较分析。

4.4.1 公共服务指标的国际比较

本书对公共服务的定义涵盖医疗服务和养老服务。以养老服务为例，测算的指标之一为基本养老保险可支配收入替代率，然而国际上一个较为通用的指标是 65 岁以上老人可支配收入中位数与 65 岁以下人口可支配收入中位数之比，该指标在韩国、欧洲 28 国平均的测算结果分别为 0.47 和 0.86，中国为 0.87。中国略低于西班牙，但高于欧洲 28 国的平均水平（Um et al.，2019；Zaidi et al.，2018），表明我国养老服务的总体水平较高，不过仍存在改进的空间。总体来看，韩国的该指标水平远低于其他国家，表明该国养老服务水平较为落后（AJHK，2018；Zaidi et al.，2019；Um et al.，2019）。

图 4-27 展示了中国、韩国与欧洲 28 国平均的老年人可支配收入比的分性别比较结果。可以看出，各国的男性得分都略高于女性，说明男性享受的公共服务优于女性，因此应当加强对老年女性公共服务水平的关注。

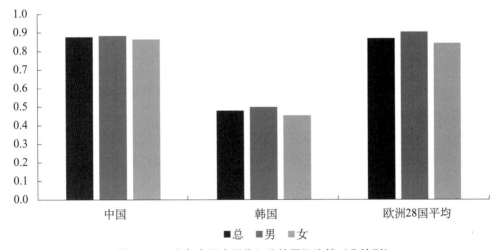

图 4-27　老年人可支配收入比的国际比较（分性别）

4.4.2 社会支持指标的国际比较

社会支持方面，对全国老年人居住安全程度评估的测算结果为 95.5，可见我国老年人的居住安全得到了相对充分的保障。从 55 岁以上老人不担心自己成为暴力犯罪受害者的比例来看，韩国和欧洲 28 国的平均水平分别为 71.2% 和 69.3%，中国为 91.9%，远高于其他国家，而欧洲各国则相对偏低（AJHK，2018；Zaidi et al.，2019；Um et al.，2019）。

分性别来看，各国老年人人身安全指数情况如图 4-28 所示。从图中可以看出，其他国家的男性老年人的人身安全指数明显高于女性，而中国不仅总体表现较好，男女之间的差异也不太大，表明我国在对老年人的社会支持方面做得较为完善和公平。

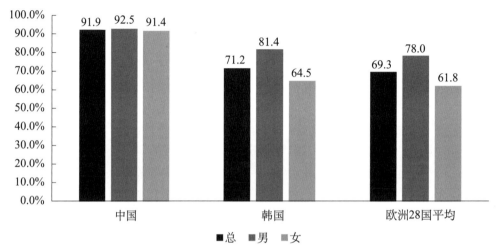

图 4-28 老年人人身安全指数的国际比较（分性别）

4.5 本章小结

4.5.1 公共服务分析主要结论

根据由医疗服务和养老服务综合测算获得的公共服务指标得分来看，北京、上海、天津等经济发达地区表现较好，甘肃、海南和河南三省排名靠后，总体而言东部地区得分高于中西部地区，但东部各省得分差异也较大，而中部和西部地区公共服务发展相对均衡。

通过城乡的比较分析发现，我国各省份的城市公共服务得分均高于农村得分，表明我国城乡老年人在公共服务领域的发展存在较大差距，应重视提升农村地区老年人的公共服务能力。分省份来看，北京和上海的城乡公共服务得分均较高；海南和西藏城市公共服务得分排名靠后，但城乡协同发展较好；而青海、福建、广东等省份城乡公共服务差距相对较大，应尤为注意提升农村公共服务水平，改善医疗服务和养老服务。

各省份的公共服务得分与其人口结构指标存在一定关系。分别对人口自然增长率、65岁及以上人口数占比、老年人口抚养比及每千老年人口养老床位数进行考察后发现，人口自然增长率较高的西藏和海南、65岁以上人口占比及老年人口抚养比较高的四川和重庆等地的公共服务指标得分都处于中等水平。

从公共服务指标得分与人民生活的关系来看，各地公共服务情况与当地居民人均消费支出、城乡居民基本养老保险领取人数、人均地区生产总值、城镇卫生和社会工作单位就

业人员平均工资均密切相关。公共服务指标得分排在前两名的北京和上海各自对应的居民
人均消费支出、人均地区生产总值、城镇卫生和社会工作单位就业人员平均工资也都处于
较高水平。总体来说经济发展水平越高的地区，其老年性公共服务质量水平也越高。

4.5.2　社会支持分析主要结论

社会支持指标由安全环境和社会关注综合测算获得，得分最高的为西藏，其次为上海
和山东，得分最低的三个省份分别为甘肃、海南和陕西。与公共服务指标相比，该指标与
经济发展程度的联系较弱，东部地区与中西部得分差距相对不明显。

本章对安全环境三级指标的具体情况进行了讨论，该指标通过老人居住安全程度评估
和老人的合法权益保障度测度。老人居住安全程度评估排名前三的省份为西藏、黑龙江、
山东，老人的合法权益保障度排名前三的省份为上海、江苏、重庆，而海南的两项指标排
名均比较靠后。

分城乡看，各省份的社会支持得分普遍高于农村，说明农村地区应加大对老龄人口的
社会支持。多数省份的城市和农村社会支持得分排名相差不大，其中西藏的城市和农村社
会支持排名均为第一，表现出色；而甘肃的城市和农村社会支持得分排名均在最后。城乡
社会支持指标排名差异较大的省份包括安徽、青海、北京和宁夏，其中安徽和青海需要着
力提升对农村地区老年人的社会支持水平，北京和宁夏则应进一步改善对城市地区老年人
的社会支持。

社会支持得分与人口结构指标和人民生活各项指标间相关性较低，较难总结出一致性
规律。

4.5.3　环境支持指数分析主要结论

环境支持指数由公共服务和社会支持两项指标综合测算而得，全国环境支持指数得分
平均为 78.27 分，排在前五位的省份依次为上海、北京、江苏、西藏和山东，得分最低的
为甘肃。整体来看，环境支持上农村的发展不如城市，其中青海的农村城市发展差异
最大。

从公共服务和社会支持对环境支持指数的贡献度来看，全国各地区公共服务和社会支
持对环境支持指数的贡献度平均值分别为 46.70% 和 53.30%，城市贡献度平均值分别为
48.10% 和 51.90%，农村贡献度平均值分别为 44.70% 和 55.30%。与农村相比，城市的
公共服务指标对环境支持指数的贡献度更高。

不论在全国还是城乡范围，我国东部地区环境支持指数都明显高于中部及西部地区，
西部地区的环境支持水平最低，与中部相比其得分落后的原因主要表现在社会支持方面，
我国农村的社会支持发展不均衡问题较为突出。

4.5.4　环境支持指数的国际比较主要结论

通过查阅文献并进行总结分析可知，在公共服务方面，我国 65 岁以上老人可支配收

入中位数与 65 岁以下人口可支配收入中位数之比为 0.87，高于欧洲 28 国的平均水平但低于西班牙，表明我国养老服务的总体水平较高，不过仍存在改进的空间。各国该指标的男性得分都略高于女性得分，表明应加大对女性老年人公共服务水平的关注。

社会支持方面，我国老年人的居住安全得到了相对充分的保障，55 岁以上老人不担心自己成为暴力犯罪受害者的比例远高于其他国家，且男女之间的差异也不太大，说明我国在对老年人的社会支持方面做得较好。

4.5.5 环境支持指数与积极老龄化主要结论

由上述分析可知，总体上我国环境支持指数尤其是社会支持有关指数已处于较高水平，这对促进我国积极老龄化总指数的提升具有重要意义。但从国内来看，地区与地区之间、城市与农村之间的发展不均衡问题仍然突出，尤其是中西部地区、农村地区的公共服务存在较大的改进空间。

发展篇

第 5 章
老龄化、健康与保障能力的地区差异

健康老龄化水平的地区差异受地区人口老龄化水平、经济支持能力、卫生健康投入以及养老和医疗保障水平的影响。本章将对比分析不同区域、省份和城乡的人口老龄化水平和趋势，预期寿命和健康预期寿命，养老、医疗保障和卫生健康投入的水平和差距等，进一步拓展对我国积极健康老龄化水平、能力和差距的分析。

5.1 全国和地区人口老龄化

5.1.1 全国和地区人口老龄化的趋势和特点

(1) 人口规模大、增速放缓

2019 年年底全国常住人口数突破 14 亿人，按国家统计局对我国四大经济区域的划分①，东部地区 5.4 亿人，中部地区 3.7 亿人，西部地区 3.8 亿人，东北地区 1.1 亿人。尽管 2013 年的"单独二孩"政策和 2016 年的"全面二孩"政策促进了人口的短期增长，但没有改变人口增长的总体下降趋势，2019 年全国人口增长只有 3.3‰。其中，东部地区人口规模最大，增速最快，2019 年人口增长 7.7‰；东北地区常住人口连续五年呈负增长，2019 年人口减少 3.9‰。

(2) 老年人口增速快、老龄化进程加速

全国 65 岁及以上老年人口规模迅速扩大，2019 年达到 1.76 亿人，占人口总数的 12.6%。表 5-1 列出了 1990—2018 年全国和分地区 65 岁及以上的人口数和占总人口的比例。按联合国的标准，2000 年东部地区和中部地区已率先迈入老龄化社会，老年人口比例已分别达到 7.8% 和 7.0%。2010 年四个区域的老龄化水平都在 9% 左右。2018 年，东北地区的老龄化程度最严重，老年人口占比为 13.4%；东部地区次之，为 12.2%；西

---

① 国家统计局对四大经济区域的划分如下：东北地区包括辽宁、吉林、黑龙江；东部地区包括北京、天津、河北、上海、江苏、浙江、福建、山东、广东、海南、台湾、香港、澳门；中部地区包括山西、安徽、江西、河南、湖北、湖南；西部地区包括内蒙古、广西、重庆、四川、贵州、云南、西藏、陕西、甘肃、青海、宁夏、新疆。

部地区的老年人口占比为 11.5%；中部地区与西部地区接近，为 11.7%。

表 5-1 1990—2018 年 65 岁及以上的人口数和占总人口的比例[①]

地区	老年人口数（万人）				老年人口占总人口百分比				老年人口年均增长率
	1990 年	2000 年	2010 年	2018 年	1990 年	2000 年	2010 年	2018 年	1990—2018 年
东部	2 408.2	3 446.5	4 483.0	6 540.4	6.3%	7.8%	8.9%	12.2%	3.6%
中部	1 852.1	2 409.5	3 165.9	4 330.2	5.5%	7.0%	8.9%	11.7%	3.1%
西部	1 571.8	2 278.1	3 245.4	4 345.2	5.0%	6.5%	9.0%	11.5%	3.7%
东北	467.2	693.2	998.5	1 448.3	4.7%	6.6%	9.1%	13.4%	4.1%
全国	6 299.3	8 827.4	11 892.7	16 664.0	5.6%	7.1%	8.9%	11.9%	3.5%

从老龄化速度看，东北地区的老年人口比例从 1990 年的 4.7% 迅速升至 2018 年的 13.4%，老年人口年均增长最快，为 4.1%。西部地区老龄化程度最低，但老年人口增长快，老龄化速度位居第二。图 5-1 是四大经济区域不同年份的老年人口比例。

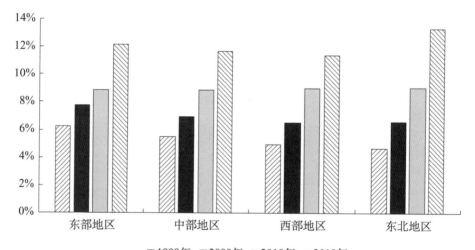

图 5-1 1990—2018 年各区域 65 岁及以上老年人口比例

（3）老龄化趋势严峻

图 5-2 给出了 1982—2019 年三个年龄段的人口占比。可见，少儿人口（0～14 岁）比例逐年下降，65 岁及以上人口比例逐步上升，2010 年前劳动年龄人口（15～64 岁）比例逐步上升，在 2010 年达到最大值 74.5%，之后逐年下降。

根据联合国经济和社会事务部人口司《2019 年世界人口展望》[②] 所提供的数据，中国 2020—2100 年的人口老龄化程度将一直高于中等收入国家及低收入国家，且将于 2055 年超越高收入国家。图 5-3 给出了不同收入水平国家和中国未来老年人口占比的变动趋势。

---

① 除特殊注释外，5.1 节所有数据均来自历年《中国统计年鉴》与《中国人口与就业统计年鉴》。

② 联合国世界人口展望数据网站：https://population.un.org/wpp/DataQuery/.

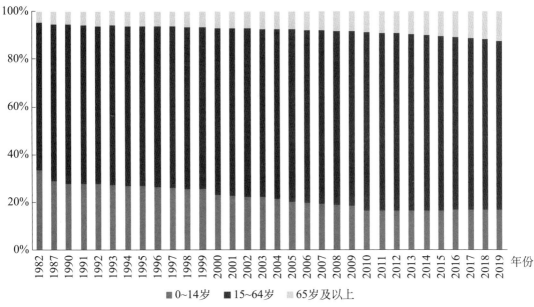

图 5 - 2　1982—2019 年全国人口年龄结构变动

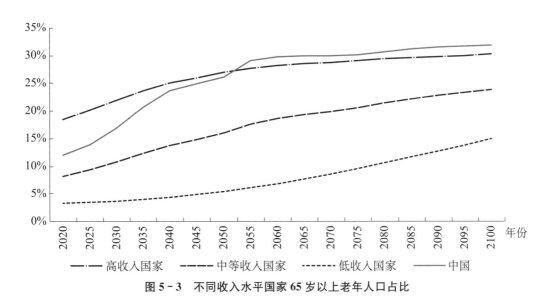

图 5 - 3　不同收入水平国家 65 岁以上老年人口占比

5.1.2　城乡人口老龄化的特点

(1) 人口老龄化城乡倒置

伴随城镇化进程，大量劳动力向城镇转移，农村的人口老龄化水平逐步高于城镇。图 5 - 4 给出了 2000—2018 年城镇和乡村的 65 岁及以上老年人口占比，即老龄化率。可见，城镇和乡村的老龄化率都在逐步提高，除 2003 年和 2004 年城镇老龄化率高于乡村 0.3％ 外，其他年份的乡村老龄化率均高于城镇，并且在 2010 年后城乡老龄化率的差距拉大，人口老龄化的城乡倒置明显。例如，2009 年城镇化率为 48.3%，城乡老龄化差距为 0.2 个百分点；2018 年城镇化率为 59.6%，城镇人口老龄化率为 10.6%，乡村人口老龄化率为 13.8%，城乡老龄化水平差距增加至 3.2 个百分点。

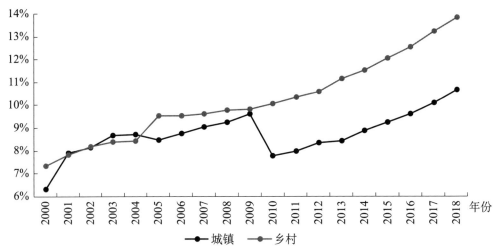

图 5 - 4 2000—2018 年全国城镇和乡村 65 岁及以上老年人口占比

李辉和王瑛洁（2012）认为我国人口老龄化城乡倒置现象将会持续较长时间，人口城镇化过程中劳动年龄人口向城镇的迁移是人口年龄结构城乡倒置的直接原因。童玉芬等（2014）认为，从乡村向城镇迁移的人口年龄结构的年轻化延缓了城市人口老化，使城市生育率下降减缓，进一步延缓了城镇人口老龄化的速度，加快了农村人口老龄化的速度。

（2）省内分城乡的老龄化水平差异明显

从城乡的数据看，2018 年农村老龄化水平最高的五个省份依次为重庆（20.9%）、江苏（19.3%）、山东（18.6%）、上海（18.1%）和浙江（17.8%），最低的五个省份依次为新疆（6.3%）、西藏（6.6%）、青海（7.5%）、海南（8.9%）以及云南（9.7%）。袁俊、吴殿廷和吴铮争（2007）认为，各区域农村老龄化存在差异的主要原因是经济发展水平的差距。经济发达省份的城市化水平高，农村劳动年龄人口迁入城镇的比例高，加速了农村的老龄化。表 5 - 2 列出了 2018 年农村老龄化水平最高和最低的五个省份。除上海外，农村老龄化水平较高的省份对应的城市老龄化水平并不高，这应该是城镇化进程中大多是近距离省内迁移的结果。

表 5 - 2 2018 年农村老龄化水平最高和最低的五个省份

	乡村	镇	城市	总体
重庆	20.9%	12.6%	10.2%	14.5%
江苏	19.3%	13.4%	11.0%	14.3%
山东	18.6%	13.7%	12.4%	15.2%
上海	18.1%	10.3%	15.0%	15.0%
浙江	17.8%	13.1%	9.6%	13.0%
云南	9.7%	9.0%	10.2%	9.6%

续表

	乡村	镇	城市	总体
海南	8.9%	9.5%	5.9%	8.2%
青海	7.5%	6.8%	8.3%	7.6%
西藏	6.6%	3.8%	3.6%	5.7%
新疆	6.3%	6.8%	8.8%	7.2%

5.1.3　各省份人口老龄化的差异

（1）老年人规模和老龄化水平省际差异大

2019 年底，全国常住人口数超过 14 亿。常住人口规模最大的为广东，为 11 521 万人，占总人口的 8.2%。常住人口规模最小的为西藏，为 350.6 万人，占总人口的 0.25%。东北三省和北京的常住人口呈负增长，黑龙江人口增速最低，为 −0.6%。人口增长最快的是浙江，增速为 2.0%。图 5-5 显示了常住人口数最多和最少的五个省份以及人口增长最快和最慢的五个省份。

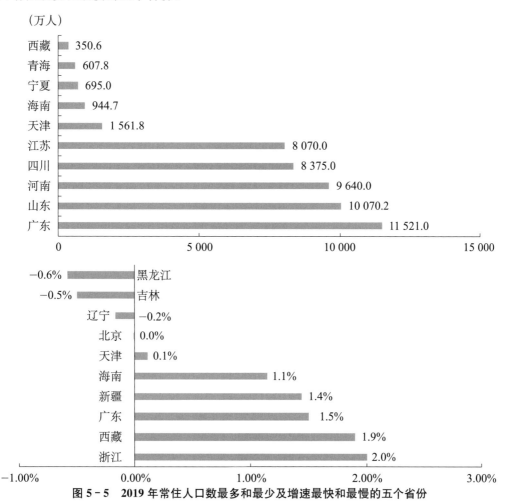

图 5-5　2019 年常住人口数最多和最少及增速最快和最慢的五个省份

2018 年，山东 65 岁及以上的常住人口最多，西藏最少。其中，山东、四川、辽宁、上海、重庆、江苏的 65 岁及以上老年人口比例超过 14%，西藏则小于 7%。依据山东省统计局公布的《改革开放 40 年山东经济社会发展成就系列报告》，山东老龄化水平较高的主要原因是较低的生育率和城镇化进程中较大的省外迁移流量。依据上海市统计局发布的《上海人口老龄化现状和预判》，上海人口老龄化的主要原因除了较低的生育率，还有寿命延长使 80 岁及以上高龄人口规模扩大，以及随子女迁入的外来老年人口规模的增长等。图 5-6 分别显示了 2018 年老年人口数最多和最少的五个省份以及老年人口增长最快和最慢的五个省份。

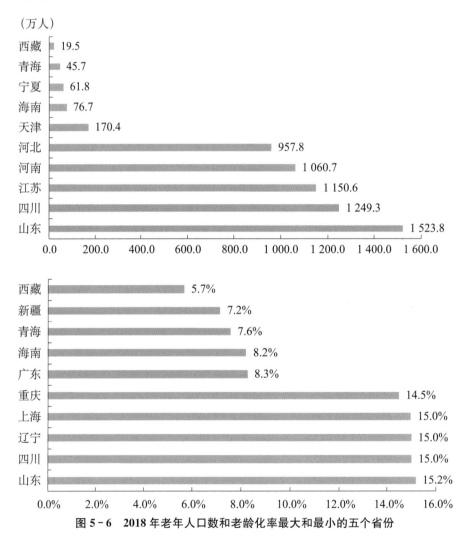

图 5-6　2018 年老年人口数和老龄化率最大和最小的五个省份

（2）老龄化进程省际差异显著

1990 年前全国只有上海老龄化水平达到 7%，进入老龄化社会。1990—2000 年，东部地区与东北地区的北京、天津、河北、辽宁、江苏、浙江和山东七个省份，中部地区的安徽、河南、湖南，以及西部地区的四川、重庆与广西均进入老龄化社会。2000—2010 年，东部地区除广东外全部进入老龄化社会，中部和东北地区全部进入老龄化社会，西部地区有宁夏、青海、新疆和西藏还未进入老龄化社会。广东因吸纳了大量外来劳动年龄人口延缓了老龄化进程。截至 2018 年，全国只有西藏还未进入老龄化社会。

5.2　全国和地区的预期寿命和健康预期寿命

预期寿命既是测量人口健康水平的重要指标，也是反映社会综合发展水平和人类生活质量的重要标志。健康预期寿命是对预期寿命中健康生存年的衡量，是衡量生命质量的重要指标。

5.2.1　人口预期寿命趋势

（1）全国人口 0 岁预期寿命趋势

新中国成立以来，随着居民生活条件的逐步改善、医疗卫生水平的提高以及个人健康意识的加强，我国人口预期寿命不断提高。张文娟和魏蒙（2016）指出，近半个世纪以来，我国在人民物质生活水平、社会保障制度、医疗技术创新、公共卫生服务等方面均有所提高，人口预期寿命不断延长。蔡玥等（2016）认为，我国预期寿命增长的主要贡献人群已经由 5 岁以下儿童转变为 60 岁以上老人，恶性肿瘤及心脑血管疾病等慢性疾病是当前造成我国居民预期寿命损失的主要原因，且城乡差距、区域差距等健康公平性问题已有明显改善。

按照联合国经济和社会事务部人口司《2019 年世界人口展望》提供的数据，图 5-7 给出了 1950—2100 年每五年平均的分性别 0 岁预期寿命。图中横坐标的年份表示从某年开始的未来五年平均，如 1950 表示 1950—1955 年。

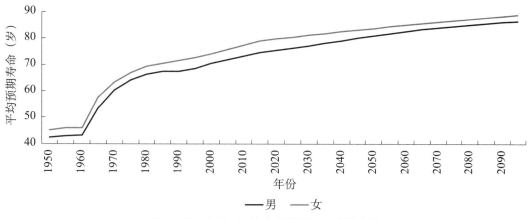

图 5-7　1950—2100 年分性别 0 岁预期寿命

从新中国成立到 1960—1965 年间，我国预期寿命处在较低水平，男性预期寿命大约在 42~43 岁，女性在 45~46 岁。1965—1980 年我国预期寿命开始显著延长，并保持高速增长，尤其是 1965—1970 年比 1960—1965 年男女预期寿命平均延长 10 岁以上；1980—2020 年的 40 年间，预期寿命平均每十年延长 3 岁，2015—2020 年男女预期寿命分别为 74.5

岁和 79 岁。预计在 2020 年后预期寿命增速降低，到 2095—2100 年男女性预期寿命分别延长到 86.5 岁和 88.8 岁，即 2020—2100 年平均每十年预期寿命延长 1.2 岁。

女性预期寿命始终高于男性，随着预期寿命的延长，男女寿命差异呈现先增大后减小的变化规律。1950—1955 年预期寿命的性别差异为 2.8 岁，其后性别差异不断加大，直至 2015—2020 年差异高达 4.5 岁。在此之后，男女预期寿命差异开始缩小，并在 2065 年后保持在一个相对稳定的水平上：男女预期寿命差异基本在 2.1～2.3 岁。这可能是因为 2020 年后我国人口预期寿命已达到较高水平，之后预期寿命的提高更多依赖高年龄人口死亡率的下降，而这种改善在男女之间的差异较为稳定。

（2）全国人口 60 岁预期寿命趋势

我国当前男性的法定退休年龄为 60 岁，对老年人口预期寿命的研究一般选择 60 岁预期寿命。依据联合国人口司的数据，我国 60 岁人口的预期寿命不断延长。图 5-8 给出了 1950—2100 年分性别的 60 岁人口的预期寿命。

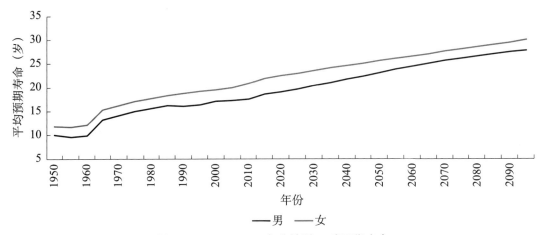

图 5-8　1950—2100 年分性别 60 岁预期寿命

我国 60 岁预期寿命在 1965—1985 年保持高速增长，尤其是 1965—1970 年比 1960—1965 年大幅提高，60 岁男女人口的预期寿命增幅均超过 3 岁。此后年份 60 岁人口的预期寿命平均每十年增加 1.1 岁左右。预计在 2020 年后，60 岁人口的预期寿命一直保持平稳增加，到 2095—2100 年，60 岁男女人口的预期寿命将分别达到 27.8 岁和 29.9 岁。

60 岁人口的预期寿命性别差异的规律与 0 岁人口类似。60 岁女性预期寿命一直高于男性，但该差异随预期寿命增加会先增后减。1950—1955 年，60 岁人口的预期寿命性别差异为 1.8 岁，至 2010—2030 年达到峰值，性别差异的水平为 3.3～3.4 岁。随后性别差异开始减小，从 2060 年开始，这一差异稳定在 2.0 岁左右。这一现象表明，对 60 岁以上人群，2030 年前预期寿命相对较短时，女性死亡率的降低速度超过男性；2030 年后预期寿命普遍较长时，女性死亡率降低速度放缓，并与男性基本一致。

（3）不同年龄段人口的预期寿命差异

对于任何年龄段的人口来说，女性的预期寿命都比男性长。图 5-9 给出了依据联合国人口司数据发布的 2015—2020 年各年龄段人口男女预期寿命及性别差异占女性预期寿命的比例。

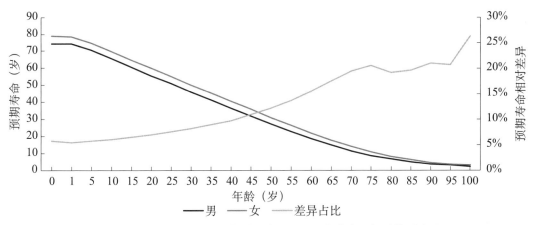

图 5 - 9　2015—2020 年各年龄段人口男女预期寿命及相对性别差异

预期寿命呈现出随年龄增长逐渐缩短的趋势。2015—2020 年我国 0 岁人口的男女预期寿命分别为 74.5 岁和 79.0 岁，二者相差 4.5 岁。随年龄的增长，男女预期寿命的绝对差异递减，到 75 岁二者相差 2.2 岁。但男女性别差异的相对水平随年龄呈递增趋势，75 岁时女性比男性余寿多 20%，25 岁时只多 8%。75 岁后，性别差异的相对水平相对稳定。

图 5 - 10 给出了依据联合国人口司数据发布的 2020 年各年龄段人口的性别比。在 60～64 岁以下的年龄段，男女性别比均大于 1，男性人数多于女性。在 0～29 岁的青少年阶段，性别为 1.1～1.2，男性人数显著多于女性。在 30～64 岁，性别比缓慢降低，从 30～34 岁的 1.07 降至 60～64 岁的 1.01，男女人口数基本达到均衡。在 65 岁以上的老年阶段，性别比开始小于 1，老年女性人数开始超过男性。随着年龄的增加，女性老年人数远远超过同年龄的男性，表明女性面临更大的老年独居和长寿风险。

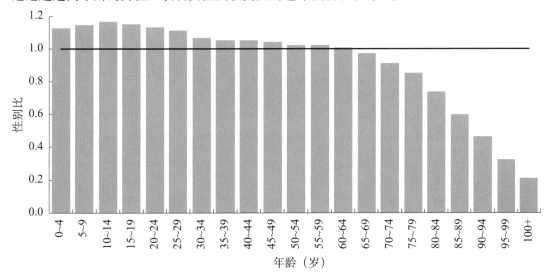

图 5 - 10　2020 年各年龄段人口的性别比

5.2.2　各省份预期寿命

（1）各省份 0 岁人口的预期寿命

国家统计局每五年公布一次全国预期寿命，每十年发布一次各省份预期寿命。最近发布的是 2015 年全国预期寿命，为 76.3 岁。2010 年我国人口预期寿命为 74.8 岁，其中男性为 72.4 岁，女性为 77.4 岁，各省份之间存在一定差异。图 5-11 显示了 2010 年按东北和东、中、西分区的各省份男女预期寿命。2010 年，0 岁人口的预期寿命最长的是上海，预期寿命为 80.3 岁；北京次之，为 80.2 岁，与世界高收入国家的水平基本持平。0 岁人口预期寿命最短的是西藏，为 68.17 岁，与中低收入国家的水平基本持平。上海和西藏的预期寿命相差 12 岁，按照平均每十年预期寿命延长 3 岁的速度，西藏落后上海 40 年。东部沿海省份预期寿命普遍在 75 岁以上，中部地区则在 73~75 岁，西部地区的预期寿命大多小于 73 岁。

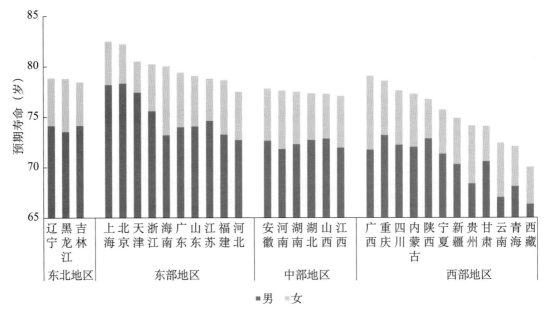

图 5-11　2010 年各省份男女 0 岁预期寿命

图 5-12 是 1990 年、2000 年和 2010 年各区域各省份的 0 岁预期寿命。可见，各地区的预期寿命随时间都在稳步延长，上海始终是我国预期寿命最长的省份，西藏始终最短，其余省份在各年的排序有所变化，预期寿命较短地区的增速更快，西部地区在 2000—2010 年增长显著，各地区之间的差异有所缩小。

预期寿命长的地区，死亡更多发生在高年龄段；预期寿命短的地区，死亡更多发生在中低年龄段。图 5-13 以黑龙江、上海、山西和西藏为代表，给出了 2010 年四个省份的男女各年龄段死亡人数百分比。预期寿命最长的上海，死亡大多发生在 65 岁以上的老年段，且 80 岁以上高龄段的死亡人数占比最高，女性死亡人数的 60% 发生在 80 岁以上。预

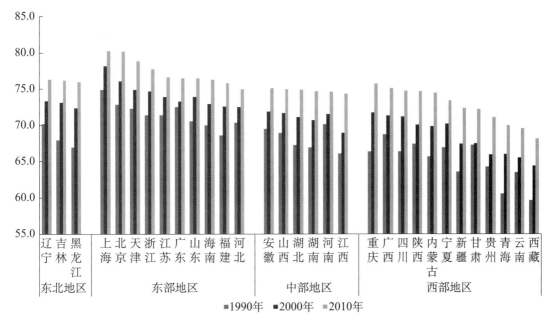

图 5 - 12　1990 年、2000 年和 2010 年各省份 0 岁预期寿命

期寿命最短的西藏,死亡年龄分布较为均匀,从幼儿期到青少年期都有,但在老年期死亡人数占比较小。山西和黑龙江的预期寿命与全国平均水平接近,中低年龄段的死亡年龄分布接近上海,在老年段中更多死亡发生在 65～79 岁,80 岁以上死亡人数百分比远低于上海,但远高于西藏。

年龄组	东北-黑龙江	东-上海	中-山西	西-西藏
80+				
65~79				
50~64				
30~49				
5~29				
0~4				
	60% 30% 0 0 30% 60%	60% 30% 0 0 30% 60%	60% 30% 0 0 30% 60%	60% 30% 0 0 30% 60%

■男　■女

图 5 - 13　2010 年黑龙江、上海、山西、西藏各年龄段人口死亡人数百分比

资料来源:2010 年人口普查数据.

(2)各省份 60 岁人口的预期寿命

国家统计局没有公布 60 岁人口的预期寿命。杨明旭和鲁蓓（2019）依据第六次人口普查各年龄段人口死亡数据,利用妇幼卫生监测系统的各县数据对 5 岁以下儿童的死亡率进行了修正,对高龄人口死亡率进行 Kannisto 外推修正,测算出各省份分性别、分城乡的 0 岁、60 岁和 80 岁组人口的预期寿命。图 5 - 14 是依据杨明旭和鲁蓓（2019）的结果给出的不同地区分性别、分城乡的 60 岁人口的预期寿命。可见,我国 60 岁人口的预期寿命在地区分布上表现出"东高西低"的特征，排在前五位的有北京、上海、江苏、天津、吉林，均为东部沿海省份。排在后五位的有西藏、青海、云南、宁夏、甘肃。

女性 60 岁预期寿命比男性长 2～3 岁，西藏的性别差异最大，为 5.3 岁。城镇人口的预期寿命也比乡村人口长 2～3 岁。

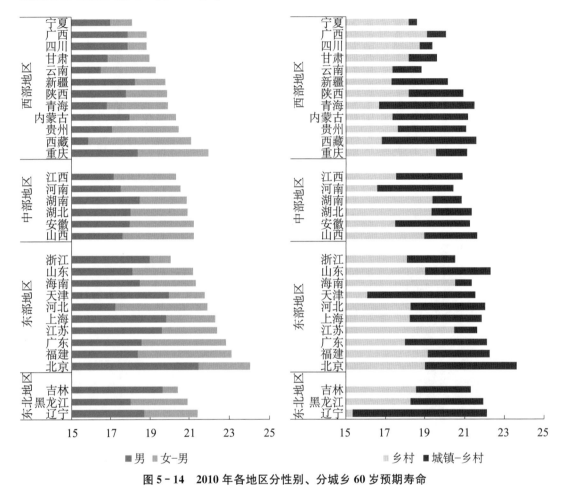

图 5-14　2010 年各地区分性别、分城乡 60 岁预期寿命

5.2.3　分死因死亡率的变动

在死亡率不断降低、预期寿命不断延长的过程中，不同死因的死亡率变动存在差异。这里采用历年《中国卫生和计划生育统计年鉴》提供的分城乡居民年龄别疾病别死亡率数据，分析各年龄段人口分死因的死亡率变动。

图 5-15 给出了我国 2002 年、2010 年和 2018 年 8 种主要死因（7 类疾病和外部原因）分性别的死亡率情况。可见，心脑血管疾病是我国人口死亡率最高的病因，其次是恶性肿瘤和呼吸系统疾病。2002—2018 年，心脑血管疾病导致的死亡率和恶性肿瘤导致的死亡率有所上升，且在 2002—2010 年上升幅度最大。其余病因导致的死亡率均有下降的趋势。

对比分疾病死亡率的性别差异，女性内分泌及代谢疾病的死亡率与男性相当，其他疾病的死亡率均为男性大于女性。

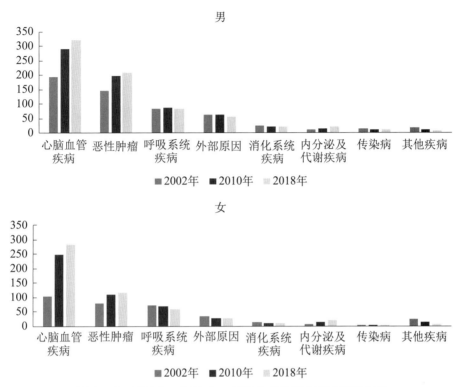

图 5-15　2002 年、2010 年、2018 年分性别主要疾病死亡率

5.2.4　健康预期寿命的水平与差异

随着平均预期寿命的迅速延长，很多国家在进入老龄化社会后都出现了人的寿命延长、带病期同时延长，且健康状况出现显著恶化的情况（Olshansky et al.，1991）。既能测量生命长度又能测量生命质量的指标是健康预期寿命（乔晓春，胡英，2017）。本节将通过对各省份老年人健康预期寿命的分析反映全国老年人口的健康状况差异。

（1）老年人健康自评状况

2010 年第六次人口普查提供了老年人健康状况自评数据，将健康状况分为健康、基本健康、不健康但生活能自理、生活不能自理等四种。结果表明，60 岁及以上老年人口中，43.8％的老年人为健康状况，39.3％为基本健康状况，13.9％为不健康但生活能自理状况，2.9％为生活不能自理状况。可见，只有不到3％的老年人生活不能自理，需要日常生活照护，超过83％的老年人处于健康和基本健康状况。

从各年龄段人口的健康状况看，老年人的健康状况随年龄增大逐渐恶化。图5-16给出了老年人四种健康自评状况的分布随年龄的变动。可见，60 岁及以上老年人处于健康状况的比例在80 岁之前稳速下降，80 岁之后下降速度逐渐减缓。而健康和基本健康的比例在 70 岁后随年龄增长下降较快。不健康但生活能自理的比例和生活不能自理的比例都随年龄的增长加速上升。

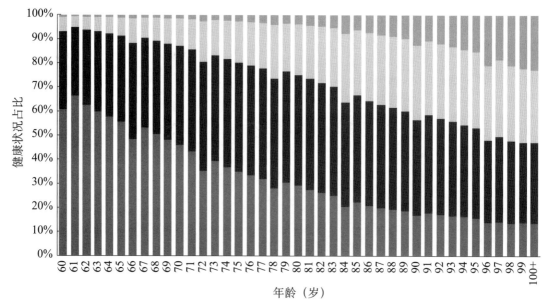

图 5 - 16   2010 年 60 岁及以上老年人口健康状况比例

老年人健康自评状况在性别间也存在差异。虽然男性预期寿命比女性短,但男性的自评健康比例明显高于女性,并且随着年龄的增长,男女健康比例差异不断增大。这表明男性在相对较短的预期寿命中保持了相对较高的健康水平,女性则在更长的预期寿命中承受更多的健康问题。

为进一步分析各区域和各省份的老年人健康状况,图 5 - 17 给出了依据普查数据绘制的 2010 年各区域各省份的四种健康自评状况。老年人自评健康比例最高的是浙江,最低的是西藏。东部地区的自评健康比例较高,健康比例超过 50% 的省份都位于东部地区;中西部地区健康比例相对较低,健康比例明显低于 40% 的省份均在中西部地区。各省份健康和基本健康的比例在 80% 左右,东部地区水平较高,东北、中部和西部大部分地区相差不大,但甘肃和西藏的水平较低。

为进一步分析分城乡的老年人健康自评状况,绘制 2010 年分市、镇、乡的老年人健康和基本健康比例的箱线图(见图 5 - 18)。60 岁以上老年人口健康比例在城市的水平最高,其次为镇,最低为乡村;市、镇健康比例在不同地区间的差异相对较小,而乡村健康比例在地区间差异较大。

(2)健康预期寿命的水平和省际差异

依据世界卫生组织官方网站提供的人口预期寿命和健康预期寿命数据[①],图 5 - 19 显

---

① 世界卫生组织官方网站数据网址:https://www.who.int/gho/database/zh/.

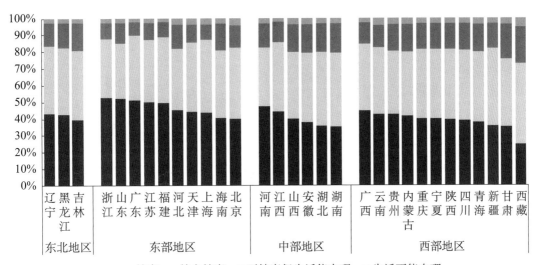

图 5-17　2010 年各地区分省份 60 岁及以上老年人口健康状况比例

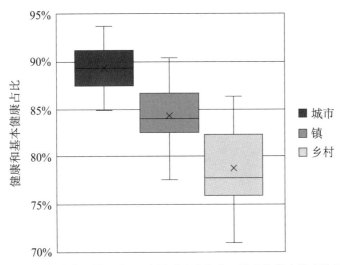

图 5-18　2010 年分市、镇、乡 60 岁及以上老年人口健康和基本健康比例箱线图

示了我国 2000 年以来每隔五年以及 2016 年的 0 岁和 60 岁人口分性别的预期寿命、健康预期寿命和健康预期寿命在预期寿命中的占比。可见，2000—2016 年，我国健康预期寿命稳步延长。男性 0 岁健康预期寿命从 2000 年的 64.1 岁延长至 2016 年的 68.1 岁，60 岁健康预期寿命则从 13.9 岁延长至 15.1 岁。女性预期寿命和健康预期寿命普遍比男性更长，但是，女性的健康寿命在总寿命中的占比却明显低于男性，0 岁和 60 岁人口都表现出这一特点，表明女性在更长的预期寿命中相对不健康的生命期更长，面临的老年健康问题更加严重。

　　关于各地区的健康预期寿命，我国不少学者依据普查数据、全球疾病负担数据、微观调查数据等进行了测算分析（杜鹏，李强，2006；杨胜慧，郭未，陈卫，2012；Qiao，

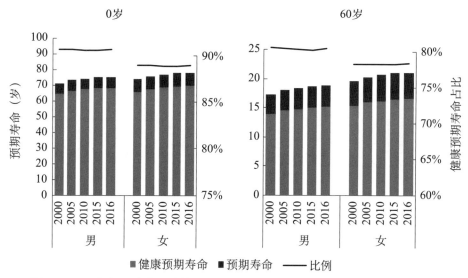

图 5-19　0 岁和 60 岁人口分性别预期寿命、健康预期寿命及健康预期寿命占比

2013）。由于不同研究采用的数据、方法和测算口径存在差异，所得结果并不具有可比性。这里采用乔晓春和胡英（2017）依据第六次人口普查数据的测算结果，2010 年我国 60 岁及以上老年人口预期寿命中有 45％为健康寿命，38％为基本健康寿命，14％为不健康但生活能自理寿命，3％是生活不能自理寿命。这表明我国老年人的生存期中绝大部分是健康的，不能自理的寿命期极短。

图 5-20 是依据乔晓春和胡英（2017）给出数据的分地区分省份 60 岁男女健康预期寿命占预期寿命的百分比。可见，东南沿海省份健康预期寿命在预期寿命中的占比明显高于其他地区，广东和福建的 60 岁男性健康预期寿命占其预期寿命的比例分别为 89.7％和

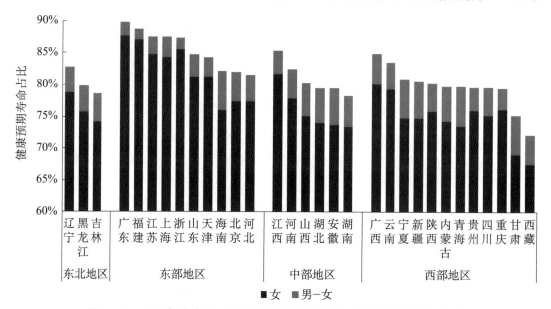

图 5-20　2010 年分地区、分性别 60 岁及以上老年人口健康预期寿命占比

88.6％。除北京、河北、海南外，其余东部地区的老年男性健康预期寿命占比均超过84％。东北、中部、西部地区60岁男性的健康预期寿命占比相似，但西藏和甘肃的这一数据明显偏低，分别为72.1％和75.2％。

各省份健康预期寿命比例存在明显的性别差异，男性的健康预期寿命占比显著高于女性，表明男性在相对较短的预期寿命中保持了更长时间的健康，可以享受更健康和质量更高的晚年生活。另外，在健康预期寿命占比较大的省份，如广东和福建，男女的差异较小；而在健康预期寿命占比较小的省份，如青海和甘肃，男女的差异较大。这表明越是老年健康水平不佳的地区，性别差异越显著。

5.3　养老医疗保障与卫生健康投入

养老医疗保障和卫生健康投入是积极健康老龄化的重要保障。本节从老年人生活来源、公共养老和医疗保险、卫生健康资金投入等方面比较分析不同地区的养老和医疗保障的水平和差异。

5.3.1　老年人生活来源

人口普查和人口抽样调查提供了老年人主要生活来源的数据，这里将老年人主要生活来源分为劳动收入、养老金、家庭其他成员供养和其他等四类。其他类包括失业保险金、最低生活保障金、财产性收入。

图5-21给出了2000年、2010年和2015年60岁及以上老年人主要生活来源的分布。从全国总水平看，2015年超过1/3（36.7％）的60岁以上老年人主要依靠家庭成员供养，家庭养老仍然是最主要的养老模式；有不足1/3（30.2％）的老年人主要依靠养老金生活；

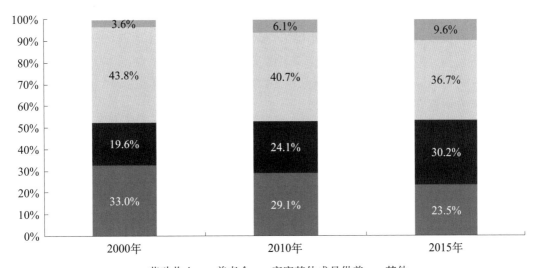

图5-21　全国60岁以上老年人主要生活来源

不足 1/4（23.5%）的老年人主要依靠劳动收入养老；主要依靠财产性收入和最低生活保障金养老的老年人不足 10%。对比过去年份的数据，主要依靠养老金生活的老年人比例不断提高，主要依靠劳动收入和家庭其他成员供养的老年人比例随时间有所下降，表明养老金的养老保障作用逐步提升。

图 5-22 给出了 2010 年和 2015 年分市、镇、乡的 60 岁以上老年人主要生活来源分布。2015 年市级行政单位中老年人的主要生活来源占比最大的是养老金（71.0%），镇和乡占比最大的却是家庭其他成员供养，乡村老年人主要依靠养老金的比例较低，仅有7.5%。与 2010 年相比，2015 年市、镇、乡老年人主要依靠养老金的比例都有所提高，但相比城市，镇和乡依靠养老金的比例仍较低。

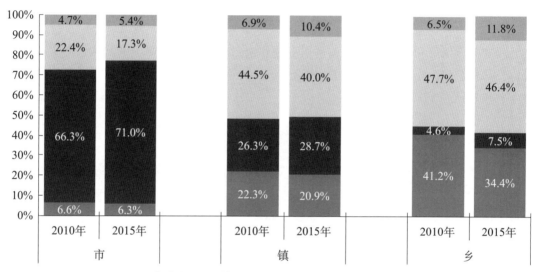

图 5-22 分城乡 60 岁及以上老年人主要生活来源

按四大经济区域划分，图 5-23 给出了 2010 年和 2015 年四个区域 60 岁以上老年人主要生活来源分布。不同地区老年人的主要生活来源结构存在差异，东北地区更多依赖养老金生活，中西部地区主要依赖家庭其他成员供养。各区域 2015 年比 2010 年依赖养老金生活的比例都有所上升。

图 5-24 给出了全国分年龄老年人收入来源。由图可知，2015 年 60～64 岁老人最主要的生活来源为劳动收入，其余年龄段最主要的生活来源都是家庭其他成员供养，随年龄增加该比例明显上升。养老金在各年龄段的占比相差不大，在 28%～34%。与 2010 年相比，2015 年各年龄段养老金占比均有所增加，劳动收入和家庭其他成员供养比例相应下降。

5.3.2 养老保险的保障范围和水平

我国的养老金体系包括由政府主办的基本养老保险、由雇主主办的职业年金或企业年

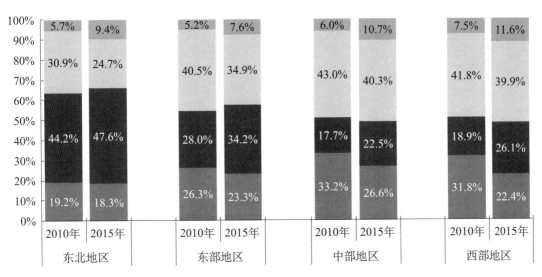

图 5-23　各地区 60 岁及以上老年人主要生活来源

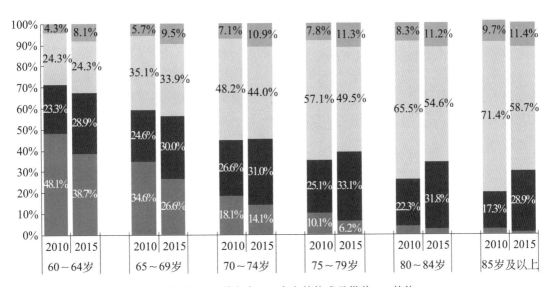

图 5-24　全国分年龄老年人主要生活来源

金和由市场提供的商业养老保险，当前老年人养老金的主要来源是基本养老保险。基本养老保险包括城镇职工基本养老保险和城乡居民基本养老保险。表 5-3 列出了 2013—2018年城镇职工和城乡居民基本养老保险的参保覆盖面和人均养老金待遇。由于缺乏基本养老保险应覆盖的劳动年龄以上人口数，我们计算了基本养老保险参保人数与 15 岁及以上人口的比例，这一比例从 2013 年的 84％逐步上升到 2018 年的 95％，基本养老保险基本实现了全覆盖。

表 5-3 2013—2018 年基本养老保险覆盖面和人均养老金水平

年份	参保人数（万人）			15岁及以上人口数（万人）	参保人数/15岁及以上人口数	人均养老金水平（元/年）	
	城职险	城居险	合计			城职险	城居险
2013	32 218	63 872	96 090	113 743	84％	22 970	955
2014	34 124	64 420	98 544	114 224	86％	25 316	1 098
2015	35 361	65 273	100 634	114 747	88％	28 236	1 430
2016	37 930	66 117	104 047	115 263	90％	31 528	1 408
2017	40 293	66 853	107 146	115 660	93％	34 512	1 521
2018	41 902	68 290	110 192	116 015	95％	37 842	1 828

　　对于人均养老金水平，由于缺乏统计公布的人均养老金数据，我们分别以城镇职工基本养老保险和城乡居民基本养老保险的年度基金支出除以其年度对应的参保退休人数或领取待遇人数作为人均养老金的近似值。可见，两种基本养老保险的养老金绝对水平逐年提高，但城镇职工基本养老保险的养老金水平以更快的速度上升，养老金水平也远高于城镇居民养老保险。

　　图 5-25 给出了各地区城镇职工人均基本养老金水平。2018 年西藏的人均养老金最高，达到 98 934 元，这可能与国家政策补贴力度较大有关。北京、上海和安徽的人均养老金也处在较高水平，均超过 5 万元；吉林、四川和重庆的人均养老金水平最低，不到 3 万元。东北三省的人均养老金都处在较低水平。对于城乡居民基本养老保险，2018 年大部分地区的人均养老金在 1 000～2 000 元。上海经济较为发达，人均养老金为 13 804 元，远超过其他省份，且 2015 年起人均养老金都超过 9 000 元。而西藏因为领取待遇人数突然

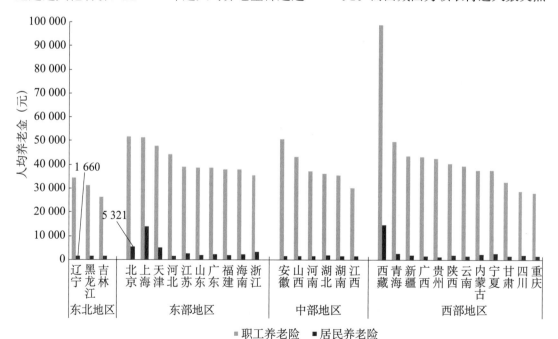

图 5-25 2018 年各地区两种基本养老保险人均养老金

减少，2018 年人均养老金出现异常高的情况，2014—2017 年养老金均在 2 100 元以下。北京和天津的人均养老金也超过了 5 000 元。

养老金的相对水平通常用养老金与工资或人均可支配收入的比例衡量。对于城镇职工基本养老保险，我们将城镇单位就业人员平均工资和城镇私营企业就业人员平均工资按相应就业人数进行加权平均得到城镇职工平均工资，计算城镇职工平均工资替代率。对于城乡居民基本养老保险，我们用城镇居民可支配收入为分母计算替代率，为了比较，同时将城镇职工基本养老金可支配收入替代率列入表 5 - 4 中。可见，城镇职工基本养老保险工资替代率的省际差异较大，超过 70% 的有安徽（82.2%）、广西（75.1%）、山西（74.3%）、河北（73.7%）、青海（71.3%），其中西藏数据缺失。低于 50% 的有吉林（47.7%）、重庆（45.7%）、北京（45.5%）、四川（42.5%）。城乡居民基本养老保险可支配收入替代率都较低，只有上海农村居民可支配收入替代率超过了 40%，吉林（9.9%）、福建（9.9%）、江西（9.5%）较低。

表 5 - 4　2018 年基本养老保险不同收入口径下的替代率

经济区域	省份	职工基本养老保险工资替代率	城镇职工基本养老保险可支配收入替代率	农村居民基本养老保险可支配收入替代率	城镇居民基本养老保险可支配收入替代率
东北地区	辽宁	59.7%	92.1%	11.3%	4.4%
	黑龙江	54.5%	106.5%	10.4%	4.9%
	吉林	47.7%	87.4%	9.9%	4.5%
东部地区	河北	73.7%	134.5%	10.2%	4.3%
	海南	60.8%	113.9%	17.1%	7.2%
	福建	58.7%	90.3%	9.9%	4.2%
	江苏	57.9%	82.7%	12.1%	5.4%
	山东	56.9%	97.7%	11.1%	4.6%
	广东	54.3%	86.8%	13.8%	5.4%
	上海	53.6%	75.7%	45.4%	20.3%
	天津	52.7%	111.6%	21.9%	11.7%
	浙江	51.3%	64.0%	11.8%	5.8%
	北京	45.5%	76.1%	20.1%	7.8%
中部地区	安徽	82.2%	146.9%	10.8%	4.4%
	山西	74.3%	139.9%	12.4%	4.7%
	河南	67.8%	117.1%	10.1%	4.4%
	湖北	58.3%	104.5%	11.6%	5.0%
	湖南	57.1%	96.5%	10.3%	4.0%
	江西	52.3%	89.1%	9.5%	4.0%
西部地区	广西	75.1%	133.4%	11.7%	4.5%
	青海	71.3%	157.2%	23.4%	7.7%
	新疆	68.6%	133.1%	16.4%	6.0%
	陕西	66.1%	121.5%	15.4%	5.2%
	内蒙古	63.6%	98.5%	17.4%	6.3%
	云南	61.7%	117.1%	13.0%	4.2%

续表

经济区域	省份	职工基本养老保险工资替代率	城镇职工基本养老保险可支配收入替代率	农村居民基本养老保险可支配收入替代率	城镇居民基本养老保险可支配收入替代率
西部地区	贵州	61.3%	134.6%	12.8%	3.9%
	宁夏	54.8%	118.3%	21.3%	7.8%
	甘肃	54.8%	109.2%	16.5%	4.9%
	重庆	45.7%	80.6%	12.2%	4.8%
	四川	42.5%	86.5%	13.3%	5.3%
	西藏	—	—	—	—

资料来源：根据国家统计局官网数据计算得到.

5.3.3 医疗保险的保障范围和水平

我国的基本医疗保险分城镇职工基本医疗保险和城乡居民基本医疗保险。[①] 本节主要依据《中国统计年鉴》、《中国卫生健康统计年鉴》和《中国劳动统计年鉴》的数据，对我国卫生和医疗保障的情况进行分析。

我国基本医疗保险基本实现了全覆盖，2018年城镇职工基本医疗保险和城乡居民基本医疗保险合计覆盖总人口的96.4%。我们采用基本医疗保险的人均支出来度量医疗保险提供的保障水平。图5-26给出了2009年以来城镇职工基本医疗保险和城乡居民基本医疗保险的人均支出。为简化表述，图中采用"职工医疗险"和"居民医疗险"的表述。由图可知，2009—2018年，两种基本医疗保险的人均支出逐年上升，但城镇职工基本医疗保险的人均支出远远大于城乡居民的人均支出。职工基本医疗保险的人均支出从2009年

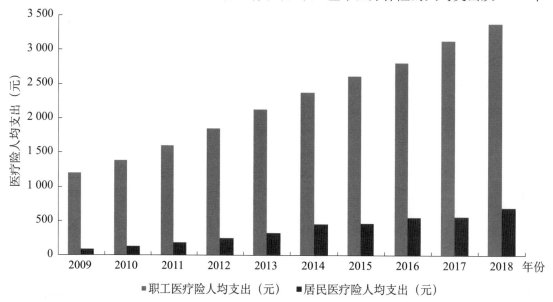

■职工医疗险人均支出（元）　■居民医疗险人均支出（元）

图 5-26　我国 2009—2018 年城镇职工基本医疗保险和城乡居民基本医疗保险人均支出

---

① 分类参考国家医疗保障局《2018年全国基本医疗保障事业发展统计公报》。其中城乡居民基本医疗保险整合自原城镇居民基本医疗保险和新型农村合作医疗保险。

的 1 200 元左右上升到 2018 年近 3 400 元，增长近两倍；而城乡居民基本医疗保险的人均支出在 2009 年仅为 92 元，到 2018 年上升至 692 元，尽管九年间增长了 7 倍以上，但绝对水平只是城镇职工医疗保险人均支出的 1/5。

图 5-27 给出了各地区的职工基本医疗保险人均支出。由图可知，不同地区的职工基本医疗保险人均支出存在较大差距。东部地区，北京和上海的职工基本医疗保险人均支出都超过了 5 000 元，天津超过 4 500 元，而山东、浙江、江苏、河北和福建处于 2 500~3 500 元，广东和海南均在 2 500 元以下；中部地区和东北地区各省份的职工基本医疗保险人均支出较为接近，都处于 2 500~3 500 元；西部地区的职工基本医疗保险人均支出水平普遍较高，这可能与西部地区总体健康水平较低有关，其中青海超过 5 000 元，与北京和上海的水平接近，西藏、云南和新疆都在 4 000 元以上。

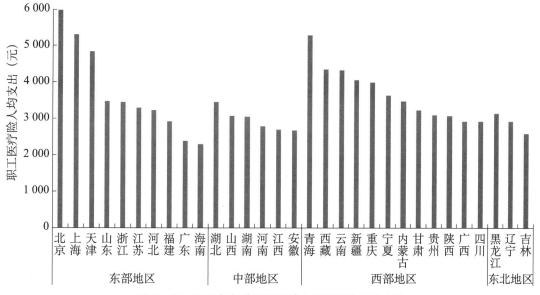

图 5-27　2018 年各地区职工基本医疗保险人均支出

图 5-28 给出了 2018 年各地区城乡居民基本医疗保险的人均支出，由图可知，不同地区的城乡居民基本医疗保险人均支出存在较大差距。东部地区，北京和上海的城乡居民基本医疗保险人均支出远高于其他地区，达到 2 500 元左右，浙江的居民基本医疗保险人均支出也达到 1 200 元的较高水平。其他省份的城乡居民基本医疗保险人均支出都较为接近，均在 500~800 元。可见城乡居民基本医疗保险人均支出整体偏低，需要进一步提高保障水平。

5.3.4　全国卫生总费用

国家和地区的卫生资金总投入包括政府投入、社会投入、家庭和个人投入，《中国卫生健康统计年鉴》公布的卫生总费用是依据国际规范对全社会用于医疗卫生服务资金总额的统计。卫生总费用占 GDP 的比重用于衡量国家和地区在卫生健康方面的投入强度，不

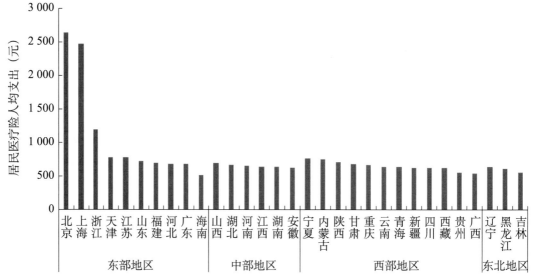

图 5 - 28 2018 年各地区城乡居民基本医疗保险人均支出

同类型卫生支出占比可以衡量卫生成本在政府、社会和个人中的分配。

（1）卫生总费用逐年增长

图 5 - 29 给出了我国在 2000—2018 年卫生总费用及其构成和占 GDP 的百分比。由图可知，我国的卫生总费用以及政府、社会和个人的卫生支出都在逐年递增，2000—2018 年的年均增速超过 10%。卫生总费用占 GDP 的比重在 2008 年前维持在 4.5% 左右，之后该比重总体上逐渐上升，2018 年卫生总费用占 GDP 比重达到 6.6%，超过了世界卫生组织对发展中国家的基本要求。

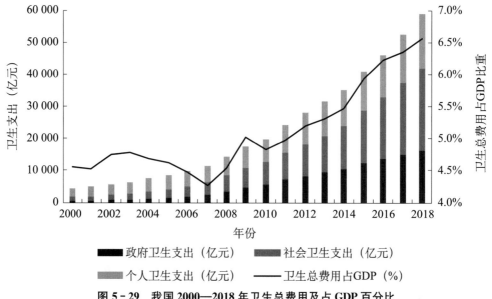

图 5 - 29 我国 2000—2018 年卫生总费用及占 GDP 百分比

(2) 政府和社会卫生支出占比不断提高

图 5 - 30 给出了 2000 年以来卫生总费用的结构。个人卫生支出占比逐步下降，从 2000 年的 59% 逐步下降到 2018 年的 28.6%，表明个人的卫生就医负担逐渐减轻。政府和社会的支出占比不断提高，从 2000 年 41% 逐步上升到 2018 年的 71.4%，其中社会卫生支出占比 43.7%，政府支出占比 27.7%。

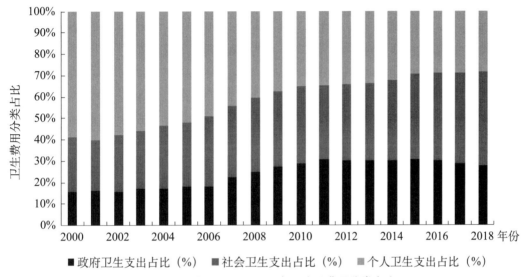

图 5 - 30　我国 2000—2018 年卫生总费用分类占比

(3) 人均卫生费用城乡差距明显

图 5 - 31 是 2000—2016 年按城乡区分的人均卫生费用。全国和分城乡的人均卫生费用逐年增长，但城市的人均卫生费用明显高于农村，尽管 2000 年以来农村人均卫生费用的年均增速 (14%) 超过城市 (11%)，但 2016 年城市人均卫生费用仍然是农村的 2.4 倍。

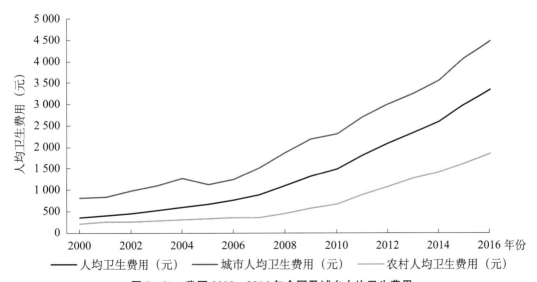

图 5 - 31　我国 2000—2016 年全国及城乡人均卫生费用

（4）卫生费用存在省际差距

为进一步分地区和省份进行分析，图5－32给出了按四大经济区域划分的各省份卫生费用。平均来看，中部地区的人均卫生费用最低，东部地区最高，东北地区和西部地区相差不大。从省级层次看，北京和上海的人均卫生费用远高于其他省份，北京的人均卫生费用超过10 000元，上海超过8 500元；东部经济比较发达的地区，如天津、浙江、江苏和广东，人均卫生费用在4 000～6 000元；东部经济欠发达地区，如海南和河北，以及人口大省，如福建和山东，人均卫生费用不到4 000元，河北更是没有达到3 000元。中部地区的六个省份，人均卫生费用都处在2 500～4 000元。西部地区经济较为落后，但人口较少的省份，如青海、新疆、宁夏、西藏、陕西和内蒙古，人均卫生费用都达到了4 000元；而人口稍多的省份，如重庆、四川、云南、甘肃和广西，人均卫生费用则处在2 500～4 000元。东北地区，吉林、辽宁和黑龙江三省的人均卫生费用较为接近，均在3 600元左右。

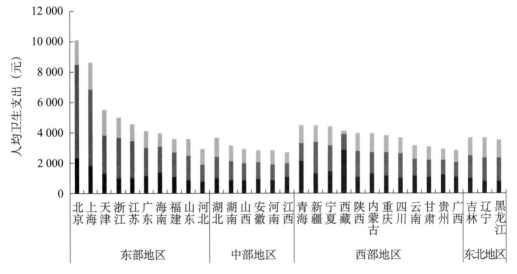

图5－32 我国2017年各地区人均卫生费用

值得一提的是，虽然不同地区之间人均卫生费用水平差距较大，但是明显小于人均GDP之间的差距，如2017年北京的人均GDP是甘肃的4.5倍，而人均卫生总费用相差只有3倍左右，这在一定程度上体现出卫生投入的公平性。

5.4 本章小结

1. 人口老龄化水平高，老龄化趋势发展快，地区差异大。我国人口老龄化水平和趋势存在明显的地区差异。东部地区老年人口规模最大（2018年东部地区65岁及以上人口占全国老年人口的39%），进入老龄化社会的时间最早（2000年前）；东北地区的老龄化水平最高（2018年为13.4%），老龄化速度最快（1990—2018年老龄化水平提高8.7%）；

西部地区的老龄化水平最低（2018 年为 11.5%）。2018 年老龄化水平最高的省份是山东（15.2%），四川、辽宁和上海的老龄化水平并列第二（均为 15%）；老龄化水平最低的省份是西藏（5.7%），其次是新疆（7.2%）和青海（7.6%）。上海最早进入老龄化社会（1990 年前），东部省份除广东外均较早进入老龄化社会，广东因吸纳了大量的外省迁入劳动力延缓了老龄化进程。西部地区进入老龄化社会的时间较晚，2018 年西藏还未进入老龄化社会（5.7%）。从城乡区域看，城镇化进程吸引了大量农民工进城务工，减缓了城镇的老龄化进程，使老龄化呈城乡倒置，2018 年农村的老龄化率超出城镇 3.2 个百分点。重庆（20.9%）、江苏（19.3%）、山东（18.6%）、上海（18.1%）和浙江（17.8%）的农村老龄化率排在前五位。未来，我国人口老龄化水平将超过中等收入和低收入国家，并在 30 年后超过高收入国家。

2. 预期寿命和健康寿命逐年延长，不健康寿命占比增加，女性面临更大老年健康问题。随着社会经济发展水平的提高，我国人口出生预期寿命和 60 岁预期寿命逐步延长。不同年龄段的女性预期寿命始终比男性长；随年龄增长，男女预期寿命的绝对差异递减，但相对差异随年龄递增。由于出生性别比和各年龄段人口死亡率的差异，60～64 岁前分年龄的男性人数多于女性，但 65 岁以后女性老年人数远远超过同年龄的男性，女性面临更大的老年独居和长寿风险。由于我国社会经济发展水平存在较大的地区差异，各省份预期寿命呈现"东高西低"的特征。上海和北京的出生预期寿命最长（2010 年分别为 80.3 岁和 80.2 岁），西藏的最短（2010 年只有 68.17 岁），上海与西藏相差 12 岁；东北沿海省份出生预期寿命普遍在 75 岁以上，西部地区的出生预期寿命大多小于 73 岁；出生预期寿命长的地区，死亡更多地发生在高年龄段，预期寿命短的地区死亡更多地发生在中低年龄段。60 岁预期寿命同样呈现"东高西低"的分布特征，女性 60 岁预期寿命比男性长 2～3 岁。心脑血管疾病对预期寿命损失的影响最大，其次是恶性肿瘤和呼吸系统疾病。随着预期寿命的延长，健康预期寿命逐步延长，但不健康生存期也随之延长；女性健康寿命在总寿命中的占比明显低于男性，表明女性在更长的预期寿命中有更长的相对不健康生存期，面临更严重的老年健康问题。

3. 养老和医疗保障水平存在较大的省区差异和城乡差异。从基本养老保险的保障水平看，城镇职工基本养老保险工资替代率最高的是安徽（82.2%），最低的是四川（42.5%）。城乡居民基本养老保险可支配收入替代率只有上海超过 40%，吉林（9.9%）、福建（9.9%）、江西（9.5%）较低；医疗保险的人均支出逐年上升，城乡和不同省份的人均支出水平差异较大，经济发展水平越高，医疗保障的水平越高。

4. 卫生健康投入持续增长。我国卫生总费用占 GDP 的比重已超过世界卫生组织的标准，2018 年达到 6.6%。在过去几十年里，政府、社会和个人的卫生支出持续增长，2000—2018 年年均增速超过 10%；个人卫生支出占比逐年下降，政府和社会卫生支出占比逐年上升，2018 年政府和社会卫生支出占比达到 71.4%。从人均卫生费用水平看，东部地区最高，中部地区最低，东北地区和西部地区相差不大；分省份看，北京和上海的人均卫生费用最高，江西的最低。一般来说，经济发达地区的政府卫生费用支出占比相对较低，社会卫生支出占比相对较高；城镇的人均卫生费用明显多于农村。

第 6 章
积极应对老龄化能力国际比较

老龄化不仅是中国快速发展之后面临的问题，也是广大发达国家和许多发展中国家面临的重要挑战。我国与主要国家应对老龄化相关指标的比较，有助于理解不同国家和不同发展阶段面临的共同问题和特色问题，对我国积极应对老龄化能力有一个客观的评判，有助于相关政策的制定和实施。

6.1 老龄化问题与全球应对

联合国在其 2019 年出版的《世界人口展望》中将老龄化与人口增长、移居、城市化作为人口问题的四大趋势，对不同国家和地区构成不同的压力，而人口增长和老龄化是相对可以准确测度的指标。从 21 世纪老龄人口的发展趋势看（见表 6-1），以欧美和澳大利亚等为代表的发达国家目前已经有较高比例的老龄人口，在未来会稳步增长至 30% 左右；东南亚、东亚和拉美地区尽管目前起点较低，但增长趋势逐步加快，21 世纪仍会达到老龄人口占比三成的水平；只有非洲地区的高生育率支撑其老龄人口占比不会过快增长，但仍面临老龄人口绝对数量增多的问题。

表 6-1　全球与分地区 65 岁以上老龄人口占比（%）

地区	2019 年	2030 年	2050 年	2100 年
全球	9.1	11.7	15.9	22.6
撒哈拉以南非洲	3.0	3.3	4.8	13.0
北非与西亚	5.7	7.6	12.7	22.4
中亚与南亚	6.0	8.0	13.1	25.7
东亚与东南亚	11.2	15.8	23.7	30.4
拉美与加勒比	8.7	12.0	19.0	31.3
澳大利亚与新西兰	15.9	19.5	22.9	28.6
欧洲与北美	18.0	22.1	26.1	29.3

资料来源：UN. World Population Prospects 2019.

世界卫生组织（WHO，2002）将积极老龄化定义为"健康"、"参与"和"安全"的机会以及生活质量的提升，强调在文化和性别平等的基础上，从经济、社会、健康、医疗、个人、行为等角度理解积极老龄化。这些要素的实现不仅涉及个人的行为和心态，更依赖于整个社会的支持，涉及经济、文化、卫生、环境、技术等各个方面。从国家层面看，在支持和制定积极健康老龄化政策时，应充分考虑已具备的条件、发展的目标，进而全方位考察如何支持和应对老龄化问题，寻找适合不同阶段的老龄化政策。

经济持续较快增长仍是解决发展问题的根本。我国在快速增长阶段过度强调 GDP 增长，将其作为考核地方发展的单一指标，忽视了社会与环境的协调发展，出现了诸多问题，但问题的解决仍需依靠经济发展提供的强大财力，仍需通过改革与发展的红利增加促进社会事业的发展。解决问题的关键在于调整过度关注单一指标的考评体系，从高质量发展角度综合考虑各项事业的协调发展。如何支持积极健康老龄化也可以遵循这一思路，从多个维度考虑和设计。

从发达国家的实践来看，在其长期宏观发展目标中，在继续强调经济、就业、环境、教育、生活质量等传统指标的同时，逐步引入了与健康和老龄化有关的测度。如欧盟 2020 战略将减少贫困与社会排斥人口作为重要目标，其目标群体有相当比例是老龄人口，特别是高龄老人。经济合作与发展组织（OECD）的美好生活指数强调人均预期寿命、生活满意度、人身安全感等内容对美好生活的支持，老龄人口由于社会参与减少，在生活满意度和人身安全感上都是需要重点关注的对象。

我国在经济发展水平提升、步入高质量发展阶段之时，开始特别关注人口老龄化问题和应对策略。2019 年 11 月，中共中央、国务院印发了《国家积极应对人口老龄化中长期规划》，作为国家战略系统阐述了应对人口老龄化的工作任务，具体包括财富储备、劳动力供给、服务与产品供给、科技创新能力、社会环境等五个方面，较为全面地阐述了积极健康老龄化的支持要素，即应对老龄化不仅仅是针对老年人口的服务，更要综合考虑劳动力供给和人口结构变化，通过经济持续发展和财富储备支持，改善并提升健康和卫生条件，营造良好的自然环境和社会环境，通过技术和创新寻找突破口。

为此，在微观层面全面分析和比较积极健康老龄化的各个要素之后，本章从宏观层面讨论积极健康老龄化的支持能力问题，强调从国际视野来理解和观察中国所处的位置，学习和借鉴支持能力强的国家和地区的经验，同时发挥中国传统和文化优势，思考和建立我国支持积极健康老龄化的政策方向和支撑要素。

6.2 国际比较框架

积极健康老龄化支持能力的比较按照图 6-1 所示的逻辑展开，即从人口结构、经济实力、卫生条件、环境支持、技术应用等五个要素展开，从时间和空间上比较中国与世界主要国家和地区的发展水平，从中找出中国的优势和不足，寻找一般规律，讨论应对老龄化的战略方向和落脚点。

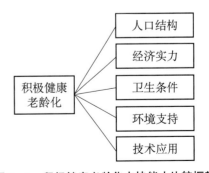

图 6-1 积极健康老龄化支持能力比较框架

从逻辑关系方面来看，人口结构是人口发展的自然特征，需从结构角度关注人口的自然增长，由其带来的劳动力增长能否支持未来发展的需要；进而以老龄化为中心，讨论老龄人口的比例，以及综合考虑非就业年龄段人口的抚养比；最终实现人均预期寿命的延长，特别是健康预期寿命的延长。

经济实力是应对老龄化的经济基础，人口结构变动的一个重要影响方向即是否影响经济发展的能力和动力。GDP 和劳动生产率的持续增长是创造财富的源泉；失业率和居民消费价格指数的控制稳定了劳动岗位和财富；城市生活成本和养老金的充足问题则从发展的角度观察老有所养的成本和能力，特别是在城市化率不断提高和社会保障水平日益提升的中国，更显意义重大。

卫生条件是提供卫生健康设施的能力，虽不完全针对老龄人口，但老龄人口是最重要的受益群体。该要素强调卫生总支出的水平及其中公共支出的水平、医生和护士的负担人口状况，以及卫生设施是否满足社会需求的满意度评价。

环境支持包括自然环境和社会环境。自然环境目前关注二氧化碳和 PM 2.5 的排放问题，前者是生产和生活排放的一个综合指标，也是《联合国气候变化框架公约》的核心关注点，后者是近年来困扰我国大部分地区的新问题。社会环境则强调性别和收入的均等化、对生活质量的感受、适应新挑战的灵活性与适应性，以及更为直接的对老龄化应对能力的评估。

技术应用强调创新和新技术的应用能力，虽不完全针对老龄人口，但其应用水平的提升为解决老龄化问题、提升老龄产品和服务能力提供了高效率的应用平台。具体关注通信技术、信息与数字技术、互联网使用，以及技术发展资金是否充足。

6.3 人口结构

合理的人口结构将使得不同年龄段人口有一个恰当的比例，未来、现在和过去的劳动力有一个合理的分配，能够随时间推移支持不同年龄段的人口顺次参与生产和创造财富，并享受生产和发展带来的福利提升，进而能够给老龄人口以好的保障，又有充足的劳动力支撑未来生产和发展的需要，并以延长预期寿命，特别是健康预期寿命为最终目标。人口结构要素的比较包括六个指标，分别是人口自然增长率、劳动力增长率、老龄人口占比、社会抚养比、人均预期寿命和健康预期寿命。

6.3.1 人口自然增长率

我国人口自然增长率在 1970 年前后保持在 2.5% 以上的高水平，随后快速下降，在经过 1987 年和 1988 年 1.6% 的小高峰后逐年回落；在全面放开二孩政策之后的 2017 年曾从 0.5% 回升至 0.56%，但 2018 年又明显回落至 0.46%。目前已十分接近并多年低于美国的水平，经济发展的态势和生活环境在一定程度上决定了这一水平可能会长期保持。从全球范围看（见图 6-2），人口自然增长率回落是大趋势，从 20 世纪 60 年代的 2% 左右逐渐回落到目前的 1% 左右；发达国家同期则从 1% 左右回落至 0.5% 以下；部分移民国家如加拿大仍保持 1% 左右的自然增长率水平。转型国家面临人口外移和出生率不足的多重影响，多处于极低增长状态，人口增长压力很大；俄罗斯则已连续多年呈负增长，虽然近些年来略有改善，但前景仍不容乐观。

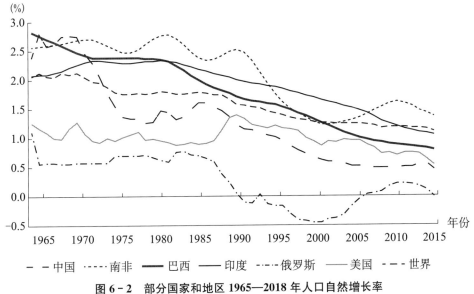

图 6-2 部分国家和地区 1965—2018 年人口自然增长率

资料来源：World Bank. data. worldbank. org.

6.3.2 劳动力增长率

劳动力增长是在人口自然增长的基础上排除非劳动年龄的儿童和老龄人口，测算潜在可参与生产和创造财富年龄段人口的增长情况。瑞士国际管理发展学院（International Institute for Management Development，IMD）《国际竞争力年鉴》公布的数据显示，我国已连续两年呈负增长状态，从 2017 年的 -0.17% 略微好转为 2018 年的 -0.04%，但劳动力增长的压力很大。考虑到我国人口基数大，不存在大规模移民出入，零增长水平左右的劳动力变化仍将持续，对经济保持较快增长带来很大压力。其他国家有三种类型：第一类是人口自然增长率低，但由于移民等仍能保持劳动力增长的国家，多为发达国家，如加拿大、澳大利亚、芬兰、英国和美国等，这些国家 2018 年的劳动力增长率分别是 0.76%、1.55%、1.27%、0.86% 和 1.09%；第二类是自然增长率低，但由于地缘关系仍存在大量移出人口的国家，多为东欧地区，如波兰即为典型代表，其 2018 年的劳动力减少了0.71%；第三类则为仍保持较高出生率的地区，如南非、墨西哥等，这两个国家的劳动力增长率保持了 2.80% 和 2.43% 的高增长水平。长期来看，提高出生率、改善劳动力结构是我国经济发展和支持老龄化进程的关键。

6.3.3 老龄人口占比

老龄人口占比是人口老龄化的核心指示性指标，目前一般以 65 岁为界限，考察 65 岁及以上人口的比例，这一界限接近多数发达国家的退休年龄。图 6 - 3 显示，以法国为代表的西欧多数国家老龄人口占比均在 20％左右。美国和澳大利亚保持非常相似的走势，已超过 15％。中国 1995 年以来老龄化趋势增长明显，目前接近 12％的水平，明显高于"金砖国家"其他四个人口大国。南非和印度仍能称为"年轻国家"，老龄人口占比略高于 5％。

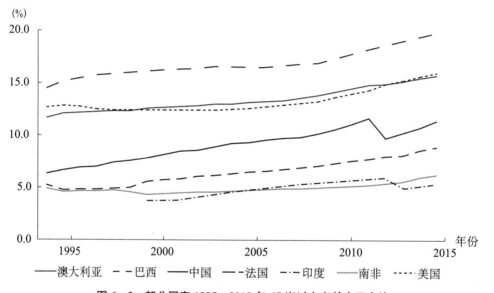

图 6 - 3 部分国家 1995—2018 年 65 岁以上老龄人口占比

注：老龄人口占比一般发展比较稳定，中国与南非的数据在 2015 年的波动表明应该有统计标准或口径的调整。

资料来源：IMD. World Competitiveness Yearbook 2019.

6.3.4 社会抚养比

社会抚养比是被抚养人口占经济活动人口的比重，综合考虑 15 岁以下儿童和 65 岁以上老人占经济活动人口的比重，即无法创造财富人口占可创造财富人口的比重。综合 IMD 公布的全球 60 多个主要经济体的简单平均来看，2018 年的社会抚养比为 50.2％，但各国又有差异。日本作为人口出生率低的代表，老龄人口占比接近 30％，其社会抚养比已接近 70％。其他社会抚养比较高的国家有两类，一类是以法国、芬兰、英国为代表的发达国家，老龄人口端占比较高；另一类是以印度、墨西哥、南非为代表的高出生率国家，儿童人口端占比较高。我国 2018 年社会抚养比为 40.5％，属于负担相对较轻的国家，与韩国的 37.2％和巴西的 43.3％接近。阿联酋和卡塔尔则属于近年来快速发展，外来移民劳动力比例很高，社会抚养比较低的国家，是资源支撑且规模不大经济体的少数个案。

6.3.5　人均预期寿命

人口预期寿命是综合发展的代表性指标，联合国人类发展指数就将其作为衡量人类发展的三个方向之一。人类预期寿命的延长是近半个世纪以来人类发展的重要标志，我国人均预期寿命从 1960 年的 43.7 岁延长到 2018 年的 76.7 岁。与此同时，全球的人均预期寿命也从 52.6 岁延长到 72.6 岁。横向比较来看（见表 6－2），除少数不发达地区外，多数国家和地区的人均预期寿命已超过 70 岁，其中日本达 84.2 岁；主要发达国家都在 80 岁以上。在退休年龄相对稳定的背景下，人均预期寿命的延长是推动老龄化社会转型的重要因素。

表 6－2　部分国家 2018 年人均预期寿命　　　　　　　　　　　单位：岁

国别	人均预期寿命	健康预期寿命	国别	人均预期寿命	健康预期寿命
日本	84.2	74.9	中国	76.7	68.8
西班牙	83.3	74.6	阿根廷	76.5	68.3
意大利	82.9	74.0	泰国	76.9	67.1
法国	82.5	73.4	巴西	75.7	66.8
加拿大	81.9	73.0	俄罗斯	72.7	64.1
澳大利亚	82.7	72.9	印度尼西亚	71.5	61.9
韩国	82.6	72.8	蒙古国	69.7	61.8
英国	81.4	71.9	印度	69.4	59.5
德国	81.0	71.9	墨西哥	75.0	56.1
美国	78.5	69.0	南非	63.9	56.1

资料来源：World Bank. data. worldbank. org；IMD. World Competitiveness Yearbook 2019.

6.3.6　健康预期寿命

健康预期寿命是在人口预期寿命的基础上综合考虑影响寿命的各类因素，通过统计方法测算的人口平均健康生存年限。这是在生存前提下提出的更高质量生存的概念，即健康老龄化的核心内涵。据测算，2018 年我国健康预期寿命为 68.8 岁，在主要经济体中处于中等水平。发达经济体健康预期寿命普遍较长，除美国为 69 岁外，多为 72 岁左右（见表 6－2）。印度和印度尼西亚两个人口大国健康预期寿命则相对较短，在 60 岁左右。南非作为非洲综合实力最强的国家，其人口健康预期寿命为 56.1 岁。

6.4　经济实力

经济实力是支持积极健康老龄化的经济基础，经济的持续增长和效率的提升伴随有度的价格水平，将保持财富的不断扩大以及财富贬值速度的降低。财富支持是解决老龄化诸多问题的费用来源，财富贬值可控则有助于退休收入有限背景下老龄人口购买力的持续性。本节开始引入 IMD 的主观调查指标，其调查对象为企业管理层和专业人士，其判断有助于理解相关问题的软评价和软实力。经济实力要素比较六个指标，依次是 GDP 增长速度、劳动生产率、失业率、居民消费价格指数、城市生活成本和养老金是否充足，最后一个是软评价指标。

6.4.1 GDP 增长速度

国内生产总值的持续稳定增长带来财富水平的提升，政府、家庭和个人在应对老龄化问题时有更多可支配的资源，有助于积极健康老龄化的社会发展。我国经济增长保持平均10个百分点以上达 30 年之久，经济实力明显增强，但受到经济结构和增长基数扩大问题的影响，自 2015 年以来保持在 6%～7% 的水平，不过仍属于全球增长最快的国家。近些年来印度经济增长水平快速提升，增长的稳定性也明显改善，近五年来基本与我国持平，甚至超过我国。两个人口大国经济稳定增长对于全球增长和应对老龄化有重要贡献。其他主要经济体经济增长的稳定性明显较差，且均受到 1997 年和 2008 年两次金融危机的影响，2016 年也有明显的回落，多处于 2%～3% 的区间。美国作为最大经济体，其经济增长相对稳定，除 2008 年受到较大影响外，近年来经济和金融发展速度明显提升，显示了其强大的动力和韧性（见图 6 - 4）。

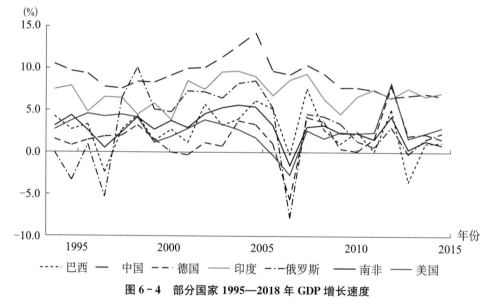

图 6 - 4　部分国家 1995—2018 年 GDP 增长速度

资料来源：IMD. World Competitiveness Yearbook 2019.

6.4.2 劳动生产率

测度劳动生产率的方法有多种，这里采用 IMF 方法测算的劳动者人均每小时创造的增加值，用购买力平价衡量。从图 6 - 5 的比较来看，尽管中国已经是世界第二大经济体，按照可比价格计算已经是第一大经济体，但劳动者创造价值的效率还非常低，略高于 15 美元每小时，比泰国略低，高于印度尼西亚的 13.9 美元和印度的 8.8 美元。发达国家劳动者每小时单位价值创造普遍在 50 美元之上，美国、德国、法国都在 65 美元之上。日本和韩国由于劳动力人口基数相对较大，单位劳动力的增加值创造水平低于欧美国家。转型国家和拉美大国，如俄罗斯、阿根廷、南非则在 20 美元之上。综合来看，一方面我国生产效率还有很大的提升空间，这将有效应对劳动力增长缓慢和老龄化人口结构压力；另一方面我国以生产率衡量的经济水平仍处于一般发展中国家水平，与发达国家和中等收入国家还有较大差距。

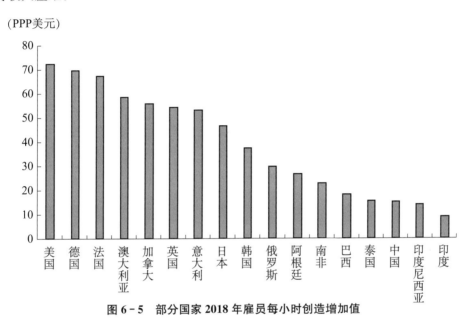

图 6-5　部分国家 2018 年雇员每小时创造增加值

资料来源：IMD. World Competitiveness Yearbook 2019.

6.4.3　失业率

失业率是从反向理解经济增长水平与潜力的指标。一方面，低失业率是经济可持续发展的表现；另一方面，无论从提高退休年龄还是老龄人口就业和经济活动参与来看，低失业率都是前提条件。IMD 的数据显示，2018 年中国的登记失业率为 3.8%，保持在相对较低的水平，与日本 2.4% 和韩国 3.9% 的调查失业率水平较为接近，同属失业率水平较低的国家。发达国家的失业率有所分化，一方面是德国、美国、英国等发展态势较好的国家，调查失业率分别为 3.4%、3.9% 和 4.0%，能够保持在 4% 左右的失业率，基本达到充分就业状态；另一方面，法国、意大利、西班牙等南部欧洲国家保持较高的失业率，如法国达到 9.1% 的水平，印证了其 2018 年爆发"黄马甲运动"的经济背景，意大利和西班牙则分别处于 10.6% 和 15.3% 的高失业状态。巴西和阿根廷等中等收入国家由于无法找到经济持续发展的产业和契机，失业率保持在 14.1% 和 9.2% 的高水平，也为社会发展带来长期潜在问题。

6.4.4　居民消费价格指数

居民消费价格指数是衡量通货膨胀的重要指标之一，是从消费层面考察货币贬值的速度。近年来我国通货膨胀水平在 2% 左右，属于平稳的低通胀时期，但仍需注意两个大背景。一是全球虽然经历 2008 年经济危机的余波，以及面临 2020 年新冠肺炎疫情带来的新一轮货币宽松，但目前全球主要经济体多处于低通胀时期，如美国、英国和欧元区的通胀水平在 2% 左右（见表 6-3）。二是相对于周边国家，我国的通胀水平略高，如日本已多年保持 0 左右的通胀水平，韩国则多年处于 1% 的水平，外向型很强的新加坡和泰国也能够保持很低的通胀水平。从时间维度看，我国曾在 20 世纪 90 年代初经历了 2 位数的高通胀，在 2008 年前后也有较高的通胀水平，这对于财富的保有是巨大的挑战，特别是对于老龄人口的财富保有具有极大的挑战，仍是我国经济和货币政策需要特别关注的方面。

表 6-3　部分国家 2018 年价格和生活成本比较

国别	居民消费价格指数（%）	城市生活成本（美国＝100）	国别	居民消费价格指数（%）	城市生活成本（美国＝100）
西班牙	1.68	81.3	南非	4.62	61.3
德国	1.93	82.7	墨西哥	4.90	65.3
法国	2.10	88.5	马来西亚	0.97	68.5
意大利	1.24	88.7	菲律宾	5.21	69.7
澳大利亚	1.98	89.2	印度尼西亚	3.20	71.9
英国	2.48	94.2	巴西	3.67	82.4
美国	2.44	100.0	泰国	1.06	83.6
韩国	1.48	109.4	俄罗斯	2.88	96.2
瑞士	0.93	111.6	中国	2.10	108.6
日本	0.98	114.7	新加坡	0.44	110.1

资料来源：IMD. World Competitiveness Yearbook 2019.

6.4.5　城市生活成本

城市化是我国未来发展的重要目标，城市人口老龄化必然是老龄化面临的重要课题，城市生活费用与该群体关系密切。IMD 调查了全球主要国家的城市生活费用，并以美国为标杆进行比较（见表 6-3）。我国主要城市生活费用已经明显超过美国，达到 108.6 的水平，与新加坡、瑞士这些小型发达经济体的水平基本相当；不仅高于德国与法国等传统发达国家 85 左右的成本指数，而且比同等发展水平国家高出很多，如巴西为 82.4，印度尼西亚为 71.9，菲律宾和马来西亚不足 70，墨西哥和南非在 60 以上，有明显的城市生活高成本特点。较高的生活成本不仅给城市老人的生活带来负面影响，对新型城镇化和经济可持续发展也有重要影响。

6.4.6　养老金是否充足

养老金是否充足是 IMD 针对调查对象的提问[①]，由于被调查者多为管理者或专业技术

---

① IMD 针对个人的调查按照 7 级打分系统进行打分，而后将每个国家或地区的被调查者打分平均，折算为以 10 分为满分的最终指标得分。

人员，故通过养老金缴纳、保有或发放水平来评估一国或地区养老金的充足性。相对于挪威 7.64 分的最高分，以及丹麦、荷兰、冰岛等北欧国家 7 分以上的得分，我国 4.75 的得分处于中等偏上水平，与英国（4.46 分）、法国（4.17 分）和德国（5.10 分）等发达国家处于同一水平。印度和南非得分略高于 4 分，与中国有明显差距；巴西、阿根廷等国家由于经济长期不景气、社会福利下降，其养老金评价的得分都不足 1.5 分，是得分最低的两个主要经济体。

6.5　卫生条件

卫生条件在基础设施层面支持积极健康老龄化，从资金投入、医护人员投入、主观感受角度进行比较，选择了五个具体指标，分别是：卫生支出占 GDP 比重、卫生支出中公共支出占比、医生人均负担人口数、护士人均负担人口数，以及卫生基础设施是否满足社会需求。虽然卫生设施并非专门为老龄人口服务，但是老年人是其重要服务群体，或者反向来看，该类基础设施对于老龄人口意义更大。

6.5.1　卫生支出占 GDP 比重

卫生支出占 GDP 的比重体现了医疗卫生和健康相关支出相对于经济增长的比例。从主要国家的比较来看（见表 6-4），发达国家相关支出多数占 GDP 的 10% 以上，以拉美为代表的中等收入国家相关支出在 9%～10% 的水平。亚洲国家相对较低，除日本为 10.9% 外，多数与中国发展水平相当的国家为 3%～5%，如泰国为 3.7%，马来西亚为 3.9% 等。中国 5.2% 的支出水平与俄罗斯、墨西哥相当。美国支出占比高达 GDP 的 17.1%，一方面体现其高度发达的医疗卫生设施和服务，另一方面也与其费用高昂有关，尽管有 GDP 作为分母平衡，仍有突出的高费用和高占比。卫生支出不仅是发展水平的体现，也体现了人们的卫生健康观念和相关产品与服务的消费习惯。中国的公共卫生体系保证了产品与服务的合理价格，但产品和服务的丰富程度和参与程度仍有很大的提升空间。

表 6-4　部分国家 2017 年卫生支出占比（%）

国别	GDP 占比	公共支出比例	国别	GDP 占比	公共支出比例
挪威	10.4	85.5	泰国	3.7	76.1
日本	10.9	84.1	阿根廷	9.1	72.4
瑞典	11.0	83.7	俄罗斯	5.3	57.1
英国	9.6	79.4	中国	5.2	56.7
德国	11.2	77.7	南非	8.1	53.7
法国	11.3	77.1	墨西哥	5.5	51.5
加拿大	10.6	73.7	马来西亚	3.9	50.6
澳大利亚	9.2	68.9	印度尼西亚	3.0	48.4
美国	17.1	50.2	巴西	9.5	41.9
瑞士	12.3	30.5	印度	3.5	27.1

资料来源：WHO. https://www.who.int/healthinfo/statistics.

6.5.2　卫生支出中公共支出占比

卫生支出是公共服务的重要保障内容，体现了政府在居民健康和卫生保障上的责任和能力。一般来看，发达国家在卫生支出中具有较高的公共支出占比，但不同国情下也有差异（见表6-4）。如相对于北欧、日本80%以上的卫生支出由公共支出提供，英国、法国、德国和加拿大的占比在75%左右，美国只有50.2%，瑞士则仅有30.5%。中国的卫生公共支出占比为56.7%，在同等发展水平国家中处于领先地位，比马来西亚、印度尼西亚、巴西明显高出很多，但与泰国76.1%和阿根廷72.4%的水平有明显差距。卫生支出的公共支出占比是谁来买单的问题，中国的国情和欧洲、日韩更为相似，即资源有限但人口众多，卫生健康产品还未成长为一个昂贵的产业，公共服务可以有更高的参与度和更多的主导权。

6.5.3　医生人均负担人口数

医生人均负担人口数体现的是健康保障和医事处置能力。2016年的数据显示（见表6-5），我国每位医生人均负担人口数为433人，与韩国、日本和墨西哥水平相当，与美国的387人、加拿大的392人差别不大，处于中等水平。医生资源相对于人口数最为充足的是挪威（227人）、德国（241人）、俄罗斯（257人）等。主要西方发达国家均处于医生较为充足的水平，医生人均负担人口数多在200~350人的水平。同为拉美国家，巴西和阿根廷的水平差异较大，前者负担人数是后者的两倍左右。我国周边国家该项负担能力均较弱，如印度医生人均负担人口数为1 306人，泰国为2 027人，印度尼西亚为4 219人等。作为发展中人口大国，我国在医生充足水平上已取得较好的成就，但在医疗资源分配和使用上仍不平衡。

表6-5　部分国家2016年医护人员负担居民数　　　　　单位：人

国别	医生	护士	国别	医生	护士
挪威	227	58	阿根廷	264	236
德国	241	75	巴西	531	574
澳大利亚	284	86	俄罗斯	257	114
法国	319	94	菲律宾	764	117
英国	357	120	马来西亚	671	249
美国	387	86	墨西哥	424	359
加拿大	392	101	南非	1 244	195
日本	411	89	泰国	2 027	413
韩国	436	147	印度	1 306	472
瑞士	234	55	印度尼西亚	4 219	578
新加坡	432	138	中国	433	394

资料来源：IMD. World Competitiveness Yearbook 2019.

6.5.4　护士人均负担人口数

护士人均负担人口数体现的是健康照顾和看护能力。相对于医生的负担人数，护士负担人数普遍较少，如挪威护士人均负担 58 人，德国为 75 人，美国为 86 人，日本为 89 人，俄罗斯为 114 人（见表 6-5）。负担水平较低的还包括韩国、南非、阿根廷等国，多在 140～240 人。我国护士人均负担水平为 394 人，相对医生负担水平来看优势明显减弱，与周边国家相比处于中等水平，如菲律宾为 117 人，马来西亚为 249 人，泰国为 413 人，印度为 472 人。相对而言，我国护士更为紧缺，人均负担水平较高，在看护能力上存在老龄化支持的劣势。

6.5.5　卫生基础设施是否满足社会需求

卫生基础设施是否满足社会需求体现了被调查者的主观感受。从全球主要国家比较来看，IMD 评估得分最高的是瑞士（8.9 分），欧盟主要发达国家得分多在 8 分以上，如法国和德国分别为 8.4 分和 8.2 分；其次是澳大利亚、加拿大、日本等发达国家，得分多在 7 分以上。我国的该项得分为 5.9 分，落后于马来西亚的 7.4 分和泰国的 6.5 分，但比其他金砖国家成员有明显优势，如俄罗斯、印度、南非、巴西的得分分别为 3.6 分、4.6 分、3.1 分和 2.1 分。美国的发达医疗体系并未带来当地被调查者对该项评估的高度认可，平均得分仅 5.4 分，与邻国加拿大的 7.3 分有明显差距，也不如我国被调查者的认可水平。可见发达而昂贵的医疗卫生体系在满足社会需求方面仍有可能存在结构性问题，无法很好地满足社会需求。

6.6　环境支持

环境支持考察自然环境和社会环境两个维度，自然环境以单位 GDP 二氧化碳排放强度为代表，同时给出主要城市 PM2.5 的暴露强度为参考。社会环境对于积极健康老龄化支持是更为重要的一部分，在前文对积极健康老龄化的微观测度中，针对社会环境的考评指标较多，较为强调老龄人口的参与、融入等问题；宏观层面仍有此类问题，即老龄人口能否有一个平等的融入环境，是否有一个适应性强的文化，居民对老龄化的态度是否正面，当然生活质量提高也是支持老龄化的重要物质基础。本节除分析自然环境的两个指标外，还分析了性别平等指数、基尼系数、生活质量评价、居民应对新挑战的灵活性与适应性、老龄化是否构成发展风险等五个指标。

6.6.1　单位 GDP 二氧化碳排放强度

碳排放是经济发展带来环境代价的代表性指标，也是联合国气候变化谈判的核心指标。我国经济发展起步晚，碳排放强度较大，2016 年每创造 100 万美元 GDP 的二氧化碳排放量为 809 立方米，处于全球较高水平（见图 6-6）。发达国家的碳排放相对较少，瑞士相应经济产出的二氧化碳排放量仅为 56.5 立方米，法国和英国在 120 立方米左右，日本在 230 立方米左右，美国为 258 立方米。转型国家和发展中国家相对排放较多，但水平差异较大，如巴西相应产出的二氧化碳排放量为 232 立方米，智利和阿根廷为 341 立方米，泰国为 594 立方米，俄罗斯和南非则超过 1 000 立方米。碳排放水平的改善标志着单位经济产出的环境代价较小，是未来应当关注的指标。

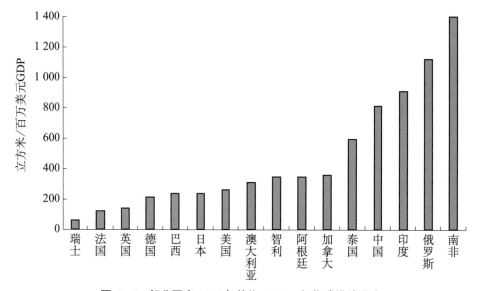

图 6-6　部分国家 2016 年单位 GDP 二氧化碳排放强度

资料来源：IMD. World Competitiveness Yearbook 2019.

6.6.2　PM2.5 暴露强度

近年来我国城市受到雾霾天气影响较大，发达国家城市也有类似问题，只是严重程度较小，这促使 PM2.5 成为环境监测的重点对象。从 IMD 给出的全球比较数据来看，加拿大、新西兰等地广人稀国家的暴露强度较小，每立方米空气中仅有 6 微克，英、法、德等发达国家在 12 微克左右，中等收入和转型国家在 15 微克左右。新加坡是城市国，人口密度高，暴露强度较大，但也仅为 20 微克。我国 2016 年的 PM2.5 暴露强度为每立方米 53 微克，属于较高的水平，只有印度和卡塔尔以 88 微克的水平超出我国。持续改善环境是提升健康水平的重要保障，特别是要改善老龄人口呼吸系统健康，可吸入颗粒物的排放应当得到严格控制。

6.6.3　性别平等指数

联合国开发计划署设计了一套评价性别平等的指数，数值越小则表明性别平等水平越高。2018 年的结果显示，发达国家性别平等水平普遍较高，如平等水平最高的瑞士的指数仅为 0.037，挪威等北欧国家多处于 0.04～0.05 的水平，其他发达国家多处于 0.05～

0.15 的水平,如新加坡为 0.065,日本为 0.099,但美国的指数水平为 0.182,相对平等性较差。中国的性别平等处于较高水平,指数为 0.163,这与我国自 20 世纪 50 年代以来推动男女同工同酬、平等接受教育有关,也与我国较高的女性劳动参与率有关。印度、南非、巴西等发展中国家处于性别平等水平最差的行列,指数在 0.4~0.5,如印度为0.501、南非为 0.422、巴西为 0.386 等。考虑到女性平均预期寿命一般比男性长,性别平等将为积极健康老龄化提供重要支持。

6.6.4 基尼系数

基尼系数是反映收入差距的常用指标,较高的基尼系数表明收入差距较大。从世界银行公布的最新数据①来看,全球 60 多个主要经济体基尼系数的简单算术平均数为 35.6%。北欧发达国家收入差距较小,基尼系数多在 27% 左右,如挪威为 27.0%,芬兰为 27.4%,瑞典为 28.8% 等;德国、法国、瑞士则处于 31%~32% 的低差距水平;但美国收入差距较大,基尼系数达到 41% 以上。转型国家和中等收入国家一般有较大的基尼系数,如巴西为 53.3%,阿根廷为 41.2%。世界银行公布的我国基尼系数为 38.5%,属于中等偏高水平;但国家统计局根据可支配收入测算的基尼系数近 10 年来都在 46% 以上,显示我国的收入差距很大,而老龄人口在收入分配中处于劣势。这与我国在人口众多、资源有限的国情下推动共享发展和高质量发展的政策方向相冲突,未来在收入分配和再分配政策上应进一步促进均等化,多参照欧盟和日本的政策与做法,减少对美国经验的参考。

6.6.5 生活质量评价

生活质量评价是调查指标,即从被调查者的主观感受来评价所生活国家或地区的生活质量,它以经济发展为基础,但也会受到所在国文化、个人主观感受等因素的综合影响。IMD 在 2019 年初的调查结果显示瑞士人对自己的生活质量评价最高,达到 9.7 分(见表6-6)。评价得分在 9 分以上的国家主要是北欧国家,其他发达国家的评分普遍较高,多在 7 分以上。我国的生活质量评价得分为 6.3 分,略低于马来西亚、智利和泰国,但优于韩国、菲律宾等周边国家。巴西和阿根廷的得分分别为 4.0 分和 4.9 分,两国在达到中等收入水平后难以持续增长的影响下,生活质量感受受到明显影响。

表 6-6 部分国家 2019 年对居民生活质量和灵活适应性的评价得分

国别	生活质量	适应性	国别	生活质量	适应性
瑞士	9.7	6.6	马来西亚	6.9	7.0
冰岛	9.2	8.2	智利	6.6	5.6
澳大利亚	9.1	7.0	泰国	6.4	6.5
爱尔兰	8.7	8.7	中国	6.3	7.2
加拿大	8.3	6.9	菲律宾	5.0	7.6

---

① 由于不同国家测算周期不同,这里的最新数据多数为 2017 年的数据,少数国家为 2018 年或 2016 年的数据。

续表

国别	生活质量	适应性	国别	生活质量	适应性
法国	8.1	4.0	南非	5.0	5.7
美国	7.9	7.2	印度	5.0	7.1
日本	7.7	5.2	阿根廷	4.9	6.8
英国	7.4	6.2	巴西	4.0	6.5
韩国	5.4	6.3	俄罗斯	3.6	6.2

资料来源：IMD. World Competitiveness Yearbook 2019.

6.6.6　居民应对新挑战的灵活性与适应性

该项指标为调查指标，与该国或地区的人文素养和传统文化有密切关系。从 IMD 的调查结果来看（见表 6-6），爱尔兰以 8.7 分居第一位，这与其历史和文化传统密不可分，其他得分在 8 分以上的国家只有冰岛。发达国家的调查结果出现两极分化现象，如美国得分为 7.2 分，加拿大 6.9 分，英国 6.2 分，而法国只有 4 分，是得分最低的国家，可见历史传统和文化对居民适应性有重要影响。我国得分为 7.2 分，属于适应性较强的国家，这对于解决人口老龄化带来的一系列问题具有积极的现实意义。

6.6.7　老龄化是否构成发展风险

IMD 的《世界竞争力年鉴》中有一项专门针对老龄化带来的发展风险的调查问题，用于了解被调查者对老龄化和发展之间关系的看法。2018 年的调查结果显示，由于老龄化压力较小，阿联酋、印度、菲律宾、南非等国获得了较高的得分，是为数不多得分超过 7 分的国家。发达国家也有不同的观点分化，如加拿大、法国的得分都在 5 分以上，表明老龄化被视为发展风险的危机感较弱；英国、德国、日本和韩国则属于老龄化危机意识较强的国家，得分都在 4 分以下，其中日本、韩国分别为 2.4 分和 2.2 分。我国得分为 3.1 分，属于危机感最强的国家之一，可见管理者和专业技术人员对老龄化问题的认识还是以危机感为主，这有利于政策朝协调老龄化和持续发展关系方向倾斜，也提示我们应充分重视老龄化对发展的潜在负面影响。

6.7　技术应用

技术应用能力选择了与信息、通信和数字技术相关的四个指标，多为调查指标，包括通信技术能否满足发展需求、信息技术是否充足可用、技术发展资金是否充足，以及千人互联网用户数。这些指标虽然并非专门针对老龄化问题发挥作用，但在信息技术飞速发展、数字技术快速应用的背景下，对于应用新技术支持积极健康老龄化发展具有重要意义。从我国的发展实践来看，一方面是数字和信息技术的快速应用，如网络购物和移动支付的快速发展、应对疫情的个人定位与信息跟踪应用的快速普及；另一方面也存在部分地区和老龄人口对于新技术不适应和无法应用的问题。从长期发展来看，移动和数字技术将为支持积极健康老龄化相关产品和服务发挥重要作用。

6.7.1　通信技术能否满足发展需求

IMD 的调查结果显示，该指标的得分普遍较高，即在应用较长时间的通信技术上，各国平均分为 7.7 分，表明被调查者都有比较强的信心，认为该类技术能够支持本国发展需求。从具体得分看，芬兰以 9.68 分获得最高评价。此外，得分在 9 分以上的国家还有新加坡、荷兰、瑞典、瑞士等国。中国得分为 8.62 分，与发达国家水平不相上下。印度、俄罗斯等国的得分也在 7.5 分以上，表明对通信技术支持发展有较强的信心。多数国家在该项指标的得分在 5 分以上。详见表 6-7。

表 6-7　部分国家 2019 年信息通信技术及资金能力评价得分

国家	通信技术	信息技术	技术资金
美国	8.60	8.04	8.00
芬兰	9.68	8.71	7.64
法国	8.67	7.10	7.31
加拿大	7.84	7.66	6.94
英国	7.86	7.09	6.85
中国	8.62	7.85	6.48
泰国	8.12	6.16	6.24
日本	7.80	4.99	6.17
德国	6.58	5.64	6.12
印度	7.61	7.50	6.11
澳大利亚	6.59	6.50	6.04
南非	6.48	5.93	4.74
俄罗斯	7.57	6.51	4.59
巴西	5.34	4.91	3.64
阿根廷	5.36	5.97	3.63

资料来源：IMD. World Competitiveness Yearbook 2019.

6.7.2　信息技术是否充足可用

从技术角度看，信息技术是否充足可用的评估得分略低于第一个指标，各国平均水平为 6.9 分。如表 6-7 所示，该项指标芬兰仍然领先全球，得分为 8.71 分；中国得分为 7.85 分，处于中上水平。发达国家的得分再次出现分化，如德国和日本的得分相对较低，不足 6 分，美国和部分北欧国家得分在 8 分以上，表明不同制度和环境下，被调查者对信息技术的认识和紧迫感有不同的评价。中国的评价和实际发展水平较为一致，从实践来看中国的信息技术应用较为充分和快速，有利于信息化支持老龄化社会发展。

6.7.3　技术发展资金是否充足

技术发展资金是支持技术创新与技术应用的重要投资资源，对于技术发展与应用至关重要。各国的评价得分的平均值只有 5.88 分，表明各国对于资金需求的渴望较强。新加坡和美国分别为 8.05 分和 8 分，是仅有的两个超过 8 分的国家，新加坡作为金融中心和城市国家，美国作为美元发行者，二者对于资金有充分的调用能力。以色列紧随其后，排在第三位，另有法国、瑞士等发达国家得分在 7 分以上。如表 6‑7 所示，我国该项指标得分为 6.48 分，处于中等偏上水平，这与近年来我国研发投入快速增长、研发投入水平的 GDP 占比与欧盟持平有重要关系。从技术评价和资金评价上看，我国在技术引领发展方面占有一定优势，未来需要更加注意技术应用的均等化和包容性，关注老龄人口对信息通信技术的适应能力和应用能力，使技术的发展惠及这一重要人口群体。

6.7.4　千人互联网用户数

互联网是信息技术和数字技术的重要载体，作为一种信息技术产品在 21 世纪以来快速进入办公场所和家庭。以按人口平均的互联网用户密度来看，新加坡达到 905 户，美国为 896 户，多数发达国家达到每千人互联网用户数在 800 户以上的水平；多数转型国家达到每千人 650 户以上的水平。我国人口基数大，互联网应用在城乡和区域间有较大差异，平均千人用户数仅为 504 户，处于中等偏下水平。重视偏远落后地区的网络应用，重视弱势群体的网络应用，重视老龄人口网络服务的覆盖是支持积极健康老龄化的重要方向。

6.8　中国的优势与劣势

根据上述各类支持能力的指标和数据及中国的相对表现，可总结出中国在支持积极健康老龄化能力上的优势和劣势。优势能力表现在有的指标已经具有较高水平，短期内可以有效支持积极健康老龄化的社会转型与建设；劣势能力表现在有的指标与我国经济总量并不相称，与发达国家或周边相同发展阶段国家相比还有较大差距。

从优势能力来看（见表 6‑8），由于人口基数大，尽管面临出生率不足和老龄人口比例快速提高的局面，我国的社会抚养比仍处于相对不高的水平，为老龄化社会转型争取了时间。经济增长仍将是解决包括积极健康老龄化建设在内的诸多发展问题的基础，我国虽然增速放缓，但仍是全球增长最快的经济体之一，为构建良好的经济和财富基础提供了保障。新中国成立以来的社会建设，特别是在性别平等上的有效工作，使得我国实现并保持了较高水平的性别平等，有利于支持积极健康老龄化。由于文化传统的影响，加上改革开放以来快速的变革与发展，人们对新挑战的灵活适应能力较强，有助于解决老龄化转型的诸多问题。我国以华为为代表的信息与通信技术企业的快速发展，不仅使得我国在信息技术和互联网的部分领域占据先机，而且增强了发展信心，有利于提高面向老龄化社会的产品和服务提供能力。

表 6-8　中国支持积极健康老龄化的优势能力

指标名	年份	中国	美国	德国	俄罗斯	巴西	印度
社会抚养比（%）	2018	40.50	52.90	53.50	47.00	43.30	50.50
GDP 增长速度（%）	2018	6.60	2.90	1.50	2.30	1.10	7.00
性别平等指数	2018	0.16	0.18	0.08	0.26	0.39	0.50
居民应对新挑战的灵活性与适应性	2019	7.16	7.23	5.43	6.16	6.47	7.14
通信技术能否满足发展需求	2019	8.62	8.60	6.58	7.57	5.34	7.61

相对而言，我国支持积极健康老龄化的劣势也十分明显（见表 6-9）。虽然劳动力数量庞大，但劳动力的增长率已经开始出现负值，为经济可持续发展埋下隐患。虽然经济增长较快，但劳动者单位时间创造的价值还非常低，提高劳动效率是弥补劳动力不足、提高经济发展质量的必由之路。近年来我国卫生健康事业投入增长迅速，但其占 GDP 的比重仍相对较小，有待进一步发展，以提升健康和卫生产品与服务水平。我国虽然刚刚进入中等收入国家行列，但主要城市的生活成本高昂，加上城镇化的发展，未来老龄人口面临较高的潜在生活成本，这一问题值得关注。经济发展不能以环境为代价，我国已充分认识到这一点，积极参与《联合国气候变化框架公约》谈判，履行减排义务，但长期积累的低效率能源利用和高耗能发展习惯使得我国的碳排放水平仍很高，我国环境状况的改善仍需较长时间，这给积极健康老龄化社会的建设带来了压力。

表 6-9　中国支持积极健康老龄化的劣势能力

指标名	年份	中国	美国	德国	俄罗斯	巴西	印度
劳动力增长率（%）	2018	-0.04	1.09	0.23	0.11	0.93	1.82
劳动生产率（PPP 美元）	2018	15.11	72.23	69.52	29.50	18.18	8.75
卫生支出占 GDP 比重（%）	2017	5.20	17.10	11.20	5.30	9.50	3.50
城市生活成本	2018	108.6	100.0	82.7	96.2	82.4	82.9
单位 GDP 二氧化碳排放强度（吨）	2016	809	258	209	1122	232	908

6.9　国际比较的结论和启示

从积极健康老龄化支持能力的国际比较来看，我国既有经济增长、技术发展、文化开放的优势，也存在劳动生产率不高、环境问题严峻和城市生活成本较高等诸多劣势。这一方面提示我国在经济社会发展诸多事业上取得的明显成就已推动部分指标达到或接近中等发达国家水平；另一方面也提示我国仍是人口众多和资源有限的发展中国家，在经济社会发展诸多方面仍面临较大压力。充分发挥优势、积极改善劣势将有助于推动我国老龄化事业的发展，如下启示或有参考价值。

6.9.1 保持经济较快增长，提高生产效率

保持经济持续较快增长仍是解决发展问题的根本路径。我国在快速增长阶段过度强调GDP增长为考核发展的单一指标，忽视了社会与环境的协调发展，出现了诸多问题，但问题的解决仍需依靠经济发展提供的强大财力支持，仍需通过改革与发展的红利促进社会事业发展。解决问题的关键在于调整过度关注单一指标的考评体系，从高质量发展角度综合考虑各项事业的协调发展。

劳动力增长缓慢已经是阻碍我国经济持续增长的重要因素，在人口出生率不足和老龄化程度加深、人口结构短期难以改变的同时，也面临发展资金相对不足、需同时解决诸多问题的局面。在此背景下，提高劳动者的单位产出价值是突破困局的关键，通过培训、创新与技术进步提高劳动者的素质、提高劳动生产率是一项重要课题。

6.9.2 继续加大卫生事业投入，加强卫生基础设施建设

积极健康老龄化需要卫生事业的积极配合以及卫生产品与服务的积极支持。我国目前仍存在卫生支出总额占GDP比重偏低、卫生产品与服务分布不平衡、优质卫生服务资源过于集中的问题。进一步看，卫生事业发展不仅是公共卫生事业的发展，更是与之相配合的符合标准和要求的社会卫生产品与服务的发展，需要引导相关资源合理、合规地进入卫生健康相关领域，并加强监管，促进市场繁荣。

6.9.3 重视各类不平等，促进协调发展

收入差距过大、城乡差距过大、性别不平等诸多问题将影响社会问题的解决和可持续发展。协调收入差距，通过税收、再分配等多项措施普遍提高劳动者收入是推动消费的前提；加强新农村建设，避免城市过于拥挤，降低城市生活成本是城乡一体化发展的方向；重视教育，关注农村和落后地区的女性受教育权利，将有效促进男女平等参与经济社会建设和共享发展成果。诸多方面的协调将为老龄化人口的生活、消费和社会参与带来积极影响。

6.9.4 重视技术应用与普及，提升产品适应性

信息技术的发展和先进技术的掌握为我国在全球范围建立技术和产品优势提供了条件。快速发展的信息、网络和数字技术使得我国居民的日常生活发生明显改变。不过，我们还应关注技术应用的空白领域，关注以老龄人口为代表的部分人群处于技术应用弱势和受益较少的状态。在技术应用和产品升级的同时，应当充分考虑产品变化对于技术应用弱势群体的适应性问题，不能通过技术产品的过快发展升级来强制消费和排除弱势消费群体。提升技术为社会服务的能力，可有效支持积极健康老龄化社会的建设。

探索篇

第 7 章
积极健康老龄化要素分析

　　本章从微观角度探索社区层面的积极健康老龄化要素分布，进而基于要素特征对社区展开区格分析，以期探索针对不同类型社区积极健康老龄化特点的具有针对性的引导建议。

7.1　积极健康老龄化的社区分布

　　伴随老年人口数量的增长和老年人口的高龄化，研究者将关注焦点从人口寿命长度转向老年阶段的生命质量，政府和社会也将促进健康老龄化和积极老龄化作为长期的应对战略。社区作为老龄化人口居住、生活的场所，分析其主动健康特点可以为政策制定者提供参考。

7.1.1　主动健康的社区分布

　　主动健康各级指标的关系如表 7-1 所示，本章以原始社区层面数据[①]为基础，采用等权重方式计算各级指标得分。

表 7-1　主动健康各级指标

一级指标	二级指标	三级指标
		健康自评
		BMI 指数
		活动受限
主动健康	健康现状	心理健康
		人际信任
		慢病状况

---

　　① 原始数据中包含 7 430 个社区，有 38 个变量，完整观测 3 377 个社区，研究者采用均值插补对缺失值进行处理。

续表

一级指标	二级指标	三级指标
主动健康	自我管理	控烟情况
		体检频率
		身体锻炼
		健康素养
		社会联系
		医疗自主

（1）主动健康各级指标的全国分布特征

a. 三级指标的分布特征

在三级指标中，健康自评的平均水平最低，且呈偏态分布。活动受限、慢病状况、体检频率与社会联系这四个指标的平均水平处于中等偏下。心理健康、人际信任、控烟情况、身体锻炼与医疗自主这五个指标的平均水平较高（详见表7-2、图7-1）。

表7-2　主动健康三级指标的统计描述

三级指标	均值	标准差	最小值	最大值	极差	中位数
健康自评	0.330	0.191	0.000	1.000	1.000	0.310
活动受限	0.559	0.327	0.000	1.000	1.000	0.600
心理健康	0.937	0.687	−2.000	2.000	4.000	1.000
人际信任	2.692	1.855	0.167	19.083	18.917	2.167
慢病状况	0.484	0.181	0.000	1.000	1.000	0.467
控烟情况	0.764	0.257	0.000	1.000	1.000	0.667
体检频率	0.552	0.261	0.000	1.000	1.000	0.567
身体锻炼	1.993	1.539	0.000	6.000	6.000	1.800
社会联系	0.349	0.123	0.000	0.813	0.813	0.358
医疗自主	0.957	0.114	0.000	1.000	1.000	1.000

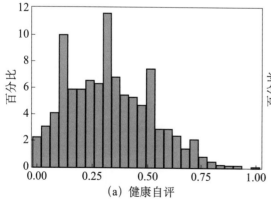

(a) 健康自评

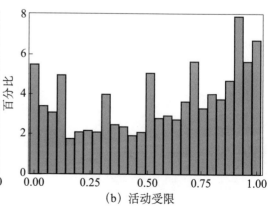

(b) 活动受限

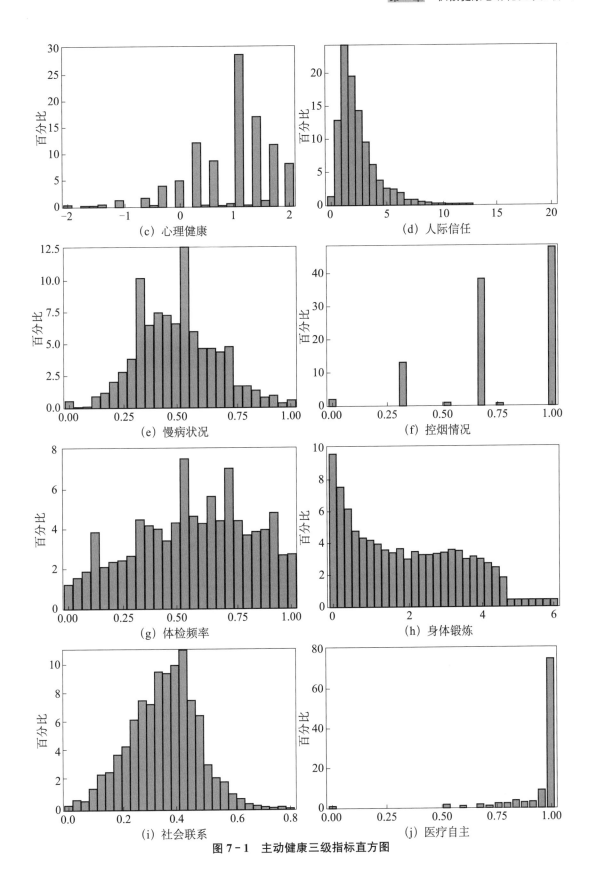

图 7 - 1　主动健康三级指标直方图

　　具体来看，活动受限、体检频率这两个指标的分布较为均衡，说明全国社区老年人的这两个指标的水平较为平稳。健康自评、心理健康、慢病状况、社会联系四个指标的分布较为集中：健康自评是老年人对自我健康状况的评价，在三级指标中该指标的平均水平最低。心理健康是老年人抑郁焦虑量表的得分均值，可知当前老年人的心理健康状况普遍较好。慢病状况是该社区未患慢性病老年人的比例，社会联系包含从不感到孤独的比例、来往亲友大于3的比例和经常上网的比例三个方面，上述两个指标的分布均呈中间高、两侧低的峰状，说明大部分老年人处于平均水平。人际信任指标呈明显的右偏分布形态，说明老年人的人际信任处于比较低的水平。控烟情况显示比例较高，说明全国老年人整体吸烟比例较低。医疗自主的比例很高，说明老年人对于身体健康出现问题的处理都很及时。

　　b. 二级指标的分布特征

　　二级指标层面，健康现状和自我管理的平均水平相当。从分布上看，健康现状的分布呈右偏，数据主要集中在20%水平以下，可见全国社区老年人的健康状况处于较低的水平。自我管理指标分布比较均匀，数据主要集中在30%～80%（详见表7-3、图7-2）。

表7-3　主动健康各级指标统计描述

二级指标	均值	标准差	最小值	最大值	极差	中位数
健康现状	1.000	0.431	−0.119	4.565	4.684	0.930
自我管理	0.923	0.341	0.180	1.858	1.678	0.883

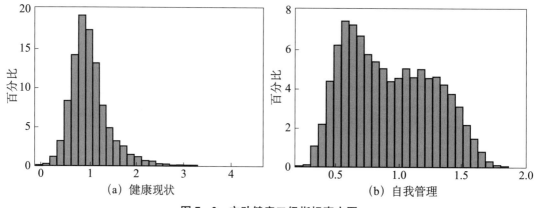

图7-2　主动健康二级指标直方图

（2）主动健康各级指标的城乡分布特征

　　由于城乡区域的老年人身体健康状况以及所处社会环境不同，因此本节从城乡维度对主动健康各级指标的分布特征进行分析。

　　a. 三级指标的城乡分布特征

　　整体来看，主动健康三级指标在城市和乡村间存在平均水平差异，如表7-4所示，健康自评、活动受限、心理健康、人际信任、控烟情况、体检频率、身体锻炼、社会联系、医疗自主等指标均值在城市较高，而慢病状况指标在乡村的平均水平高一些。由于上述指标实际含义的角度不同，因此可知在三级指标层面，城市老年居民的主动健康状况优于乡村老年居民。

表 7－4　主动健康三级指标在城乡维度的统计描述

观测数	三级指标	均值	标准差	最小值	最大值	极差	中位数
城市（3 868）	健康自评	0.378	0.181	0.000	1.000	1.000	0.367
	活动受限	0.631	0.294	0.000	1.000	1.000	0.700
	心理健康	1.027	0.637	－2.000	2.000	4.000	1.000
	人际信任	2.731	1.825	0.167	16.250	16.083	2.250
	慢病状况	0.446	0.166	0.000	1.000	1.000	0.433
	控烟情况	0.790	0.245	0.000	1.000	1.000	1.000
	体检频率	0.564	0.234	0.000	1.000	1.000	0.567
	身体锻炼	2.711	1.435	0.000	6.000	6.000	2.867
	社会联系	0.389	0.122	0.000	0.813	0.813	0.392
	医疗自主	0.965	0.101	0.000	1.000	1.000	1.000
乡村（3 562）	健康自评	0.278	0.188	0.000	1.000	1.000	0.237
	活动受限	0.482	0.343	0.000	1.000	1.000	0.467
	心理健康	0.839	0.724	－2.000	2.000	4.000	1.000
	人际信任	2.649	1.888	0.167	19.083	18.917	2.125
	慢病状况	0.526	0.187	0.000	1.000	1.000	0.533
	控烟情况	0.737	0.266	0.000	1.000	1.000	0.667
	体检频率	0.540	0.287	0.000	1.000	1.000	0.567
	身体锻炼	1.213	1.239	0.000	6.000	6.000	0.810
	社会联系	0.306	0.109	0.000	0.794	0.794	0.317
	医疗自主	0.948	0.125	0.000	1.000	1.000	1.000

　　从分布角度观察（见图 7－3），城市和乡村老年居民的健康自评指标均呈右偏分布，说明整体自我健康评价水平偏低。对比而言，由于活动受限指标在乡村呈近似右偏而在城市呈左偏，身体锻炼指标表现为城市高于农村，推测城市老年居民的身体机能优于乡村老年居民。心理健康指标显示城乡老年人水平相近，且整体较为积极。人际信任指标几乎无城乡差异并呈右偏分布。慢病状况指标的平均水平为乡村大于城市，说明乡村地区老年人的慢性疾病负担更重。城乡老年居民的控烟情况相近，但城市老年居民的体检频率高于乡村老年居民。社会联系和医疗自主指标在城市和乡村没有太大的区别。

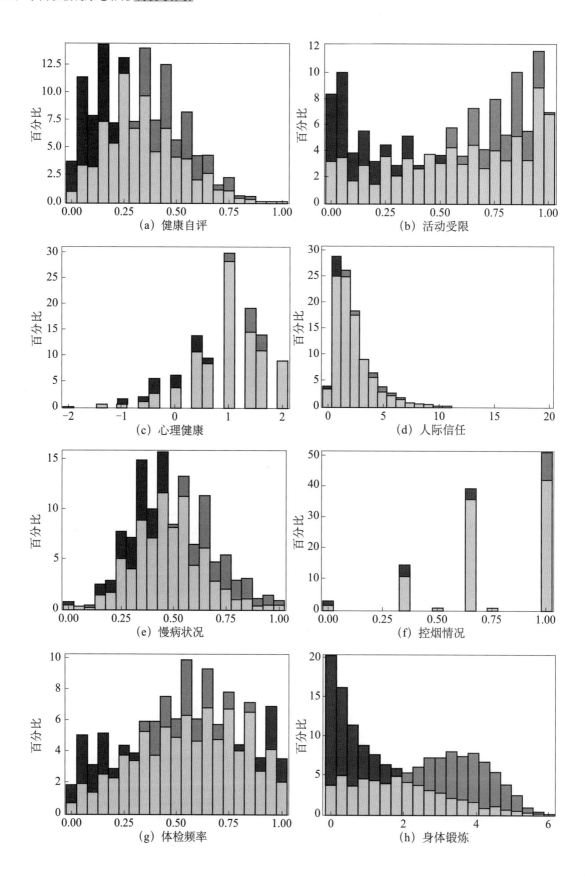

(a) 健康自评

(b) 活动受限

(c) 心理健康

(d) 人际信任

(e) 慢病状况

(f) 控烟情况

(g) 体检频率

(h) 身体锻炼

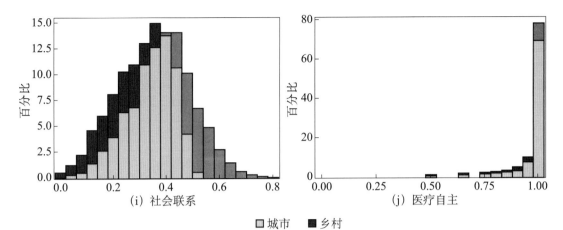

图7-3 主动健康三级指标分城乡直方图

由表7-5的分析结果可知，上述三级指标的城乡差异均具有统计学意义（$p<0.05$）。

表7-5 主动健康三级指标按城乡进行差异性比较

指标	城市（$N=3\,868$）	乡村（$N=3\,562$）	χ^2值	p值
健康自评	4 283.468	3 098.739	566.685	<0.000 1
活动受限	4 146.934	3 247.003	326.767	<0.000 1
心理健康	3 983.569	3 424.402	130.288	<0.000 1
人际信任	3 797.023	3 626.974	11.656	0.000 6
慢病状况	3 250.958	4 219.949	379.227	<0.000 1
控烟情况	3 905.348	3 509.343	74.686	<0.000 1
体检频率	3 778.172	3 647.444	6.891	0.008 7
身体锻炼	4 728.962	2 614.975	1 801.574	<0.000 1
社会联系	4 388.824	2 984.333	795.072	<0.000 1
医疗自主	3 873.116	3 544.344	75.681	<0.000 1

b. 二级指标的城乡分布特征

健康现状和自我管理两个指标的平均水平存在显著差异（见表7-6、表7-7），说明二者存在城乡差异。从图7-4的分布看，健康现状指标在城市和乡村间分布相似，均呈右偏，说明城乡老年居民的客观健康水平仍有较大提升空间。自我管理指标在城乡间分布存在明显差异，城市老年居民的管理情况明显优于乡村老年居民。

表7-6 主动健康二级指标分城乡的统计描述

观测数	二级指标	均值	标准差	最小值	最大值	极差	中位数
城市（3 868）	健康现状	1.042	0.418	0.033	3.922	3.888	0.967
	自我管理	1.084	0.316	0.262	1.858	1.596	1.120
乡村（3 562）	健康现状	0.955	0.441	−0.119	4.565	4.684	0.880
	自我管理	0.749	0.276	0.180	1.850	1.670	0.681

表 7 - 7　主动健康二级指标按城乡进行差异性比较

指标	城市（N=3 868）	乡村（N=3 562）	χ^2 值	p 值
健康现状	3 983.984	3 423.952	126.405	<0.000 1
自我管理	4 733.687	2 609.844	1 817.947	<0.000 1

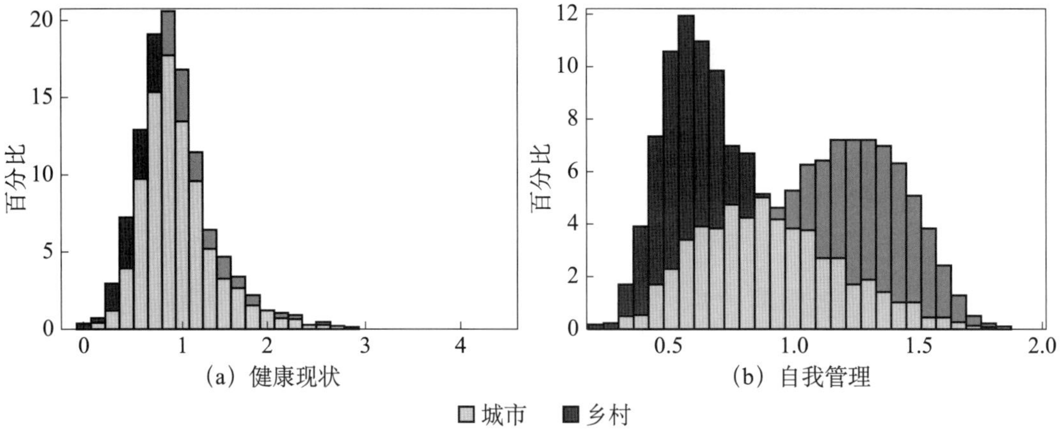

(a) 健康现状　　　　　(b) 自我管理

□ 城市　■ 乡村

图 7 - 4　主动健康二级指标分城乡直方图

(3) 主动健康各级指标的地域分布特征

从地域维度对主动健康各级指标进行比较分析。地域划分为七大自然地理分区，如表 7 - 8 所示。

表 7 - 8　七大地域划分

地区	省份
华北	北京、天津、河北、山西、内蒙古（部分区域）
东北	黑龙江、吉林、辽宁、内蒙古（部分区域）
华东	上海、江苏、浙江、安徽、江西、山东、福建、台湾
华中	河南、湖北、湖南
华南	广东、广西、海南、香港、澳门
西南	重庆、四川、贵州、云南、西藏
西北	陕西、甘肃、青海、宁夏、新疆、内蒙古（部分区域）

a. 三级指标的地域分布特征

如表 7 - 9 所示，健康自评指标的整体水平不高，华东地区相对较高，而华南、华中、西南地区相对较低。活动受限指标的平均水平处于中等，东北、华东、华北地区相对较高，西北、西南地区相对较低。慢病状况指标的平均水平处于中等，华南、西南地区相对较高，华北、东北、西北地区相对较低。各地区体检频率的差异较为突出，华东地区的体检频率较高，而华南、东北地区的体检频率相对较低。各地区身体锻炼水平较低，其中，西北地区相对较高，华南、华中地区相对较低。各地区医疗自主的水平都很高，说明老年人患病后大都可及时就医。对主动健康各级指标按照不同地域进行比较，所有指标在区域间的差异均具有统计学意义（$p < 0.05$），见表 7-10。

表 7-9　主动健康三级指标在各地域的统计描述

	东北	华北	华东	华南	华中	西北	西南
健康自评	0.326±0.200	0.332±0.195	0.407±0.187	0.285±0.187	0.287±0.173	0.331±0.154	0.271±0.180
活动受限	0.619±0.316	0.591±0.313	0.594±0.312	0.556±0.315	0.543±0.347	0.487±0.302	0.495±0.344
心理健康	0.966±0.620	0.939±0.689	1.019±0.635	0.892±0.711	0.869±0.705	0.752±0.722	0.950±0.732
人际信任	2.389±1.633	2.426±1.558	2.851±1.826	2.494±1.753	2.913±2.060	2.270±1.589	2.768±2.022
慢病状况	0.398±0.175	0.385±0.156	0.470±0.151	0.625±0.164	0.483±0.201	0.430±0.144	0.555±0.162
控烟情况	0.759±0.261	0.768±0.251	0.778±0.245	0.774±0.252	0.781±0.248	0.755±0.281	0.718±0.276
体检频率	0.428±0.255	0.532±0.271	0.677±0.226	0.395±0.243	0.521±0.263	0.552±0.196	0.546±0.243
身体锻炼	2.368±1.482	2.352±1.522	1.972±1.410	1.663±1.479	1.679±1.474	2.476±1.650	1.990±1.723
社会联系	0.342±0.122	0.350±0.137	0.383±0.115	0.317±0.123	0.343±0.122	0.310±0.118	0.333±0.118
医疗自主	0.950±0.135	0.961±0.107	0.961±0.115	0.955±0.114	0.951±0.119	0.952±0.099	0.963±0.101

表 7-10　主动健康三级指标按地域进行差异性比较

指标	χ^2 值	p 值
健康自评	599.720	<0.000 1
活动受限	111.909	<0.000 1
心理健康	81.868	<0.000 1
人际信任	130.536	<0.000 1
慢病状况	1 171.920	<0.000 1
控烟情况	44.426	<0.000 1
体检频率	947.095	<0.000 1
身体锻炼	229.209	<0.000 1
社会联系	291.074	<0.000 1
医疗自主	30.155	<0.000 1

b. 二级指标的地域分布特征

由表 7-11 可知健康现状指标整体平均水平不高，华东、华中地区水平相对较高。自我管理指标整体平均水平中等偏上，西北、华北地区水平相对较高，华南、华中地区水平相对较低。对主动健康各级指标按照不同地域进行比较，结果如表 7-12 所示。二级指标健康现状、自我管理在不同区域的差异具有统计学意义（$p < 0.05$）。

表 7-11　主动健康二级指标在各地域的统计描述

	东北	华北	华东	华南	华中	西北	西南
健康现状	0.940±0.382	0.935±0.383	1.068±0.416	0.970±0.409	1.019±0.471	0.854±0.385	1.008±0.468
自我管理	0.970±0.330	0.992±0.350	0.954±0.310	0.821±0.332	0.855±0.325	1.009±0.374	0.910±0.377

表 7 - 12　主动健康二级指标按地域进行差异性比较

指标	χ^2 值	p 值
健康现状	193.855	<0.000 1
自我管理	235.873	<0.000 1

7.1.2　社会参与的社区分布

社会参与是积极老龄化的重要渠道。老年人的社会参与指老年人在身体健康的前提下，为满足自身的基本生活、情感需要，实现自我价值而与社会产生接触与互动，参与一切有益于社会的活动，目的是保持与社会产生不间断的联系。老年人的社会参与是参与社会的物质文明建设和精神文明建设，也是参与一切对自身和社会有益的活动。

本节分别从经济参与、文化参与和家庭参与三个角度讨论老年人群社会参与的社区分布情况，希冀从这个层面分析老年人在社会参与上的现状，比较老年人对社会参与的兴趣和喜好并探寻一般规律，为积极老龄化解决方案提供参考。经济参与体现老龄人群的经济价值。我国著名老年学专家邬沧萍（1997）指出，经济价值主要指人力资源价值，是指老年人通过社会参与实现再就业，或从事社会公益事业，属于老有所为的范畴。文化参与是老年人社会价值的一个方面，具体指老年人的知识、经验和技能对社会发展和对下一代成长的重要指导或影响作用，即老年人以自己的知识和经验直接贡献于社会的过程。家庭参与可以提高老年人在家庭中的参与度，能够与子女孙辈和谐、有效地沟通，进一步提高老年人的幸福感和家庭参与感。综上所述，适当的社会参与可以让老龄人口保持社会联系，促进身心积极健康发展。研究老年人的社会参与是综合治理人口老龄化的客观需要，对于积极应对人口老龄化具有十分重要的意义。表 7 - 13 展示了社会参与各级指标之间的等级关系。

表 7 - 13　社会参与各级指标

一级指标	二级指标	三级指标
	经济参与	有偿工作
		社会公益
		文化活动
社会参与	文化参与	团体娱乐
		政治活动
		政治关注
	家庭参与	照顾家人

（1）社会参与各级指标的全国分布特征

a. 三级指标的分布特征

在三级指标中，有偿工作的平均水平最低；社会公益、团体娱乐、照顾家人三个指标的平均水平处于中等偏下；文化活动、政治活动、政治关注三个指标的平均水平较高，客观体现了我国老年人口的社会参与现状。详见表 7 - 14。

表 7 - 14 社会参与三级指标的统计描述

三级指标	均值	标准差	最小值	最大值	极差	中位数
有偿工作	0.066	0.076	0.000	0.730	0.730	0.043
社会公益	0.458	0.299	0.000	1.000	1.000	0.433
文化活动	0.878	0.192	0.000	1.000	1.000	0.933
团体娱乐	0.499	0.296	0.000	1.000	1.000	0.517
政治活动	0.655	0.327	0.000	1.000	1.000	0.767
政治关注	0.715	0.323	0.000	1.000	1.000	0.667
照顾家人	0.368	0.159	0.000	1.000	1.000	0.383

从分布角度看，社会公益、团体娱乐两个指标较为均衡，可见全国社区老年人的这两个指标的水平较为平稳。有偿工作指标的分布呈右偏，说明老年人的有偿工作比例普遍较低。图 7 - 5 （c）、（e）和（f）显示文化活动、政治活动和政治关注三个指标参与的百分比较高。文化活动呈左偏，说明老年人的文化活动普遍较为丰富。老年人的政治参与主要体现在对国家大事的关心，以此保持对精神层面的追求。适当的文化参与和政治参与可以减少由于依赖或孤独产生的不良情绪，有利于提升老年人心理健康水平，增加心理的满足感和充实感。照顾家人指标的分布主要集中在中等偏下的水平，说明老年人对孙辈以及更老的人的照顾水平相对较低。

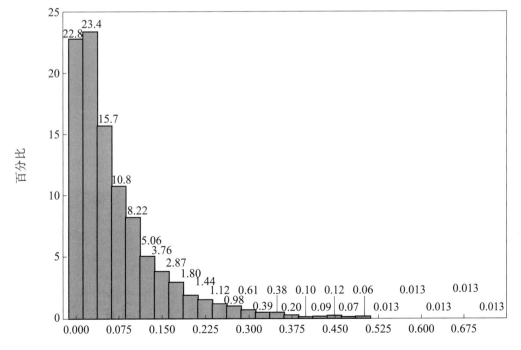

(a) 有偿工作

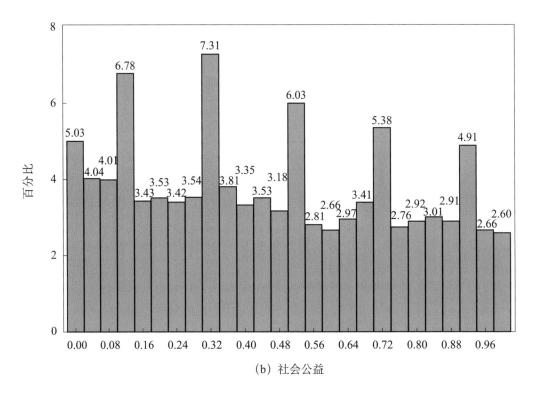

（b）社会公益

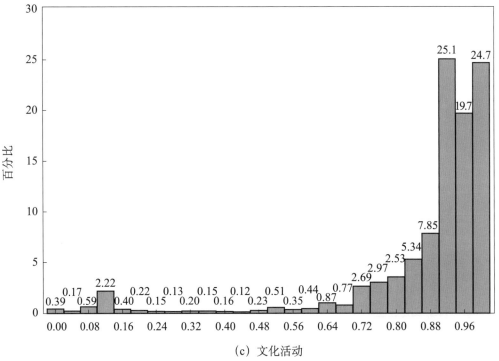

（c）文化活动

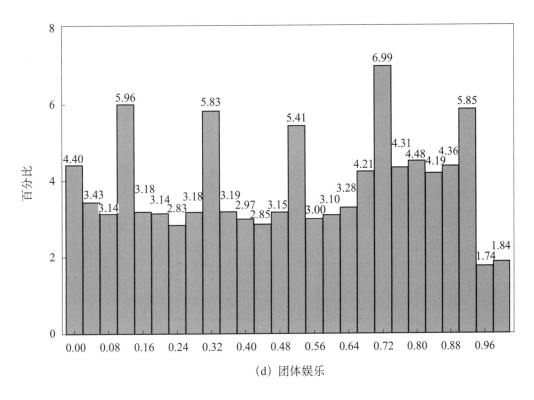

(d) 团体娱乐

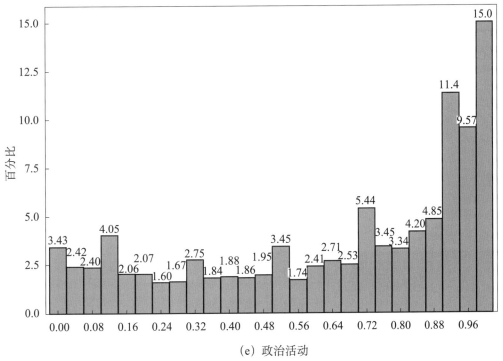

(e) 政治活动

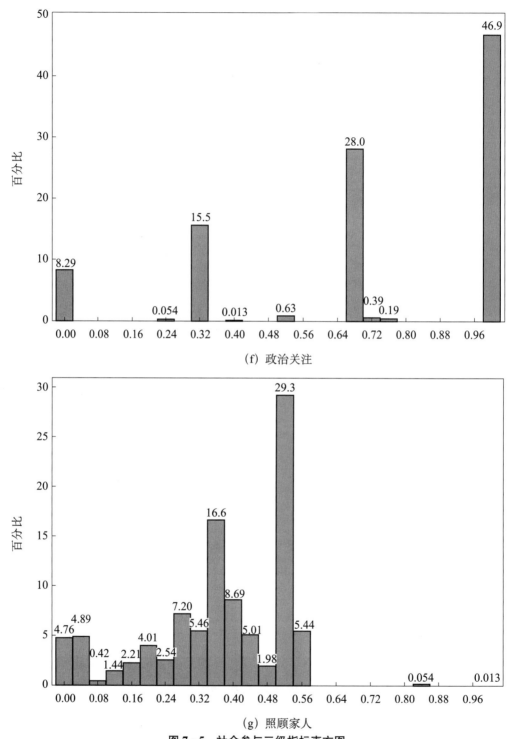

(f) 政治关注

(g) 照顾家人

图 7-5 社会参与三级指标直方图

b. 二级指标的分布特征

如表 7-15 所示，在二级指标中，经济参与和家庭参与两个指标的平均水平较低，文化参与指标的平均水平较高。从分布角度看（见图 7-6），经济参与指标分布呈右偏，说明从全国来看老年人口中有工作的人数比例相对较低；文化参与指标分布较对称且整体水平较高；家庭参与指标的分布不太规则，但整体水平相对较低。

表 7 - 15 社会参与各级指标统计描述

二级指标	均值	标准差	最小值	最大值	极差	中位数
经济参与	0.066	0.076	0.000	0.730	0.730	0.043
文化参与	0.641	0.153	0.000	1.000	1.000	0.653
家庭参与	0.368	0.159	0.000	1.000	1.000	0.383

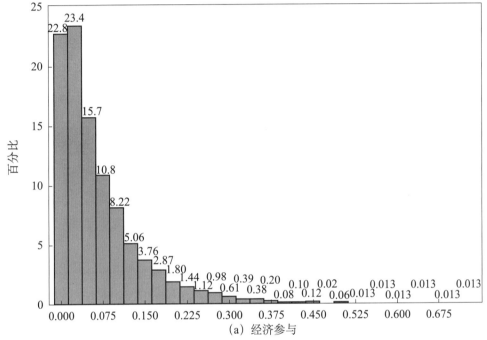

(a) 经济参与

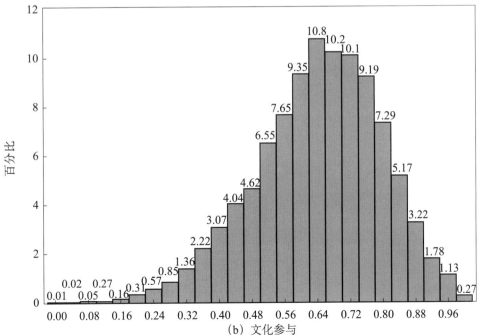

(b) 文化参与

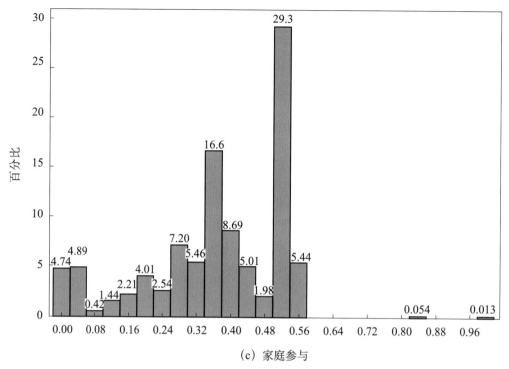

(c) 家庭参与

图7-6 社会参与二级指标直方图

（2）社会参与各级指标的城乡分布特征

a. 三级指标的城乡分布特征

如表7-16所示，社会参与的三级指标在城市和乡村间存在差异。有偿工作、社会公益、政治活动、照顾家人等指标的乡村平均水平高于城市平均水平。文化活动、团体娱乐、政治关注等指标的城市平均水平高于乡村平均水平。

表7-16 社会参与三级指标在城乡维度的统计描述

	三级指标	均值	标准差	最小值	最大值	极差	中位数
城市 （3 868）	有偿工作	0.064	0.070	0.000	0.730	0.730	0.043
	社会公益	0.435	0.283	0.000	1.000	1.000	0.400
	文化活动	0.902	0.181	0.000	1.000	1.000	0.967
	团体娱乐	0.629	0.259	0.000	1.000	1.000	0.700
	政治活动	0.598	0.337	0.000	1.000	1.000	0.667
	政治关注	0.752	0.302	0.000	1.000	1.000	1.000
	照顾家人	0.358	0.160	0.000	1.000	1.000	0.375
乡村 （3 562）	有偿工作	0.069	0.081	0.000	0.706	0.706	0.042
	社会公益	0.483	0.314	0.000	1.000	1.000	0.467
	文化活动	0.852	0.200	0.000	1.000	1.000	0.900
	团体娱乐	0.358	0.270	0.000	1.000	1.000	0.310
	政治活动	0.718	0.304	0.000	1.000	1.000	0.833
	政治关注	0.675	0.339	0.000	1.000	1.000	0.667
	照顾家人	0.379	0.157	0.000	0.842	0.842	0.392

　　如图 7-7 所示，从分布角度看，有偿工作指标在城市和乡村均呈右偏，城乡老年人口的工作比例都很低。但乡村老年居民的有偿工作水平高于城市老年居民。社会公益指标包括无偿参加专业技术志愿活动、维护交通治安、协助调解民间纠纷、环境卫生维护管理、看护照顾服务、慈善捐赠、社区组织管理等，乡村老年人的社会公益参与度比城市老年人高。文化活动指标在城市和乡村间的分布相似，但城市中文化活动参与度高的社区比例高于乡村。团体娱乐指标在城市和乡村之间的分布差异较为明显，在城市呈左偏分布，在乡村呈右偏分布。政治活动指标在城市和乡村之间的分布相似，政治关注在城市和乡村之间的分布也相似，均呈左偏。不论是城市老年人还是乡村老年人，对于政治事件的关注度都保持较高的水平。照顾家人在城市和乡村之间的分布也较相似。表 7-17 对上述三级指标的城乡差异进行了比较检验。由表 7-17 可知，社会公益、照顾家人、团体娱乐、文化活动、政治活动与政治关注在城乡间的差异具有统计学意义（$p < 0.05$），有偿工作在城乡间的差异不具有统计学意义（$p > 0.05$）。

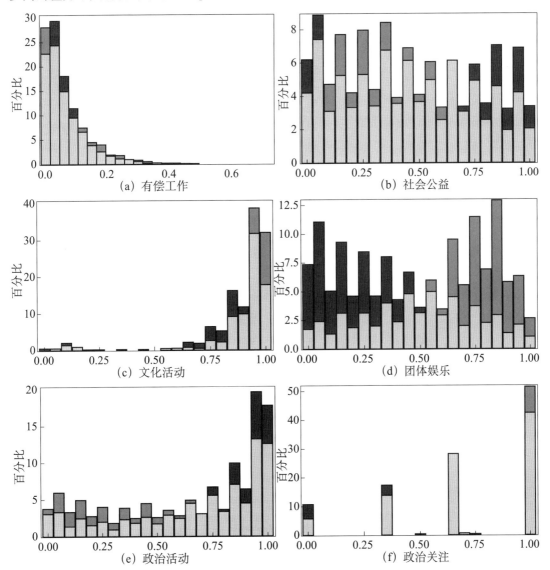

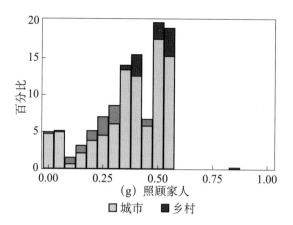

图 7 - 7　社会参与三级指标分城乡直方图

表 7 - 17　社会参与三级指标按城市和乡村进行比较

指标	城市（N=3 868）	乡村（N=3 562）	χ^2 值	p 值
有偿工作	3 725.386	3 704.765	0.172	0.678 5
社会公益	3 559.442	3 884.965	42.743	<0.000 1
文化活动	4 189.953	3 200.288	405.016	<0.000 1
团体娱乐	4 650.277	2 700.420	1 533.689	<0.000 1
政治活动	3 351.189	4 111.108	233.838	<0.000 1
政治关注	3 930.919	3 481.575	93.449	<0.000 1
照顾家人	3 557.432	3 887.147	43.954	<0.000 1

b. 二级指标的城乡分布特征

在社会参与的二级指标中，经济参与指标在城市和乡村均呈偏态分布，并且平均水平都较低；文化参与指标在城乡的平均水平均较高，城市略高于乡村；家庭参与指标的城乡平均水平均处于中等偏下，乡村略高于城市（见表 7 - 18）。表 7 - 19 对社会参与二级指标按照城市和乡村进行差异性比较，经济参与在城乡之间的差异不具有统计学意义（$p>0.05$）；文化参与与家庭参与在城乡之间的差异具有统计学意义（$p<0.05$）。

表 7 - 18　社会参与二级指标分城乡的统计描述

	二级指标	均值	标准差	最小值	最大值	极差	中位数
城市 （3 868）	经济参与	0.064	0.070	0.000	0.730	0.730	0.043
	文化参与	0.663	0.141	0.000	1.000	1.000	0.673
	家庭参与	0.358	0.160	0.000	1.000	1.000	0.375
乡村 （3 562）	经济参与	0.069	0.081	0.000	0.706	0.706	0.042
	文化参与	0.617	0.161	0.047	1.000	0.953	0.627
	家庭参与	0.379	0.157	0.000	0.842	0.842	0.392

表 7 - 19 社会参与二级指标按城市和乡村进行比较

指标	城市 （N=3 868）	乡村 （N=3 562）	χ^2 值	p 值
经济参与	3 725.386	3 704.765	0.172	0.678 5
文化参与	4 009.750	3 395.972	151.835	<0.000 1
家庭参与	3 557.432	3 887.147	43.954	<0.000 1

社会参与二级指标在城乡维度的直方图如图 7 - 8 所示：

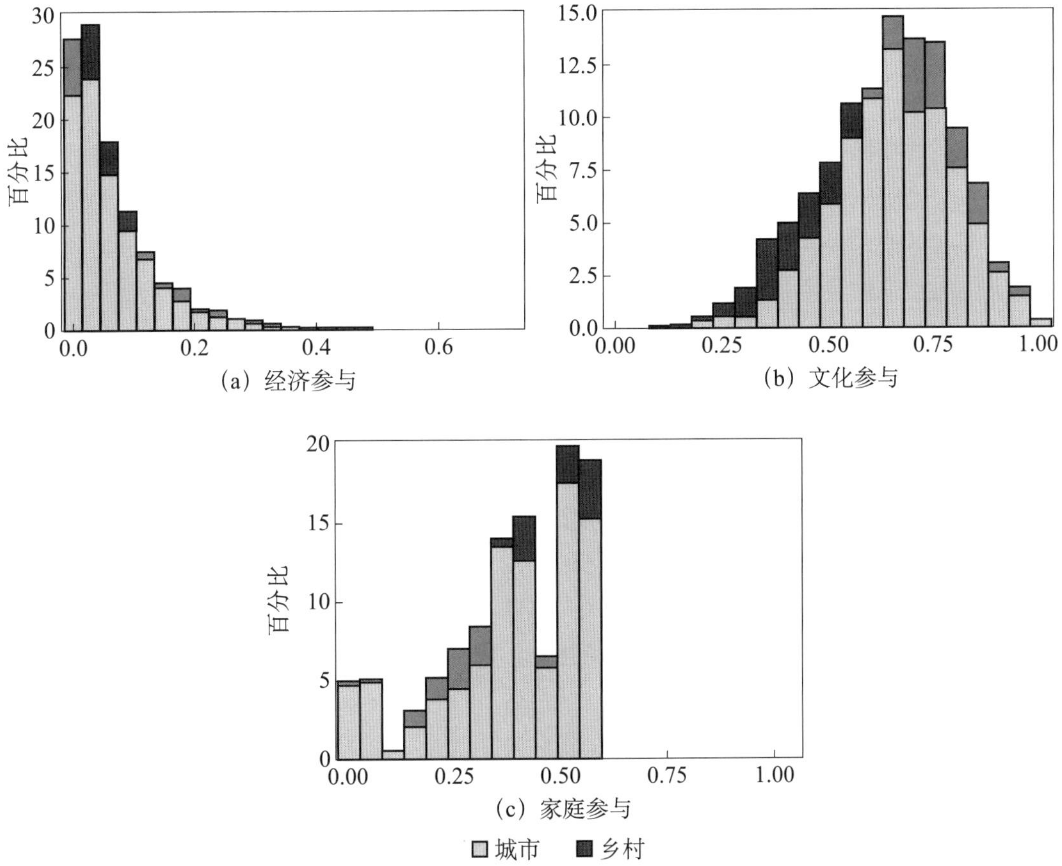

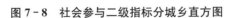

（a） 经济参与   （b） 文化参与

（c） 家庭参与

□ 城市 ■ 乡村

图 7 - 8 社会参与二级指标分城乡直方图

（3） 社会参与各级指标的地域分布特征

a. 三级指标的地域分布特征

社会参与三级指标在地域维度的统计描述如表 7 - 20 所示。由表 7 - 20 可以看出，有偿工作指标整体平均水平依然很低，考虑到老年人的年龄与身体状况，这种现象很容易理解。华东、华南、华中地区的平均水平较高，华北、西南地区的平均水平中等，东北、西北地区的平均水平较低，这可能是由于华东、华南、华中地区的经济发展水平较高，可以参与的工种和工作岗位相对较多。

表 7 - 20　社会参与三级指标在各地域的统计描述

	东北	华北	华东	华南	华中	西北	西南
有偿工作	0.031±0.041	0.048±0.056	0.096±0.089	0.072±0.072	0.067±0.077	0.035±0.045	0.051±0.063
社会公益	0.324±0.259	0.398±0.281	0.459±0.299	0.471±0.291	0.468±0.313	0.485±0.265	0.537±0.299
文化活动	0.952±0.094	0.936±0.099	0.923±0.088	0.891±0.103	0.767±0.307	0.896±0.104	0.840±0.237
团体娱乐	0.563±0.260	0.519±0.287	0.509±0.273	0.424±0.296	0.477±0.313	0.572±0.283	0.484±0.330
政治活动	0.476±0.367	0.654±0.340	0.738±0.286	0.687±0.314	0.630±0.335	0.448±0.323	0.689±0.291
政治关注	0.760±0.310	0.789±0.290	0.714±0.319	0.658±0.332	0.687±0.336	0.686±0.328	0.723±0.322
照顾家人	0.347±0.162	0.363±0.158	0.385±0.153	0.363±0.165	0.372±0.158	0.359±0.152	0.353±0.165

社会公益指标整体平均水平中等，对比七大地域可知，西北、西南地区的平均水平较高，华中、华东地区的平均水平中等，华北、东北地区的平均水平较低。这可能是因为西北、西南地区的老年人有偿工作比例较低，日常生活中有闲余时间参加社会公益相关活动。文化活动指标整体平均水平较高，对比七大地域可知，东北、华北、华东地区的平均水平较高，西北、华南地区的平均水平中等，西南、华中地区的平均水平较低。团体娱乐指标整体平均水平中等，对比七大地域可知，东北、华北、西北地区的平均水平较高，华东、西南地区的平均水平中等，华南、华中地区的平均水平较低。政治活动指标整体平均水平较高，对比七大地域可知，华东、华南、西南地区的平均水平较高，华中、华北地区的平均水平中等，东北、西北地区的平均水平较低。政治关注指标整体平均水平较高，对比七大地域可知，东北、华北、西南地区的平均水平较高，华东、华中地区的平均水平中等，华南、西北地区的平均水平较低。综合这四个指标来看，华北、东北地区的参与度较高，说明这两个地区的文化发展较好，老年社区的文化安排也比较充分。照顾家人指标整体平均水平中等，对比七大地域可知，东北地区的平均水平较低。

从表 7 - 21 可以看出，社会参与三级指标中，有偿工作、社会公益、照顾家人、团体娱乐、文化活动、政治活动、政治关注在城乡之间的差异均具有统计学意义（$p < 0.05$）。

表 7 - 21　社会参与各级指标按地域进行比较

指标	χ^2 值	p 值
有偿工作	733.081 2	<0.000 1
社会公益	247.477 9	<0.000 1
文化活动	489.245 2	<0.000 1
团体娱乐	115.644 9	<0.000 1
政治活动	463.079 2	<0.000 1
政治关注	102.946 1	<0.000 1
照顾家人	58.834 9	<0.000 1

b. 二级指标的地域分布特征

社会参与二级指标在地域维度的统计描述如表 7-22 所示:

表 7-22　社会参与二级指标在各地域的统计描述

	东北	华北	华东	华南	华中	西北	西南
经济参与	0.031±0.041	0.048±0.056	0.096±0.089	0.072±0.072	0.067±0.077	0.035±0.148	0.051±0.063
文化参与	0.613±0.150	0.659±0.140	0.669±0.137	0.626±0.143	0.606±0.164	0.617±0.152	0.655±0.168
家庭参与	0.347±0.163	0.363±0.158	0.385±0.153	0.363±0.165	0.372±0.158	0.359±0.078	0.353±0.165

由表 7-22 可以看出,经济参与指标整体平均水平不高,华东、华南、华中地区相对较高,华北、西南地区处于中等水平,东北、西北地区水平相对较低。文化参与指标整体平均水平中等偏上,华东、华北、西南地区相对较高,华南、西北地区处于中等,东北、华中地区相对较低。家庭参与指标整体平均水平中等偏下,华东、华中、华南地区相对较高,华北、西北地区处于中等,东北、西南地区相对较低。从表 7-23 可以看出,社会参与二级指标中的经济参与、文化参与、家庭参与在城乡之间的差异均具有统计学意义($p<0.05$)。

表 7-23　社会参与各级指标按地域进行比较

指标	χ^2 值	p 值
经济参与	733.081	<0.0001
文化参与	210.978	<0.0001
家庭参与	58.835	<0.0001

7.2　社区区格分析

在进行积极健康老龄化的要素分析时,考虑到全国范围内的社区存在多种类型且不同类型的社区在某些方面(如养老服务、经济水平、文化参与等)存在差异,因此对全国范围内的社区进行区格分析不仅能够更加清晰地探索各类社区的属性特征,还能为不同类型的社区制定关于积极健康老龄化的针对性建议。基于上述研究目的,本节通过区格分析方法对调查范围内的社区进行区格划分,来探究不同类型社区的属性,并对其特征表现进行分析,然后针对不同类型的社区给出关于积极健康老龄化的研究结论。研究思路如图 7-9 所示。

7.2.1　区格分析方法

在统计学中,许多聚类方法可以用于区格分析。本节采用稀疏 K 均值聚类方法(Sparse-Kmeans)对调查得到的社区进行区格分析。采用稀疏聚类方法主要基于以下考

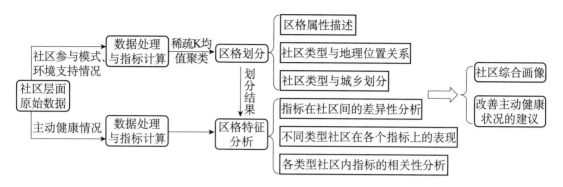

图 7-9　社区区格分析研究流程图

虑：如果在众多用于聚类的变量中，仅有很少的一部分对聚类结果真正起作用，那么采用稀疏聚类方法能够获得比较准确的聚类结果；从另一个角度看，如果群组仅在某些特征上的表现不同，那么稀疏聚类方法能够比标准聚类更准确地识别这些群组；此外，由稀疏聚类方法得到的结果具有很好的解释性，能够更好地描述该类区格的特征。因此本节考虑采用该方法对社区进行聚类分析，并基于变量选择的结果对各类社区的特点进行描述。

7.2.2　社区区格划分

本节基于调查得到的有关社会参与和环境支持的社区原始数据对社区进行区格划分，在此基础上对区格属性进行描述，对社区类型与所在地理位置的关系以及社区类型与城乡划分的关系进行探究。

（1）数据处理与指标计算

社区层面的数据共包含 38 个变量，其中 6 个变量为社区的地理位置等基本信息，剩余 32 个变量为通过调研获得的变量。采用等权重的方式将这 32 个变量按照指标体系中的结构进行汇总。即将社会参与和环境支持各个三级指标结构下的数据采用等权重的方式加权计算得到各个三级指标的结果，获得各个社区在有偿工作、社会公益、文化活动、团体娱乐、政治活动、政治关注、照顾家人、医疗服务、养老服务、安全环境这 10 个维度上的数据。

（2）区格划分

利用各个三级指标的数据对所有社区进行稀疏 K 均值聚类，利用 DBI 指数确定聚类个数。DBI 指数是衡量聚类效果的指标，其数值越小代表聚类分组效果越好。由图 7-10 可知，可以考虑将所有社区划分为四个区格。

采用稀疏 K 均值聚类方法对所有社区进行区格划分，各区格中的社区数量如表 7-24 所示。

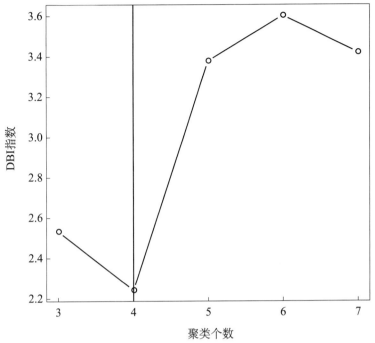

图 7 - 10   利用 DBI 指数确定聚类的个数

表 7 - 24   四类社区的数量

类别	I	II	III	IV
社区数	2 141	3 498	1 389	402

将变量选择结果进行可视化（见图 7 - 11）。由变量选择结果可知，在各个三级指标中，文化活动、政治关注、养老服务这三个变量在稀疏聚类时更加显著，可以将其作为重

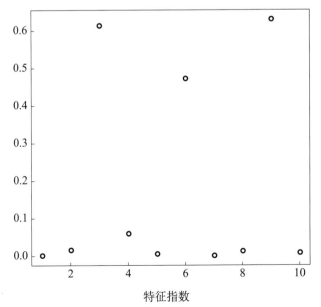

图 7 - 11   稀疏 K 均值聚类变量选择结果

要的变量。其中，文化活动反映了老年人参加文化活动（包括看演出、展览，听音乐、戏剧，学习充电等活动）的频率；政治关注反映了老年人对国内外政治的关注程度和参与政治的意愿；养老服务是基本养老保险可支配收入替代率和老年人所居住的社区养老设施的覆盖率两个方面的综合。

（3）区格属性描述

得到聚类结果后对区格的属性进行描述，在三个由稀疏 K 均值聚类识别出的重要变量上按照社区类别分别绘制小提琴图，如图 7 - 12 所示。由结果可知，由聚类得到的各个类别在这三个指标上的分布具有较为明显的差异。

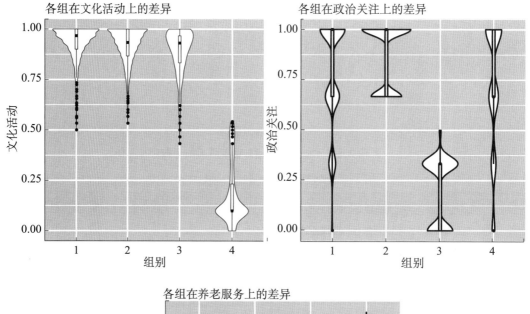

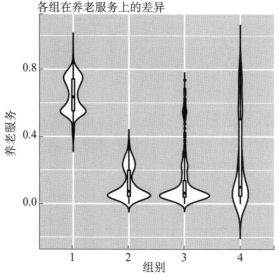

图 7 - 12　四类社区在重要变量上的分布差异

第一类社区的突出特点是养老服务比例高，即该类型社区的老年人有较为充足的基本养老保险、所在社区养老设施的覆盖率较高，可以认为该类型社区的老年人在养老服务方面能够得到保障。

第二类社区在各个维度上较为平均，可以认为该类型社区在各个维度上能够反映出所有社区的平均水平。

第三类社区的突出特点是在政治关注上的比例最低，即该类型社区的老年人对国内外政治的关注程度和参与政治的意愿较低。

第四类社区的突出特点是在参与文化活动上的比例最低，即该类型社区的老年人受自身因素或者环境因素影响，参与文化活动的频率较低。

(4) 社区类型与其地理位置关系的探究

中国地域辽阔，不同地区的自然环境以及经济发展水平都存在差异。社区的类型与其地理位置是否存在关联，或不同社区类型在地区分布上是否存在差异是值得研究的问题。因此，在聚类结果的基础上，考虑对社区类型与其所在地理位置的关系进行探究。依据中国自然地理区划，将全国 31 个省份划分为华北、东北、华东、华中、华南、西南和西北七个地区。

首先，通过列联分析进行社区类型与其所在地理位置之间关联性的探究。将社区类型与其所在区域进行卡方检验，结果显示检验的 p 值远远小于 0.05，说明社区类型与其所在地理位置存在一定的相关性。根据社区所属类型及所在地理位置的信息，分别计算四类社区在各个地区的比例，以此反映四类社区的地区分布，计算结果如表 7-25 所示。

表 7-25　四类社区在各地区的比例

所在地区	I	II	III	IV
华北	0.090	0.126	0.079	0.017
东北	0.107	0.098	0.079	0.017
华东	0.426	0.282	0.316	0.027
华中	0.106	0.146	0.165	0.629
华南	0.088	0.109	0.138	0.020
西南	0.136	0.167	0.152	0.284
西北	0.048	0.073	0.071	0.005

从四类社区的地区分布来看：

第一类社区分布在华东地区的比例远高于分布在其余地区的比例；第二类和第三类社区分布在华东地区的比例稍大，在其余地区的分布较为均衡；第四类社区分布在华中地区的比例最高，其次是西南地区，在其余地区的分布较为均衡。基于以上结果可以认为，第一类社区较为集中地分布在华东地区，即东部沿海经济发展水平较高的地区；第二类和第三类社区在全国范围内的分布较为均衡，可以大致地体现平均的水平；第四类社区集中分布在华中地区，即中部经济发展相对较差的地区。

为了更加直观，对上述信息进行可视化（见图 7-13）。用聚类标签将所有社区分类别进行标记，按照社区所在的省份（地区）绘制热力图。从各个类型社区的地理分布上看，第一类社区在华东地区的分布较为集中；第二类和第三类社区在全国范围内的分布较为分散；第四类社区在华中以及西南地区的分布相对集中。此外，由图 7 - 13 可以发现，在同一地区中，各类型社区在不同省份的分布仍存在些许差异。第一类社区较为集中地分布在华东地区，在江苏的分布最为集中；从七个地理分区来看，虽然第二、三类社区在全国范围内的分布较为分散，但在个别省份中分布较为集中，比如第二、三类社区在河北、山东、河南、四川等省份的分布相对集中；第四类社区在华中以及西南地区的分布相对集中，特别是在湖北和贵州的分布明显多于其他省份。

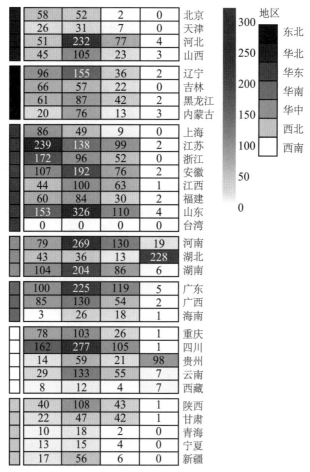

图 7 - 13　四类社区的分省份分布热力图

(5) 社区类型与城乡划分之间的关联

一般来说，城市与农村在经济发展水平等方面存在差异。在聚类结果的基础上，考虑对社区类型与城乡划分之间的关系进行探究。将四类社区中城市/农村所占比例通过列联表的形式展示，如表 7 - 26 所示。

表 7 - 26　四类社区中城市/农村所占比例

城乡划分	Ⅰ	Ⅱ	Ⅲ	Ⅳ
城市	0.731	0.458	0.373	0.457
农村	0.269	0.542	0.627	0.543

由表 7 - 26 可知，在四类社区中，城市/农村所占比例具有较大的差异：第一类社区中，城市社区占据很大的比例；第二类和第四类社区城市和农村的分布较为均衡；第三类社区以农村社区为主。

7.2.3　区格特征分析

老年人的主动健康情况是值得关注的重点，因此在社区类型划分的基础上，考虑对各个类型社区的主动健康情况进行分析。

依据指标体系中主动健康的结构，由社区层面的原始数据等权计算得到主动健康各个三级指标：健康自评、慢病状况、活动受限、心理健康、人际信任、控烟情况、体检频率、身体锻炼、社会联系、医疗自主（体系中的 BMI 指数和健康素养暂无法获得）。

（1）指标在社区间的差异性分析

为了研究各个指标在不同类型社区间是否存在差异，考虑在不同类型的社区与社区间进行指标的差异性检验。将分析结果可视化，如图 7 - 14 所示。

图 7 - 14 反映了各个指标在组与组之间的对比中是否存在显著差异。横坐标代表每两组构成一项对比，纵坐标反映了差异性检验的 95% 置信区间，若该区间包含 0，那么可认为该项指标在相应两组的对比中不存在显著差异（$p > 0.05$）。

从对比结果来看：在第一类与第二类社区的对比中，人际信任这个指标不存在显著差异；在第一类与第三类社区的对比中，控烟情况不存在显著差异；在第一类与第四类社区的对比中，人际信任不存在显著差异；在第二类与第三类社区的对比中，各个指标均存在显著差异；在第二类与第四类社区的对比中，人际信任、控烟情况和医疗自主不存在显著差异；在第三类和第四类社区的对比中，健康自评、慢病状况、人际信任、身体锻炼、社会联系以及医疗自主不存在显著差异。

（2）不同类型社区在各个指标上的表现

按照三级指标的 10 个维度分别绘制各类社区的小提琴图（见图 7 - 15）。

由图 7 - 15 可知，在主动健康方面：第一类社区在健康自评、活动受限、体检频率、身体锻炼、社会联系上的比例最高，在慢病状况上的比例最低。由指标在组与组间的差异性分析知，第一类社区与第三类社区在控烟情况方面不存在显著差异，因此可以认为该类社区的主动健康情况最佳；第二类社区在各个维度上的比例较为均衡；第三类社区在心理健康、社会联系上的比例较低，在控烟情况上的比例最高；第四类社区在健康自评、活动受限、体检频率、身体锻炼上的比例最低，在慢病状况上的比例最高。

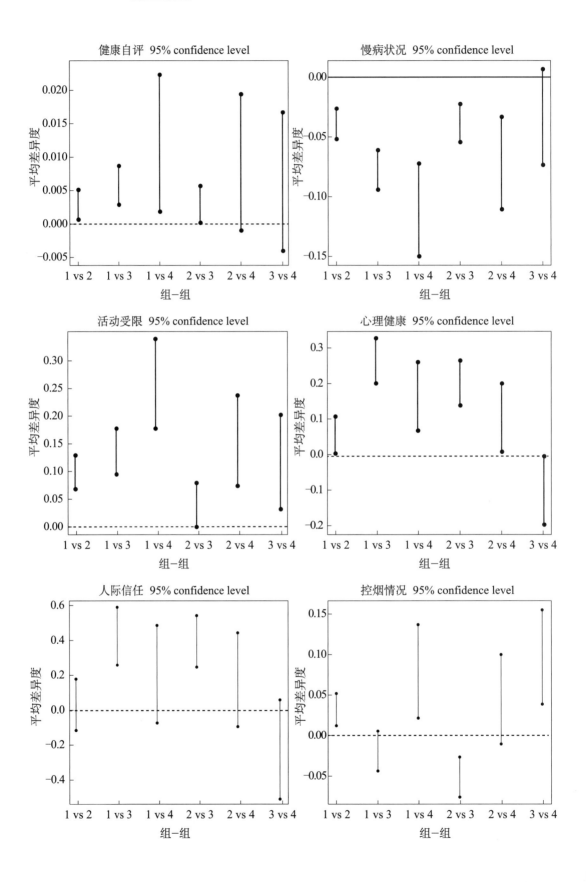

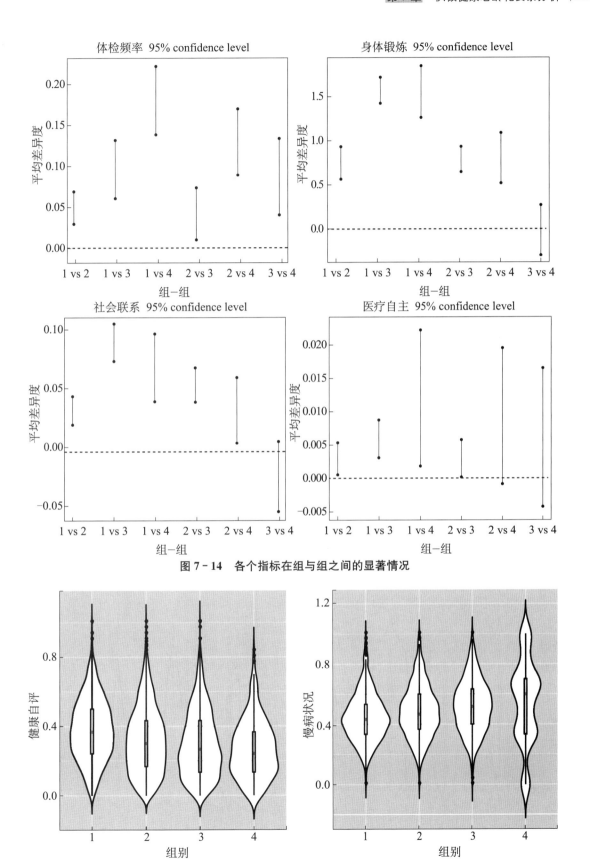

图 7 - 14 各个指标在组与组之间的显著情况

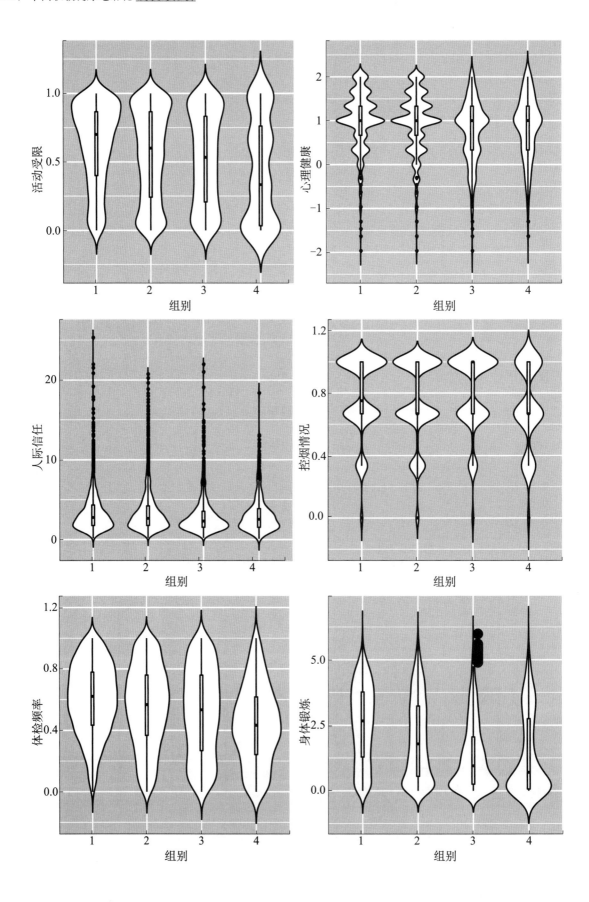

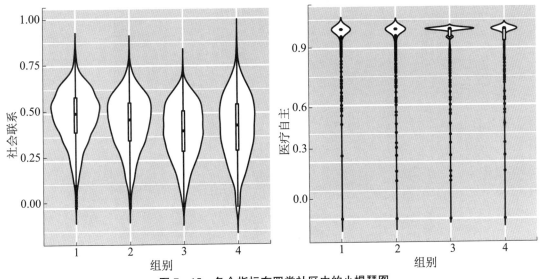

图 7 - 15　各个指标在四类社区中的小提琴图

结合各个指标在不同类型社区间对比的差异性，若将第一类社区作为参照：对于第二类和第四类社区，除人际信任指标外，改善该类社区老年人在其他指标上的状况有助于提升该类社区老年人的主动健康状况；对于第三类社区，除控烟情况指标外，改善该类社区老年人在其他指标上的状况有助于提升该类社区老年人的主动健康状况。

(3) 四类社区内各指标的相关性分析

由以上分析可知，四类社区在主动健康三级指标上的表现存在一定的差异。为进一步探究四类社区内各指标的相互作用关系，考虑按照社区的类别分别计算 10 个三级指标间的相关性（见图 7 - 16）。

由图 7 - 16 可知，三级指标在各类社区中的相关性既有一定的相似性，又有一定的差异性。在四类社区中，人际信任与社会联系均有较强的正相关性，慢病状况与控烟情况、体检频率、身体锻炼、社会联系以及医疗自主均有负相关关系。从每类社区来看：

在第一类和第二类社区中，慢病状况与身体锻炼有较强的负相关关系，与社会联系也有负相关关系，说明在这两类社区中，适当地促进老年人的身体锻炼以及增加老年人的社会联系有助于慢病状况的改善；此外，身体锻炼、人际信任、心理健康以及健康自评与社会联系有较强的正相关关系，说明增强老年人的社会联系会使他们在身体锻炼、人际信任以及健康自评方面的表现有所改善。可以发现在这两类社区中，社会联系是一个较为重要的指标，对这两类社区的老年人来说，增强他们的社会联系是改善主动健康状况行之有效的方案。

在第三类社区中，除了人际信任与社会联系这两个指标间的正相关关系较强外，健康自评与活动受限、心理健康、体检频率、身体锻炼以及社会联系之间有一定的正相关关系，说明针对此类社区的老年人，改善健康自评有助于提高主动健康状况。

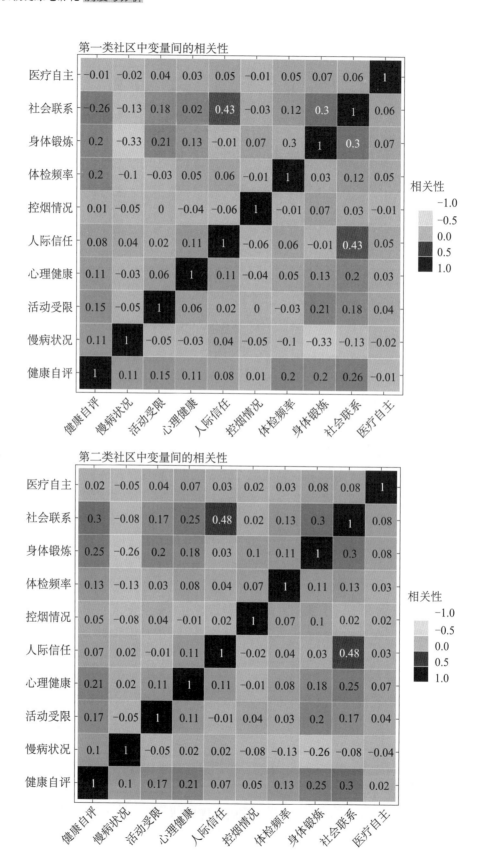

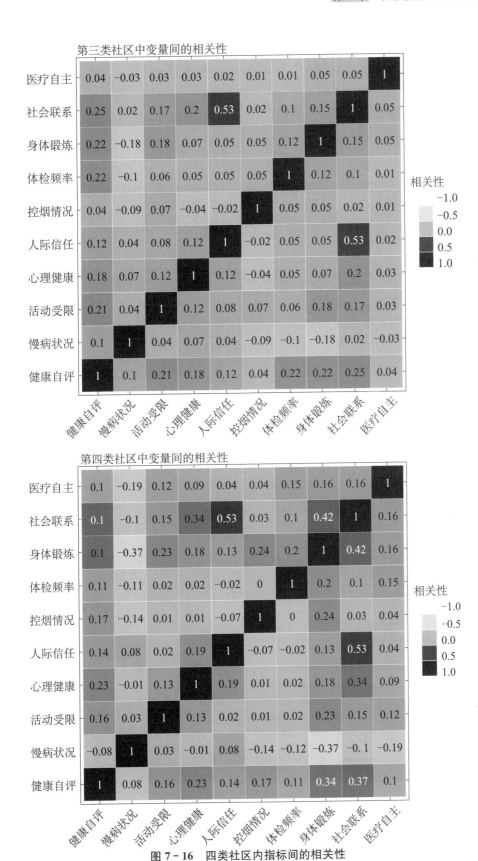

图 7 - 16　四类社区内指标间的相关性

在第四类社区中，社会联系同样可以被认为是改善老年人主动健康状况的一项重要指标；此外，在这类社区中，身体锻炼与控烟情况以及健康自评间有一定的正相关关系，同时它与慢病状况间有较强的负相关关系。因此，可以认为提高这类社区的老年人对身体锻炼的重视程度有助于改善他们的主动健康状况。

（4）社区综合画像及改善主动健康状况的建议

结合由聚类得到的四类社区的属性可以发现：

第一类社区的养老服务比例最高，该类社区大多分布在东部沿海地区且以城市社区为主，可以认为该类社区的经济条件较好、生活水平较高，因此该类社区的老年人在健康自评、心理健康、人际信任、体检频率、身体锻炼、社会联系以及医疗自主方面能够得到很好的满足。

第二类社区在各个维度上的表现较为平均，农村社区与城市社区所占比例接近；从地理位置来看，这类社区较为均衡地分布在东部、中部和西部地区，大致反映了平均水平，因此在各方面的表现较为平均。

第三类社区以农村社区为主，在全国范围内的分布较为均衡，其突出特点是在政治关注上的比例最低，即关心国家大事的比例最低；从主动健康方面的各个指标看，该类社区的老年人在心理健康、身体锻炼、人际信任以及社会联系上的情况均有待改善。

第四类社区的老年人参与文化活动的比例最低，该类社区大多分布在中部地区且农村社区与城市社区所占比例接近；可认为该类社区受地域经济发展水平的限制，因此该类社区的老年人在健康自评、体检频率、慢病状况以及医疗自主方面的情况亟待改善。

基于上述分析，为改善老年人的主动健康状况，针对不同类型的社区给出如下建议。

第一类社区：该类社区的经济发展水平较高，主动健康各个方面的指标在四类社区中处于较高水平；从各指标间的相关性来看，增强该类社区老年人的社会联系是改善主动健康状况行之有效的方案。

第二类社区：该类社区在各个维度上的表现及地区分布较为平均，可以考虑从增强该类社区老年人的社会联系角度出发进行主动健康状况的改善，从而达到改善老年人主动健康状况的目的。

第三类社区：该类社区以全国范围内的农村社区为主，且该类社区的老年人在心理健康、身体锻炼、人际信任以及社会联系上的情况最差，可以考虑在乡镇设置心理咨询中心以改善老年人的心理健康状况，提升老年人对自我健康的关注度，号召老年人参与社会活动等。

第四类社区：社会联系同样可以被认为是改善老年人主动健康状况的一项重要指标；此外，在这类社区中，老年人参与文化活动的比例最低，体检频率以及医疗自主的比例最低且慢病状况最差，考虑到其主要分布在中部地区，经济发展水平及医疗卫生条件可能受到制约，可以考虑重点改善该类社区的医疗服务，丰富社区内老年人的文化生活，提高这类社区的老年人对身体锻炼的重视程度等，从而达到改善老年人主动健康状况的目的。

第 8 章
积极健康老龄化社会舆情分析

本章将以网络舆情数据为基础，使用文本挖掘方法，探究社会大众对积极健康老龄化的看法。

8.1 社会舆情分析介绍

8.1.1 研究意义

探索社会问题的一个重要方面就是分析相关的社会舆情，获取社会大众对热点议题的整体看法和情感倾向。随着"第四媒体"的不断发展，各类信息借助互联网进行大范围传播，社会中不同类型的人群的差异化声音更多地出现在网络平台上。大众以网络为载体发表观点看法、表达情感态度，并完成传播与互动等，由此形成了海量网络舆情数据。因此，网络媒体中的舆情表达和传播获取更加方便，信息保真率高，是洞察社会舆情的绝佳窗口。

舆情可以及时全面地反映社会问题的基本面貌和发展趋势（韩运荣，喻国明，2013），从公众主观态度中折射出社会客观问题的潜在内涵，促进对相关问题的全面了解。《中国社会舆情与危机管理报告（2019）》指出，2018 年以来，民生类议题更加容易引发舆论聚焦。人口健康与积极老龄化作为我国长期的民生热点问题，不仅仅是老年群体这一特定年龄段人群所关心的，更是事关全社会的常青话题。积极老龄化作为人口老龄化发展史上的一个重要里程碑（宋全成，崔瑞宁，2013），在我国老龄化加速发展的态势下成为一项引起持续关注的社会公共事务，自然也伴随大量社会舆情，由此了解公众对相关主题的态度与情感，可以掌握全社会对积极健康老龄化问题的关注情况与情感共识。

从数据收集的角度看，由于健康老龄化对于全社会各个年龄、各个阶层人群有着多重意义，故需要获取广泛的调查对象来探究社会大众对健康老龄化的看法。但传统的基于特定人群的调查通常无法全面覆盖具有不同特性的样本，采集数据时也有各种限制。社会舆情分析可以在一定程度上解决这个问题。一方面，成熟的大数据分析技术可以支持我们从网络文本数据中获取广大民众的整体意见，从而容纳更多的调查样本，为探究健康老龄化相关问题提供可靠的分析依据；另一方面，舆情数据的电子化记录特性为问题研究带来了诸多便利：舆情的发布者、发布时间、发布内容等信息可以被完全获取，对相关因素的提取和多角度探究内在联系具有重要意义。

8.1.2 研究内容

目前，以"积极健康老龄化"为主题的舆情分析较少，但已有很多学者从网络舆情数据出发研究其他相关主题的社会舆情情况。例如，在金融市场中，赖凯声等（2013，2014）、宋礼之（2015）先后采用网络数据研究大众网络情绪与金融投资的关系；在商品市场中，郭洪伟（2015）、董现垒等（2016）通过互联网数据挖掘构建了消费者信心指数，刘伟江和李映桥（2017）研究了该指数与经济增长的动态相关性；在房地产市场中，Soo（2013）基于对新闻文本数据的分析得出房地产媒体情绪对未来房价的预测力，苏志（2016）通过中文微博舆情系统构建了房地产市场乐观预期指数；在平台经济中，刘逸等（2017）构建了基于网络大数据的旅游目的地情感评价模型；在其他领域中，游家兴和吴静（2012）运用文本分析方法构建了衡量媒体情绪指数的综合评价指标体系，陈浩（2014）从宏观层面出发，利用海量数据探索社会情绪与社会风险感知和决策之间的关系，陈顾远等（2016）基于微博数据构建情感指数，反映群众因环境污染而引起的情绪状态变化。这些指数的构建都以分析和研究网络舆情数据为基础，通过对互联网上的用户讨论信息进行深入的文本分析，提取用户感兴趣的主题并刻画用户对每个主题的情感倾向。

本章将借鉴已有文献的研究思路，以网络舆情数据作为分析来源，利用社会舆情自有的全面优良特性和成熟的大数据分析方法，从新闻、讨论、网民言论等文本数据中获得公众对各因素的关注程度，并用情感倾向衡量其所持态度。更进一步，基于社会舆情数据构建社会关注度和社会情绪指数，用于探究社会大众对人口健康与积极老龄化相关主题的关注程度以及相应的情感偏好，衡量整个社会对该主题的关注重点以及情绪波动状况，并提出加快积极健康老龄化进程的对策性建议。

8.2 研究设计

8.2.1 研究框架

考虑到老龄化问题对不同阶层的多重意义，我们从多种媒体来源广泛地获取舆情数据，基于成熟的模型研究方法从海量文本中挖掘与老龄化相关的主题并进行情感分析。由此可以获得积极健康老龄化的社会支持程度并刻画相关指标的变化情况；结合实际主题背景和实时社会热点，对老龄化相关主题的发展动向做深层剖析，能够进一步得出全社会的关注焦点和情感偏好，同时也可以逆向推断出公众对相关公共事务或社会问题的态度。从这一系列构想出发，我们建立了如图 8-1 所示的研究设计框架。

下面对主要研究内容进行详细介绍。

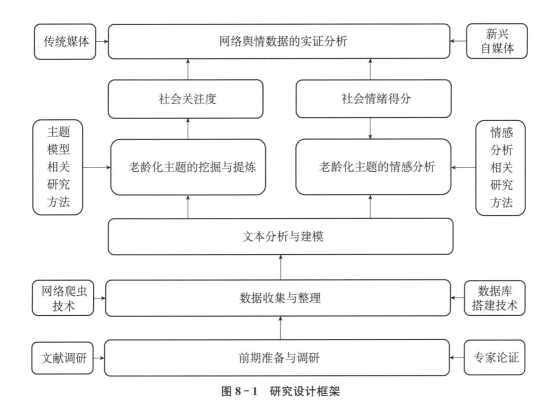

图 8-1　研究设计框架

（1）网络舆情数据的主题挖掘

通过充分的前期调研，我们确定了数据采集范围，并利用网络爬虫技术收集舆情数据，其中包含社会各阶层人群对积极健康老龄化相关问题的观点与看法。为了进一步提炼公众的讨论内容，将采用文本挖掘技术，尤其是主题模型方法，从大量非结构化的网络舆情数据中提炼文本语义的概括性信息（即主题），并筛选出与积极健康老龄化相关的主题。这些主题来源于社会大众的讨论内容，是全社会重点关注的问题。

（2）网络舆情数据的情感分析

由于大量的网络舆情数据来源于社会公众的讨论内容，因此必然包含大众对相关内容的看法和态度。基于此，通过分析网络舆情数据的情感倾向和主观色彩，可以进一步了解大众对于某一事件或主题的具体看法。因此，我们将在提炼社会公众对老龄化关注主题的同时探究其对相关因素的情感倾向，这种情感倾向代表了社会公众对老龄化相关问题的认可程度。

（3）构建"社会关注度"和"社会情绪得分"指标

在对网络舆情数据进行主题挖掘和情感分析的基础上，可以进一步构建"社会关注度"和"社会情绪得分"两个指标，以衡量积极健康老龄化的社会支持情况。最后，从时间维度观察两个指标的动态变化趋势，结合相关政策的发布时点，探究社会公众对国家政策的关注情况及所引起的社会反响。

（4）从传统媒体和新兴自媒体两个角度展开实证分析

互联网快速发展，新闻与舆情数据的来源趋于多元化。传统媒体中的新闻由专业的媒体人发布，其产生过程相对严格，相应的也就代表了较为主流的社会观点；新兴自媒体则有更广泛的发声者群体、更快捷的传播方式以及更强的时效性，促使社会舆情从发生到成熟的快速更迭。基于以上差异，我们希望从不同角度进行实证分析，对比两种媒体来源下的舆情数据所折射出的公众情感和倾向，并且互相补充，形成对积极健康老龄化更为完整的社会关注度研究。

8.2.2 内容分析

（1）数据采集与预处理

本章采用的数据基础是网络舆情数据。在进行数据采集时，首先通过相关政策研究、专家论证以及前期调研等方式确定与积极健康老龄化相关的关键词，作为数据筛选的标准，即只有标题或内容中包含相应关键词的网络文本数据才会被纳入分析范围。在网站的选择上，我们以传统媒体网站（如今日头条、网易新闻等）和新兴自媒体（如微信）为数据采集平台，然后利用网络爬虫技术进行网络舆情数据的收集。由于网络上的数据通常具有较多的噪声，因此在进行文本分析之前需要对数据进行一定的预处理，比如去掉文本内容中包含的英文字母、中文停用词、中英文的特殊标点符号等。

（2）内容主题提炼

本章将首先采用 Blei 等（2003）提出的 Latent Dirichlet Allocation（LDA）模型来挖掘网络舆情数据中社会大众关注的热点话题。该模型可以有效提炼文本中蕴含的内容主题。假设主题数为 K，模型可以计算每篇文档在 K 个主题上的概率分布，从而考察该文档主要的表达内容；同时，模型还可以得到每个主题在所有词上的概率分布，从而得到每个主题的含义。因此，基于 LDA 模型的结果，不但可以了解整个网络文本数据讨论的内容主题，还能进一步得知每个主题的讨论比例。

（3）公众情感分析

情感分析是文本挖掘中的经典研究方法，是指对带有情感色彩的主观性文本进行分析、处理、归纳和推理的过程。随着互联网的快速发展，网络上产生了大量的用户评论信息。这些评论信息表达了人们的各种情感色彩和情感倾向，如喜、怒、哀、乐和批评、赞扬等。基于此，通过分析网络上评论信息的情感倾向和主观色彩就可以进一步了解大众对某一事件或某一主题的具体看法。自 2000 年初以来，情感分析成为自然语言处理中最活跃的研究领域之一。本章将采用基于情感词典的文本分析方法来研究社会公众对老龄化相关问题的情感倾向和认可程度。该方法通过比较已有词典中的词语与需要评分的词语，根据语料库中已有词语的评分和相关规则来给出目标文本的评分。本章采用的具体的情感分析方法见附录 3。

8.2.3 指标构建

基于对网络舆情数据的文本分析结果，进一步构建相应指标，测量社会大众对积极健康老龄化相关问题的关注情况和态度。具体来说，将在社会支持二级指标下构建社会关注度和社会情绪得分两个三级指标。每个指标的具体测量内容如表 8-1 所示：

表 8-1 指标具体测量内容

二级指标	三级指标	测度指标	数据来源
社会支持	社会关注度	网络上关于主动健康与积极老龄化相关主题的关注比例	网络舆情数据
	社会情绪得分	网络上关于主动健康与积极老龄化相关主题的情感得分	网络舆情数据

社会关注度指标重点衡量社会大众对积极健康老龄化相关问题的关注程度。在借助 LDA 模型进行内容主题的挖掘后，假设共有 K 个主题，文档 d 在主题 $k(1 \leqslant k \leqslant K)$ 上的讨论比例为 P_{dk} （取值为 0～1，越大表示讨论比例越高）。假设 K 个主题中与积极健康老龄化相关的主题集合为 Λ，则文档 d 在积极健康老龄化相关主题上的讨论比例定义为 $\sum_{k \in \Lambda} P_{dk}$。最后计算网络舆情数据集中所有 D 篇文本的平均关注度，即 $\frac{1}{D} \sum_{d=1}^{D} (\sum_{k \in \Lambda} P_{dk})$，并将其作为最终的社会关注度。

社会情绪得分衡量社会大众对积极健康老龄化的情感态度。假设文档 d 的情感得分为 s_d （取值为 0～1，越大表示情感越偏积极），类似于社会关注度的计算方法，我们将综合网络上所有 D 篇文本的情感得分，记为 $\frac{1}{D} \sum_{d=1}^{D} (s_d)$，并将其作为最终的社会情绪得分。此外，还可以结合每篇文本的情感得分以及该文本在主题上的分布来考察每个主题的情感得分。具体来说，对于文档 d，记 $q_{dk} = P_{dk} s_d$ 表示主题 k 在文档 d 中的情感得分。最后，综合网络舆情数据集中所有 D 篇文本在主题 k 上的情感得分，即 $\frac{1}{D} \sum_{d=1}^{D} (q_{dk})$，可以得到社会大众在主题 k 上的情感倾向。

上述两个指标都可以从时间维度观察变动趋势，从而形成时间上的纵向对比，并可以进一步结合积极健康老龄化相关政策的发布时点，探索社会公众对国家政策的关注情况及所引起的社会反响。

8.3 基于传统媒体的舆情分析

8.3.1 数据概况

以"老人""老年""养老""老龄化"等作为关键词，在搜狐、新浪等新闻网站上爬取了 18 722 条相关新闻。新闻时间跨度为 2019 年 1 月 1 日至 2019 年 12 月 31 日。对所有新闻内容做分词和优化后，进行词频统计并绘制如图 8-2 所示的词云，字体越大则表示该词出现的频率越高。从图中可以直观地看出，该年度新闻的高频词主要有"老人""服务""基金""机构""发展""养老保险""社区""社会""企业""健康""工作"等。

图 8-2　2019 年老龄化相关新闻词云图（传统媒体）

在这些新闻高频词中，"老人"是获取新闻的关键词之一，也是本书重点关注的目标人群。"服务""健康"则大多伴随着"养老"这一关键词出现，是针对老年群体的高频话题；与之对应的物理环境则由"机构""企业"等词语体现。"基金""养老保险"等词指向养老金的市场投资，是 2019 年基本养老保险制度改革背景下的热点问题。"发展""工作"等词关注个人价值的实现，很好地映射出积极老龄化议题。"社区""社会"则表明了积极健康老龄化进程的涉及广度，体现出全社会各阶层的广泛关注。由此可以发现，相关新闻在很大程度上围绕着社会对老龄化支持的各方面展开，为舆情评价研究提供了良好的分析素材。

8.3.2　舆情主题分析

设定主题数为 100，对新闻文本数据集建立 LDA 主题模型，得出每条新闻对应的文档-主题分布以及每个主题对应的主题-词语分布。根据主题的高频词情况可以为主题赋予实际意义。在 100 个主题中，共有 53 个含义较为明确的主题，具体见附录 4。进一步观察发现有些主题的含义是相近的。例如主题 9 "意外伤害"和主题 30 "犯罪事件"等，都可以归入"安全"这一类别；又如主题 12 "理财"和主题 16 "投资"等，都可以归为"经济"这一类别。因此进一步将 53 个具有明确含义的主题划分为十个类别。对每一类别所包含的主题数量做占比统计，可以从饼状图（见图 8-3）中看出，"社会"这一类别的主题数量是最多的，占到所有明确主题的约 1/5，其次是"健康"、"经济"与"养老"，这与词云图所显示的高频新闻词相对应，也符合积极健康老龄化的主要新闻话题。

8.3.3　关注度分析

基于 LDA 主题模型的结果可以得出每个主题在每个新闻文本上的概率分布。由于每

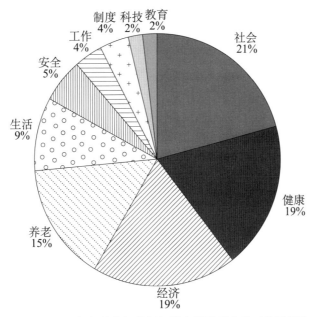

图 8 - 3　2019 年老龄化相关新闻的主题类别占比（传统媒体）

条新闻对应着一个发布时间，故可以引入时间变量从而得到主题出现概率与新闻发布时间的对应关系。对于选定的目标主题，以月份为单位，为其在特定月份的所有新闻中出现的概率求均值，将该值定义为该主题在本月的"主题关注度"，进而可以刻画目标主题在一年内的关注度变化情况。

先探究 53 个主题在每月的主题总关注度。通过观察其在全年 12 个月中的变化，就可以得出相关新闻对老年群体和老龄化问题的总体关注情况。如图 8 - 4 所示，2019 年全年的主题总关注度基本稳定在 0.5～0.6，在 9 月达到了一个小高峰：受到 9 月上旬重阳节的影响，社会新闻对老年群体的关注度随着传统节日的到来而有所上升。

然后对图 8 - 3 所示的各类主题做关注度变化研究。与主题总关注度的计算方法类似，将同一类别的所有主题在每月的关注度做加总处理，即得到该主题类别在每月的关注度指标。在十个类别中，占比最多的四个类别分别为社会类、健康类、经济类和养老类，这四类主题在所有具有实际含义的主题中的总占比达到约 3/4，对主题出现概率变化情况有着决定性意义。

首先观察社会类主题的变化。该类别主要包含与老龄化、老年人相关的社会事件和现象，在 53 个主题中占比最大，约为 1/5。从图 8 - 5 可以看出，2019 年全年的关注度大约在 0.08～0.15 的区间内变化。在上半年，4 月社会类主题关注度达到了一个阶段性最大值，该月的社会民生热点话题较多，包括"维权风波""996 工作制"等，与民众的切身利益密切相关；公共安全和自然灾害事件频发，引起社会类主题关注度的上升。而在下半年的整体上升趋势中，9 月和 11 月是两个关注度高峰，其中 9 月的重阳节引起了全社会对老年群体的关注，党的十九届四中全会的召开促进了 11 月社会类主题关注度的上升。

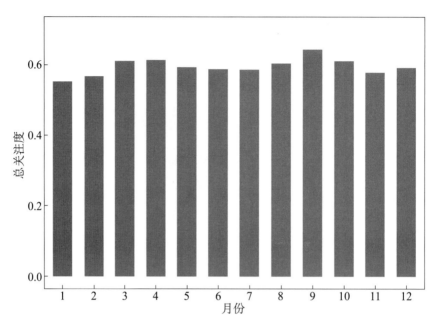

图 8-4　2019 年每月老龄化相关新闻的主题总关注度（传统媒体）

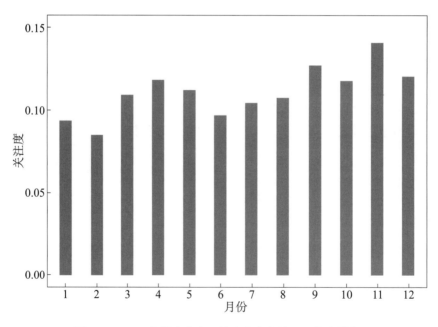

图 8-5　2019 年社会类主题关注度变化情况（传统媒体）

其次是老年群体中的常青话题——健康类主题，2019 年《国务院关于实施健康中国行动的意见》发布，受健康中国行动路线整体背景的影响，该年度健康类话题的关注度基本维持在较高水平。从图 8-6 中可以看到，其在 2019 年的关注度处于 0.07～0.12，较社会类主题的整体关注度偏低，原因在于该类所包含的主题数目较少，范畴稍小。高值医用耗材改革于 5 月提出、新修订的《中华人民共和国药品管理法》在 11 月表决通过等健康类热点事件都在一定程度上引起了当月的关注度回升。

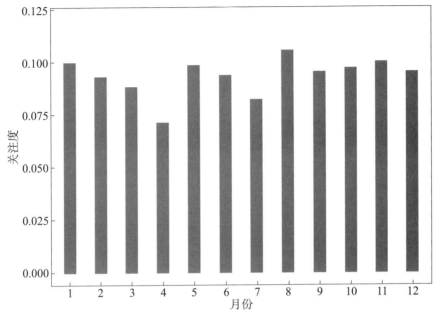

图 8 - 6　2019 年健康类主题关注度变化情况（传统媒体）

再次是经济类主题，该类别体现了老年人经济与理财的多个方面，且包含养老金、保险等与该群体密切相关的经济主题。其在 2019 年的关注度水平处于 0.05～0.12，在 4 月达到了最大值（见图 8 - 7）。2019 年 4 月与国家社保新规相关的新闻较多，对养老金提高、生育医疗险合并、社保缴费基数调低、社保费率降低等新政策的时评热议明显增加，引起了该年度经济类主题关注度指标的大幅上升和热度保持；此外，7 月养老金补发到位等事件使得该月关注度有小幅上升。在国家政策的引导下，对老年群体的理财投资等报道频现，正向地作用于经济类主题关注度。

最后是针对养老类别的主题，可以从图 8 - 8 看出，其全年的关注度处在较高水平，在 0.13～0.22 的范围内，是前四个主题类别中总体水平最高的一类，凸显出养老问题在积极健康老龄化进程中的重要性。其中，3 月、6 月和 9 月关注度指标出现高峰。在两会落下帷幕后，大力发展多元化社区服务、增加惠普性养老床位等话题使得 3 月的养老类主题关注度大幅上升；9 月民政部提出要求，到 2022 年社区养老服务设施配建率达到 100%，对养老物理环境的改善有着重大指导意义。纵观 2019 年全年，一系列养老产业新政推进了高质量养老，未来发展养老服务的前沿愿景被陆续提出，成为舆论的一大关注点。

8.3.4　舆情情感分析

对每个新闻文本进行情感分析，得到文档情感值。每篇文档的情感值在 0～1 变化，

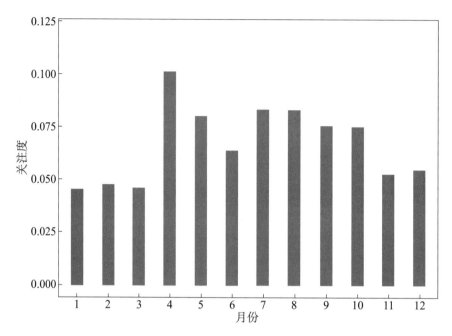

图 8 - 7　2019 年经济类主题关注度变化情况（传统媒体）

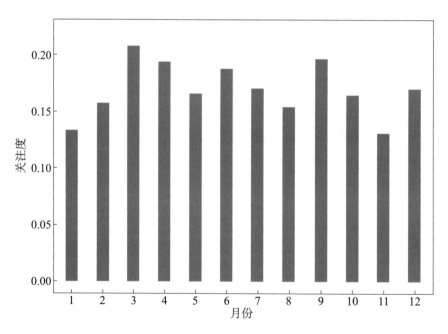

图 8 - 8　2019 年养老类主题关注度变化情况（传统媒体）

因此可以 0.5 为界对文档情感极性进行判断，若大于 0.5，则情感偏正向，否则情感偏负向。图 8 - 9 展示了文档情感值的直方图，除了少部分极端值，大部分文档的情感值位于 0.45~0.65。图中多数文档的情感值分布在 0.5 的右侧，说明多数新闻呈现正向情感。

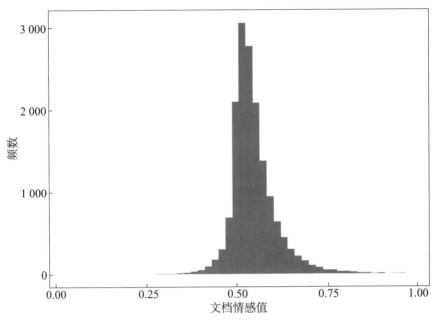

图 8 - 9　2019 年老龄化相关新闻的情感得分分布（传统媒体）

计算 2019 年各个月份的文档情感均值，作为每个月的社会情绪得分，绘制柱状图如图 8 - 10 所示。由图可知，每个月的社会情绪得分都大于 0.5，说明整体而言，新闻媒体对于老人、养老、老龄化等话题的表达较为友好。图中社会情绪得分随月份整体呈现上升趋势，尤其接近年底之时，9—12 月新闻文本的正向情感更加明显。据观察，年末的新闻之所以正向情感较强烈，与节日和政策密切相关。如重阳节与党的十九届四中全会引发了人们对老年人生活的关注，使新闻报道的情感向正面倾斜。尤其在 12 月相关政策加大落实力度之后，养老服务、养老社区、养老保险制度等各方面建设稳步推进，养老体系改革步伐加快，老年人在医疗、民生、经济等各方面的权益得到保障，新闻文本的字里行间流露出振奋、鼓舞、赞扬等情绪，社会情绪得分因此得以大幅提升。

通过 LDA 模型可以得到每篇文档在十个主题类别（见图 8 - 3）上的概率取值，从而反映出每篇文档对各个主题类别的讨论权重和关注度。进一步将每篇文档的情感值乘以其在某主题类别上的概率值，可以得到每篇文档在该主题类别上的情感强度。值得注意的是，一篇文档在某个主题类别上的概率值通常会明显小于 1，因此每篇文档在任意一个主题类别上的情感值也会相应缩小。例如，如果一篇文档（原情感得分为 0.7）在十个主题类别上均匀分布，则该文档中每个主题类别的讨论概率均为 0.1，因此它在任意一个主题类别上的情感强度为 0.07。可见，情感强度的绝对值已经失去了极性判断的能力，但是对比各个主题类别的情感强度仍能看出不同主题之间在情绪表达上的差异。

图 8 - 11 展示了不同主题类别的情感强度。在所有主题类别中，养老主题类别的情感强度值最高，情绪抒发最为强烈，推测与我国养老政策受到重视、养老体系不断发展的现状有关。社会、健康、生活和经济主题类别具有相近的情感强度，说明它们也同样受到公

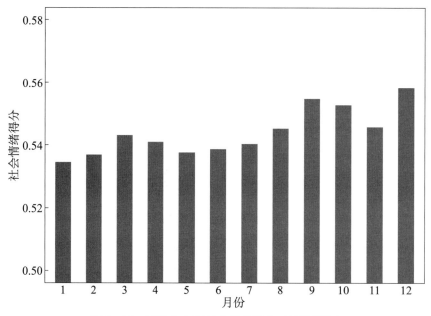

图 8 - 10　2019 年每月社会情绪得分（传统媒体）

众的关注，并且相关报道中存在较为活跃的情感表达。剩余主题类别情感得分较低，一方面公众较少讨论，另一方面相关报道的情绪抒发较为平淡。

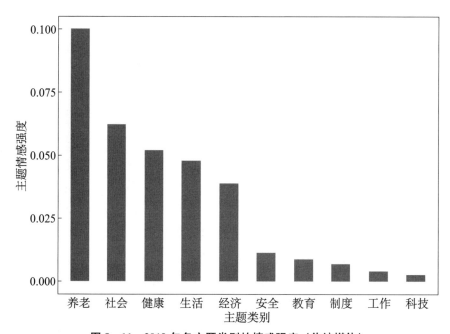

图 8 - 11　2019 年各主题类别的情感强度（传统媒体）

最后，以情感强度值最大的养老和社会两个主题类别为例，结合时间绘制月份情感强度柱状图（见图 8 - 12、图 8 - 13）。除了前面提到的 9 月与 12 月，3 月的情感强度值也有大幅上升，推测与两会的召开有密切关系。2019 年 3 月 15 日两会结束，涉及养老、医疗等多个方面的决策开始落实,例如,上调企业和机关事业单位退休人员的基本养老金;同时开展多元化社区服务,通过日间照料、康复护理、助行助餐等,使社区老者享受方便、优质的养老服务。更为人性化的养老政策、更加体贴的养老服务,使得养老类别新闻文本的情感抒发变得强烈,情感强度值升高。

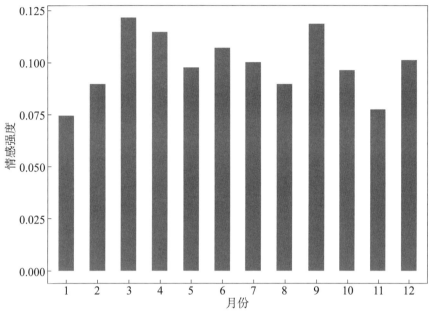

图 8 - 12　2019 年养老类主题的月度情感强度(传统媒体)

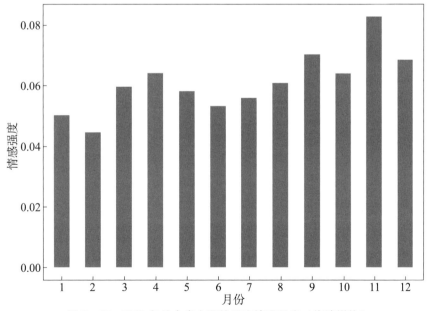

图 8 - 13　2019 年社会类主题的月度情感强度(传统媒体)

图 8 - 13 展示了社会类主题情感强度的时间变化趋势,情感强度值随月份在小幅波动中上升,在 3—4 月、9 月、11 月有较大幅度增长。与其他主题不同,社会这一主题较为

广泛，与各行各业都有密切的关系，容易受政策、经济等各方面事件的影响。无论是 3 月的两会召开，还是 11 月党的十九届四中全会的召开，都会引起公众对社会议题的讨论与关注，最终导致社会类主题的情感强度值上升。

8.4 基于新兴媒体的舆情分析

8.4.1 数据概况

随着科技的发展，越来越多的新兴媒体（如微博、微信公众号）应运而生，对其中老龄化相关信息的舆情分析也成为不可或缺的一部分。与传统媒体相比，新兴媒体内容更为丰富，结构也较为多样，因此需要考虑新兴媒体平台对老龄化相关问题的关注情况。本章以微信为新兴媒体的代表，将使用互联网分析引擎（窦志成，文继荣，2015）在微信公众号中爬取获得的包含"老人"、"老年"与"老龄化"三个关键词的 120 多万篇文章作为分析数据。对所有数据分词后绘制词云，如图 8 - 14 所示。从图中可以看出，高频词主要有"老人""生活""工作""健康""养老""服务"等，可以认为它们代表了老龄化相关文章中受大众关注的几个热点。同时，它们也为后续主题关注度的相关研究提供了一定的参考。

图 8 - 14　2019 年老龄化相关新闻词云图（新兴媒体）

8.4.2 舆情主题分析

设定主题数为 100，然后对文章内容建立 LDA 主题模型。由于新兴媒体具有内容丰富、复杂的特点，从所有主题中仅筛选出 22 个与老龄化相关的主题，具体见附录 4 表 C4 - 3。进一步根据各个主题的含义将 22 个主题归纳为六个类别，具体划分结果见附录 4 表 C4 - 4。六个类别包含的相关主题数量所占比例如图 8 - 15 所示。不同于传统媒体，新兴媒体中"健康"这一类的主题数量是最多的，共包含 9 个具体的主题；其次是"养老"、"生活"与"社会"，这些也与词云图所显示的新闻高频词相对应。

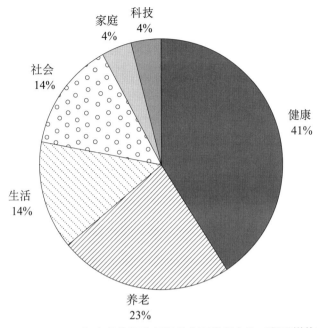

图 8 - 15　2019 年老龄化相关新闻的主题类别占比（新兴媒体）

8.4.3　关注度分析

　　类似于传统媒体的计算方法，首先得到每月的主题总关注度，结果如图 8 - 16 所示。由图可知，2019 年全年的主题总关注度基本稳定在 0.5 左右。与传统新闻媒体的结果相比，新兴媒体的总关注度取值整体略有下降，这可能是由于新兴媒体中与老龄化相关的主题较少。自 2019 年 1 月 1 日起继续为企业退休人员调整基本养老金，这是导致 1 月总关注度较高的可能原因之一；3 月两会的召开以及 10 月新中国成立 70 周年使得 3 月与 10 月

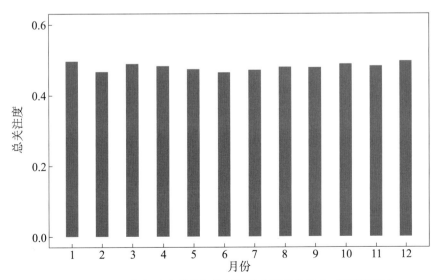

图 8 - 16　2019 年每月老龄化相关新闻的主题总关注度（新兴媒体）

的关注度有一定程度的上升。

进一步研究各类主题的关注度变化情况。首先健康类主题的关注度变化如图 8 - 17 所示。由图可知，健康类主题关注度的平均水平稳定在 0.18 左右，存在一定的波动，且占总关注度的比重较大。其原因可能是该类主题包含的主题数量较多，且该类主题中的主题关注度较高。7 月 15 日，《国务院关于实施健康中国行动的意见》发布，提出了落实《"健康中国 2030"规划纲要》的一些指导意见，导致 7 月关注度有所上升。9 月 17 日，国务院新闻办公室发布《关于深入推进医养结合发展的若干意见》，进一步讨论医疗卫生与养老服务相结合的问题，可能是 9 月关注度回升的原因。而年末健康主题关注度的持续上升或与新冠肺炎疫情有一定关联。

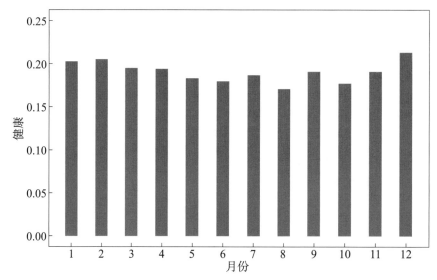

图 8 - 17　2019 年健康类主题关注度变化情况（新兴媒体）

其次是养老类主题的关注度，其变化情况如图 8 - 18 所示。可以看出，该类主题的关注度基本稳定在 0.12 左右，在总关注度中的占比小于健康类主题。其在 3 月和 8 月均出现了峰值，前者与两会期间出台的《国务院办公厅关于推进养老服务发展的意见》（简称《意见》）有一定的关联；后者与 7 月底提出的养老服务部际联席会议制度有一定关系，它也是进一步落实《意见》的措施之一。

图 8 - 19 展示了社会类主题的关注度情况。该类主题关注度的平均水平约为 0.1，不同月份的关注度存在一定的差异，其在总关注度中的占比略小于养老类主题。由于养老金的上调、养老服务标准的不断完善、"互联网＋服务"护理形式的初步尝试等热点事件不断发生，社会类主题的关注度在 2—8 月呈现出上升趋势。新中国成立 70 周年、党的十九届四中全会召开这两个重大事件也使得 10 月迎来了社会类主题的关注度高峰。

生活类主题的关注度变化情况如图 8 - 20 所示。由图可知，生活类主题关注度的平均值保持在 0.06 左右，整体呈现出先下降后上升的趋势，在 2 月和 9 月均出现了较为明显的波峰。2 月《城企联动普惠养老专项行动实施方案（试行）》的发布为老年人生活提供

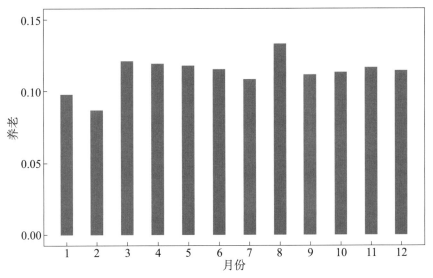

图 8 - 18　2019 年养老类主题关注度变化情况（新兴媒体）

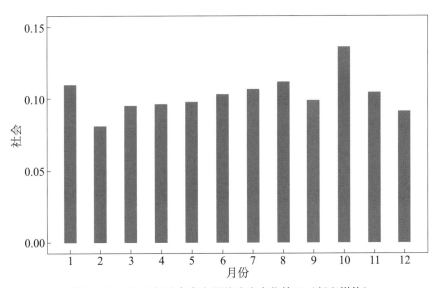

图 8 - 19　2019 年社会类主题关注度变化情况（新兴媒体）

了极大便利，一定程度上促进了 2 月关注度的上升；即将到来的重阳节以及全面补发养老金的政策为导致 9 月生活类主题关注度峰值的重要原因；11 月《国家积极应对人口老龄化中长期规划》的印发也使得 11 月与 12 月的关注度有一定的上升。

之后是家庭类主题的关注度，其变化情况如图 8 - 21 所示。由图可知，该类主题的关注度围绕 0.008 的水平有着小幅度波动，2 月达到高峰后至 8 月持续下降，之后又有一定的回升。与之前的主题相比，该类主题的关注度在平均水平上有明显的降低，这是因为该类主题的数量较少。2 月的关注度高峰与前文提及的《城企联动普惠养老专项行动实施方案（试行）》有一定的关联；10 月党的十九届四中全会提出"注重发挥家庭家教家风在基层社会治理中的重要作用"，在一定程度上促进了关注度的回升，关注度达到短期内的峰值。

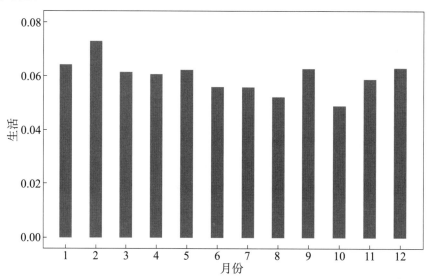

图 8 - 20　2019 年生活类主题关注度变化情况（新兴媒体）

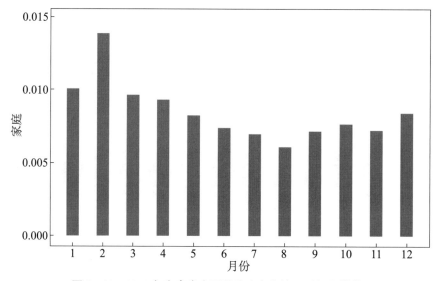

图 8 - 21　2019 年家庭类主题关注度变化情况（新兴媒体）

　　最后是科技类主题的关注度，其变化情况如图 8 - 22 所示。由图可知，其关注度基本保持在 0.005 左右，与家庭类主题类似，在总关注度中占比较小。其关注度在 2—6 月呈现出缓慢下降的趋势，下半年先上升后下降，基本回到之前的水平。如前文所述，"互联网＋养老"这一智慧养老方式的普及是导致 7—9 月科技类主题关注度上升的原因之一；同时，对 5G 技术在养老服务行业应用的设想或许也导致了关注度的上升。

8.4.4　舆情情感分析

　　图 8 - 23 展示了新兴媒体中所有文本的情感值分布直方图，可以看出大部分文档的

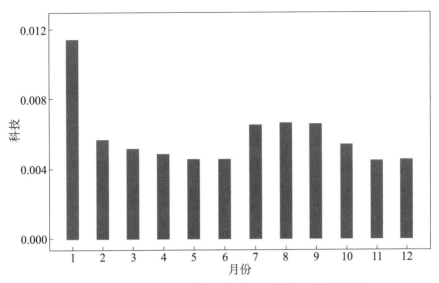

图 8 - 22　2019 年科技类主题关注度变化情况（新兴媒体）

情感值位于 0.45～0.65，且多数文档的情感值分布在 0.5 的右侧，说明新兴媒体中大部分新闻同样呈现正向情感。进一步观察新兴媒体中每月的情感得分情况，结果如图 8 - 24 所示。由图可知，每个月的社会情绪得分都大于 0.5，说明整体而言，新兴媒体对于老人、养老、老龄化等话题的表达偏正向。社会情绪得分在月份之间的整体差别不大，只在 10 月有较明显的波动，超过 0.55。通过观察可以发现，10 月的新闻文本中出现了大量关于国庆节和重阳节的话题，且这些话题的情感得分都很高，有些甚至超过 0.7，国庆节引发了人们对一些优秀老共产党员的致敬与感恩；重阳节很多地方举办了养老敬老的慰问关

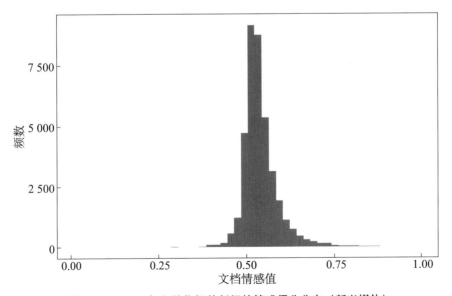

图 8 - 23　2019 年老龄化相关新闻的情感得分分布（新兴媒体）

怀活动，对老年人的关注度有所提升，同时节日的来临也让媒体更倾向于发表正面的文章；10 月"90 后梗王袁隆平"登上了热搜，媒体对这位伟大的老人及其老年生活的评价呈现非常明显的正向情感，也让 10 月的社会情绪得分有较大的提升。

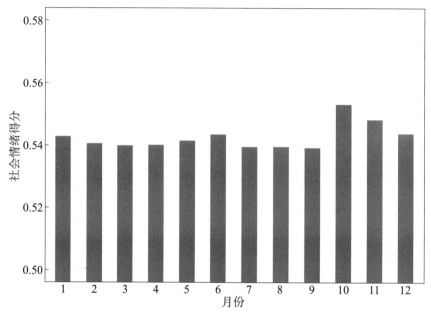

图 8-24 2019 年每月社会情绪得分（新兴媒体）

基于 LDA 主题模型的结果，从所有相关的 22 个主题中归纳出了六个有意义的主题类别，分别为家庭、科技、生活、社会、养老、健康，将每篇文档的情感值乘以其在某主题类别上的概率值，可以得到每篇文档在该主题类别上的情感强度。与前述传统媒体的舆情分析相似，由于情感强度的绝对值偏小，失去了对于极性的判断能力，但是通过对比各个主题类别的情感强度，仍能看出不同主题之间表达情绪的差异。

图 8-25 展示了不同主题类别的情感强度。相较传统媒体来说，每一类的情感强度值下降明显，推测可能与新兴媒体关注面较广、文章内容较为浅显有关。在所有主题类别中，健康主题类别的情感强度值最高，情绪抒发最为强烈。由于新兴媒体的文章内容受大众影响较大，这可能反映出公众对健康的关注度较高，相关内容更容易受到大家的关注。社会、养老和生活三个主题类别具有相近的情感强度，说明这些主题同样受到用户的关注，并且相关报道中存在较为活跃的情感表达。剩余主题类别情感得分较低，可能因为相关报道的情绪抒发较为负面或者客观，也可能因为关注老人、养老这些问题的人对这些方面关心更少。

之后以情感强度值最大的健康和养老两个主题类别为例，结合时间绘制月份情感强度柱状图，结果见图 8-26 和图 8-27。可以看出 2019 年关于健康类主题的情感强度在年初和 9 月、10 月较高，可能是春节、国庆节、重阳节的到来引发了社会对健康的更多关注，9 月 17 日国务院新闻办公室发布的《关于深入推进医养结合发展的若干意见》也让公众对此有更多的讨论，同时这些时段关于健康的文章的情绪表达也较为正面。图 8-27 展示了养老类主题情感强度的变化趋势，不存在明显的波动情况。7月底提出的养老服务部际联席会议制度或许引发了人们的一些讨论，但是可能由于媒体的感情抒发较为平淡，或者文本中关于养老的讨论并不占据主要版块，因此也并没有引起大的情感波动。

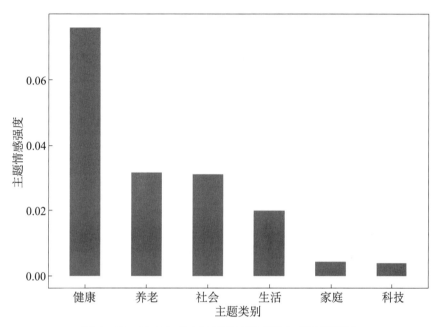

图 8 - 25 2019 年各主题类别的情感强度（新兴媒体）

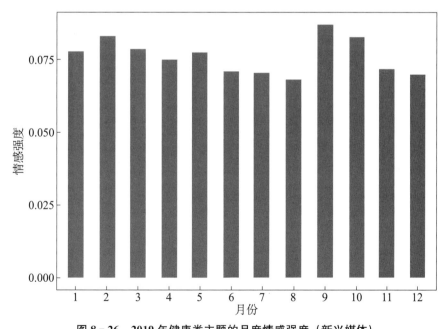

图 8 - 26 2019 年健康类主题的月度情感强度（新兴媒体）

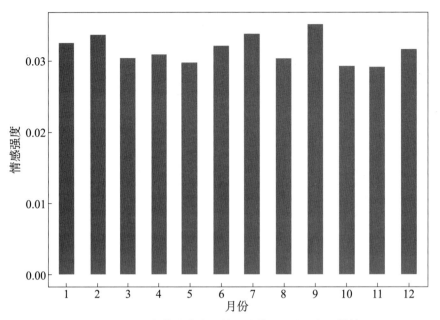

图 8-27　2019 年养老类主题的月度情感强度（新兴媒体）

8.5　总结

8.5.1　传统媒体

本章对传统媒体及新兴媒体两种来源的数据分别进行了主题研究与情感研究，并将二者与时事、政策相结合，得出了许多有意义的结论。在关于传统媒体与老龄化相关新闻的研究中，由对文本数据进行预处理后绘出的词云可知，"老人""服务""机构""养老保险""健康"等为高频词。

进一步对传统媒体进行主题分析，可以得到约 53% 的主题具有较为明确的含义。根据主题的含义，将主题划分为社会、健康、经济、养老、生活、安全、工作、制度、科技与教育共十类。结合主题模型的结果可以定义每个主题的关注度指标以及主题的总关注度指标，并分别研究其在 2019 年的变化趋势。

总关注度在年内基本稳定在 0.5~0.6，9 月因重阳节出现小高峰。社会类主题的平均水平保持在 0.1 左右，有一定的波动，由于社会热点事件的频发以及重阳节、党的十九届四中全会在 4 月、9 月和 11 月出现峰值。健康类主题关注度的平均水平保持在 0.08 左右，其 5 月与 11 月的高峰受到高值医用耗材以及《中华人民共和国药品管理法》的影响。经济类主题关注度的平均水平为 0.06，社保新规的制定以及养老金的补发到位使得 4 月与 7 月关注度达到高峰。养老类主题在总关注度中占比较大，平均水平约为 0.15，3 月的两会、9 月民政部的新要求使得关注度在这两个月出现峰值。

在情感分析方面，各月的社会情绪得分变化情况与主题总关注度类似，表现为 9—12

月正向情感较为强烈。进一步观察各类主题的情感强度变化情况，可以发现养老类主题的情感强度值最大，在 3 月、9—12 月情感强度值均较高，3 月的峰值与两会的召开有关，年末的峰值与重阳节、党的十九届四中全会以及相关政策落实等具有一定的关联。类似地，社会类主题的情感强度值在 3—4 月、9 月与 11 月达到高峰，这与上述热点事件的发生有关，引发了公众对社会议题的关注与讨论。

8.5.2　新兴媒体

新兴媒体与老龄化相关的文章中包含"老人""生活""工作""健康""养老""服务"等高频词，同样反映了文章中受众较为关注的几个方面。由于新兴媒体内容相对丰富，仅有 22% 的主题与老龄化相关。根据老龄化相关主题的含义，将其划分为健康、养老、生活、社会、家庭与科技共六类。结合主题模型的结果，定义每个主题的关注度指标以及主题的总关注度指标，并分别研究其在 2019 年的变化趋势。

总关注度在 2019 年内平均水平保持在 0.5 左右，整体波动较小，两会的召开与新中国成立 70 周年使得 3 月与 10 月的关注度有一定的上升。健康类主题关注度的平均水平保持在 0.18 左右，占总关注度的比重最大，"健康中国行动"以及"医养结合发展"的逐步落实使得 7 月与 9 月出现了关注度的峰值。养老类主题的关注度基本稳定在 0.12 左右，《国务院办公厅关于推进养老服务发展的意见》的出台以及之后采取的一系列措施使得 3 月与 8 月出现了关注度的峰值。社会类主题关注度的平均水平保持在 0.1 左右，其 10 月的高峰是新中国成立 70 周年与党的十九届四中全会召开所致。生活类主题关注度的平均水平保持在 0.06 左右，《城企联动普惠养老专项行动实施方案（试行）》的实施带来了 2 月关注度的高峰，重阳节以及补发养老金的落实导致了 9 月的关注度高峰。由于家庭及科技类主题的关注度水平整体较低，在此不再叙述。

在情感分析方面，采用相同的方法计算每篇文档的情感值并按月汇总，可以得到各月的社会情绪得分。其在 2019 年各月的取值均大于 0.5 且差别较小，仅 10 月有明显波动，这是由于重阳节与国庆节相关话题的情感得分较高。从主题的情感强度值而言，健康类主题的情感强度整体最大，其在 9 月、10 月的取值同样由于重阳节与国庆节的影响有较为明显的上升。养老类主题的情感强度值变化较小，因为导致其情感强度发生强烈变化的社会事件较少。

8.5.3　对比与总结

将传统媒体与新兴媒体的同类分析结果进行比较，可以发现许多相同之处与不同之处。从词云显示的高频词来看，二者均含有"老人"与"健康"等与老龄化问题关联较大的关键词。然而相较于传统媒体，新兴媒体的高频词中含有"网络""文化"等词语，这表明新兴媒体的内容与传统媒体相比更加丰富。从老龄化相关主题占比来看，新兴媒体（22%）远小于传统媒体（53%），这也表明新兴媒体内容复杂多样的特点。从主题类别来看，传统媒体与新兴媒体共有的主题类别为健康、养老、生活、社会与科技，表明以上几个主题在两种媒体中均是受众关注的热点。健康类话题在两类媒体中的占比均较大，表明老龄人口的健康问题为人们普遍关心。

从总关注度的变化情况来看，传统媒体的总关注度平均水平高于新兴媒体的总关注度平均水平，这同样是新兴媒体的内容丰富、老龄化相关主题占比较小所致。此外，传统媒体的总关注度波动程度要大于新兴媒体的总关注度波动程度，这可能是因为传统媒体对时政事件的敏感性较高。从健康类主题的关注度变化来看，传统媒体的关注度平均水平低于新兴媒体的关注度平均水平；二者的整体变化趋势均为先下降后上升，但传统媒体的变化要早于新兴媒体，这表明传统媒体具有时效性的特点。从养老类主题的关注度变化来看，传统媒体的关注度平均水平高于新兴媒体，且其关注度的波动程度大于新兴媒体，这与总关注度是一致的。

从文章情感值的分布情况来看，传统媒体与新兴媒体的情感分布状况相似。从每月社会情绪得分来看，二者的平均水平较为相似，但传统媒体的社会情绪得分波动较大，这或许也是因为传统媒体对时政事件的敏感性较高。从主题类别的情感强度来看，传统媒体整体上大于新兴媒体。从养老类主题的情感强度变化情况来看，传统媒体各月情感强度值的平均水平高于新兴媒体，且传统媒体的波动程度大于新兴媒体。

总体而言，关于老龄化相关问题，通过各种媒体渠道反映出大众普遍的关注点主要集中在健康、养老与生活方面，这也与我们的常识一致。通过传统媒体以及新兴媒体对老龄化问题进行研究，研究结果必然包含媒体的时效性特征，即特定主题的关注度及情感得分会受到时政事件的影响。同时，两种媒体各自的特点又使得其结果呈现出一定的差异。

附　录

附录1　中国 31 个省区市积极健康老龄化指数编制结果

表 C1-1　中国 31 个省区市主动健康要素指数测算结果及排名

省区市	主动健康	排名
天津	85.4	1
福建	83.1	2
浙江	83.1	3
山东	83.1	4
江苏	82.8	5
北京	82.8	6
上海	81.4	7
青海	81.0	8
重庆	80.6	9
宁夏	80.1	10
山西	79.5	11
江西	79.1	12
辽宁	78.4	13
广东	78.2	14
四川	78.0	15
湖北	77.9	16
河北	77.8	17
内蒙古	77.3	18
湖南	77.3	19
河南	77.1	20
新疆	77.0	21

续表

省区市	主动健康	排名
安徽	76.8	22
西藏	76.8	23
云南	76.4	24
陕西	76.2	25
吉林	76.2	26
黑龙江	76.2	27
广西	76.0	28
贵州	74.9	29
海南	73.8	30
甘肃	69.7	31
全国	78.9	—

表 C1-2　中国 31 个省区市社会参与要素指数测算结果及排名

省区市	社会参与	排名
浙江	86.4	1
江苏	82.7	2
广西	81.5	3
福建	81.2	4
江西	81.0	5
山东	80.4	6
青海	79.8	7
湖南	79.6	8
安徽	79.2	9
四川	79.0	10
北京	78.5	11
宁夏	78.5	12
云南	78.4	13
山西	78.3	14
重庆	78.3	15
广东	78.2	16
上海	78.1	17
天津	77.8	18
湖北	77.7	19
新疆	76.9	20
河北	76.9	21
海南	76.8	22
河南	76.1	23

续表

省区市	社会参与	排名
陕西	75.9	24
内蒙古	74.9	25
甘肃	74.7	26
贵州	73.9	27
辽宁	73.9	28
西藏	73.1	29
黑龙江	72.9	30
吉林	72.6	31
全国	78.3	—

表 C1 - 3　中国 31 个省区市环境支持要素指数测算结果及排名

省区市	环境支持	排名
上海	92.2	1
北京	86.9	2
江苏	84.9	3
西藏	82.8	4
山东	82.3	5
宁夏	81.7	6
辽宁	81.7	7
青海	81.4	8
新疆	81.1	9
黑龙江	81.1	10
福建	80.9	11
内蒙古	80.2	12
浙江	79.6	13
吉林	79.5	14
重庆	79.4	15
山西	78.8	16
湖北	78.0	17
安徽	77.5	18
天津	77.3	19
湖南	77.2	20
江西	76.7	21
四川	76.2	22
广东	75.7	23
河北	75.7	24
云南	75.7	25
河南	75.1	26

续表

省区市	环境支持	排名
广西	74.9	27
贵州	74.7	28
陕西	72.8	29
海南	70.2	30
甘肃	67.3	31
全国	78.3	—

附录2　基础数据简介

积极健康老龄化指数编制的基础数据为第四次中国城乡老年人生活状况抽样调查获得的数据。本次调查由全国老龄工作委员会主办，调查时间为2015年8月1日，调查对象为居住在中华人民共和国境内（不包括台湾省、香港特别行政区和澳门特别行政区）60周岁及以上的中国公民，调查范围为全国各省、自治区、直辖市和新疆生产建设兵团，涉及466个县（区），1 864个乡镇（街道），7 456个村（居）委会。最终样本总量为222 179。

针对不同省份抽取的县（区）的数量不同。本次调查共包括北京7个区县，天津4个区县，河北23个区县，山西11个区县，内蒙古7个区县，辽宁18个区县，吉林9个区县，黑龙江12个区县，上海9个区县，江苏33个区县，浙江20个区县，安徽24个区县，福建11个区县，江西13个区县，山东37个区县，河南31个区县，湖北20个区县，湖南25个区县，广东28个区县，广西17个区县，海南3个区县，重庆13个区县，四川34个区县，贵州12个区县，云南14个区县，西藏2个区县，陕西12个区县，甘肃8个区县，青海2个区县，宁夏2个区县，新疆4个区县。每个区县各抽取4个乡镇（街道），每个乡镇（街道）各抽取4个村（居）委会。

每个区县抽取480个样本。细分后，每个乡镇（街道）120个样本，每个村（居）委会30个样本。具体样本量因抽样原因有所差异。

同时，第四次中国城乡老年人生活状况抽样调查问卷分长表和短表。短表为所有抽样样本都回答，长表大多数社区仅有3个样本，部分社区无样本。

附录3　情感分析方法介绍

基于情感词典的情感分析研究工作非常丰富。比如李晨等（2017）基于情感词典和语义规则构建了正负面情感词典、否定词词典、程度副词词典、转折归总词典，通过赋予不同的权重来计算新闻文本的情感倾向。薛兴荣和靳其兵（2020）在NTUSD情感词典、中文情感词汇本体库、Hownet三大情感词典的基础上，应用语义相似度距离判断的方法提出了一个新的情感词典，对某电子商务网站在线评论文本数据进行了情感分析。王勇等（2014）基于基础词典创造性地加入了符号词典，对微博评论文本的情感类别进行了分析。

目前，基于情感词典的文本情感极性分析方法已经比较成熟。本章借鉴已有文献中的方法并结合数据特点构建了一套针对积极健康老龄化网络舆情数据的情感分析方法。

该方法的主要思路为：首先识别新闻内容，将其划分为标题、首段、其他段落、尾段，对于标题与首尾段赋予较高权重。对于每段内部，按照规则逐句进行情感分析，得到每段话每句的情感分数，然后基于此计算每段的情感分数（句子情感总和/句子总数），再基于段落结果计算整篇文章的情感分数（段落情感总和/段落总数）。

下面介绍该方法的实施步骤。

目前国内主要的情感词典有 Hownet、NTSUD、中文情感词汇本体库等，通过对比发现中文情感词汇本体库词汇量最大、涵盖最全，因此主要采用中文情感词汇本体库作为情感词典。

（1）数据的初步处理

为了提高数据的可用性，要对数据进行初步处理，剔除没有意义的文本数据，比如重复数据、广告、信息量过低的文本数据等。首先可以利用标题相似性筛掉一批重复数据，然后根据观察发现内容过少且内容多为空格的新闻，这种新闻一般是广告或只有标题，所以将新闻内容总长度小于 70 或者新闻内容中空格比例大于 0.8 的文档剔除。

（2）内容识别

将新闻内容识别为标题、首段、其他段落和尾段，其中标题、首段、尾段的句子情感值会在后续计算中赋予较高权重（1.2）。对于标题，可对比已有标题数据列进行识别；对于首段，可从前至后寻找符合要求的段落（以避免将"×××记者报道"等错误识别为首段）；对于尾段，可从后向前（从最后一段至首段位置）寻找符合要求的段落；剩余即为其他段落。

（3）情感词典构建

利用中文情感词汇本体库中极性分别为 0、1、2 的词构建中性、正向、负向词典，该词典自带权值（分别有 1、3、5、7、9 五类），对权值进行归一化处理，映射到（0，1）区间，作为词语的强度。本章基于新闻的特性对词典进行了删减与补充。首先对词典中的词在新闻文本中的出现次数进行统计，对于高频词，筛选并剔除不属于正/负词典的词语，补充应该判归为正/负向词典的词，并主观赋予合适权值。

应用的其他词典包括否定词词典、程度词词典（来自 Hownet 词典）、主张词词典（认为、感觉等词来自 Hownet 词典）、转折归总词典、反问句词典。

（4）对段落逐句进行情感分析

首先对段落按照标点（逗号、分号、句号、冒号等）进行分句，对于段落内每一句，按照如下规则计算情感分数：

①如果此句属于标题、首段、尾段，则最终分数×1.2。

②如果句中出现了表示主张、转折、归总的词语，则最终分数×1.2。

③统计句中出现 n 个否定词，则最终分数×$(-1)^n$。

④如果句末出现感叹号，则最终分数×2；如果句末出现问号且句中出现反问句标志词，则最终分数×（-2）。

⑤分词识别词语，最终分数是情感词的累加。对于每个情感词：

A. 正面词与负面词初始权值为词语强度×极性，范围为（-1，1）。

B. 情感词前后一定范围内出现程度词，根据程度词的强烈程度赋予情感词不同权重（2~0.8）。

C. 如果该情感词之前一定范围内出现否定词＋程度词，则情感强烈强度被削弱，乘以0.8，如"我不是很喜欢此物"。

D. 如果该情感词之前一定范围内出现程度词＋否定词，则情感强烈强度被加强，乘以1.2，如"我很不喜欢此物"。

得到每句话的情感分数 a 和该段落句子总数 m 之后，可通过计算均值得到每段的情感分数 b。

(5) 计算文档最终得分

通过第（2）步，可以得到每个文本中段落权重 w 和段落数 n，通过第（4）步，可以得到每个文本中段落情感值 b。通过计算加权平均值即可得到该文本的原始得分 x：

$$x = \frac{\sum_j^n w_j \cdot b_j}{n}$$

原始得分的取值范围为（-1，1），为使文本最终得分落在（0，1），将原始得分做进一步变换：

$$文本最终得分 = \frac{x+1}{2}$$

附录4　主题模型结果

表 C4-1　2019 年老龄化相关主题含义及其高频词（传统媒体）

编号	含义	出现频率最高的前10个词
3	司法事件	法院、判决、业主、万元、年月日、被告人、审理、鉴定、纠纷、藏
6	公益	志愿者、活动、爱心、天津、公益、讯、志愿、李某、长江日报、通讯员
7	社区养老	社区、老人、服务、中心、街道、提供、居家、照料、服务中心、驿站
9	意外伤害	扶、摔倒、骨折、受伤、队员、地铁、克、行走、救助、不慎
11	人口	万人、人口、万、人数、增加、劳动、生育、出生、减少、数据
12	理财	银行、宝宝、理财、存款、理财产品、上市、账户、第三季度、取、股东
16	投资	认购、投资者、公告、申购、账户、直销、业务、金额、公司、基金
17	养老金	养老、基金、目标、投资、产品、资产、配置、投资者、风险、市场
18	生活	生活、文化、新、健身、退休、人生、传统、时代、活动、喜欢
20	经济	增长、亿元、同比、收入、下降、上半年、百分点、预计、下滑、净利润

续表

编号	含义	出现频率最高的前10个词
24	基金	基金、养老保险、社保、制度、全国、中央、结余、亿元、统筹、养老金
25	科技	手机、网络、微信、中老年人、鸡蛋、用户、粉丝、年轻人、流量、直播
26	药物	研究、认知、药品、风险、发现、消防员、药物、人员、艾滋病、相关
27	设施	用地、建设、服务设施、土地、项目、养老、规划、拍卖、增值税、租赁
28	退休	养老金、退休、人员、调整、增加、元、企业、水平、每月、事业单位
30	犯罪事件	民警、派出所、报警、警方、嫌疑人、公安局、犯罪、发现、男子、现金
33	消费	老年、消费、产品、平台、智慧、互联网、市场、智能、健康、服务
36	医保	医保、支付、费用、报销、福利、医疗保险、医疗、享受、伤残、支出
40	养老服务	养老、服务、机构、社区、发展、居家、老年人、社会、建设、政府
41	健康	身体、健康、时、导致、饮食、老年、影响、锻炼、养生、预防
42	老龄化	中国、老龄化、社会、人口、我国、发展、经济、老龄、显示、口
44	事故	事故、交警、公交车、搜狐、女孩、信息、返回、交通事故、查看、高速
48	寿命	女性、长寿、男性、年龄、寿命、百岁、女、世界、预期、延长
52	基金投资	基金、管理、投资、份额、资产、机构、风险、有限公司、合同、股票
53	农村养老	老人、农村、生活、敬老院、福利院、村、留守、镇、空巢、记者
57	社会服务	发展、服务、金融、中国、管理、提供、客户、合作、公司、业务
58	亲情	儿子、女儿、钱、父亲、想、母亲、做、家里、住、事
59	媒体	节目、央视网、登录、频道、中国、客户端、央视、号、新闻、视频
60	保健品	保健品、非法、老人、集资、诈骗、产品、销售、购买、老年人、宣传
61	投资	投资、委托、资金、市场、运营、经济、资本、入市、亿元、养老金
62	家庭	孩子、父母、老人、子女、家庭、生活、婆婆、照顾、年轻人、陪伴
64	公司	公司、股份、有限公司、股东、上市、集团、华为、科技、市场、车厢
65	养老产业	养老、产业、项目、社区、健康、企业、模式、地产、市场、北京
67	医疗	医院、患者、治疗、医生、疾病、手术、检查、病情、药物、糖尿病
68	老龄化	发展、人口老龄化、应对、社会、健康、规划、养老、体系、国家、老年
73	老年疾病	阿尔茨海默症、百岁老人、驾驶员、症、病、大队、大脑、送往、离世、记忆
74	就职	单位、职工、平均工资、基数、工资、岗、缴纳、奖金、年度、计算
76	会议	会议、保障、国务院、建议、发展、长护险、意外、险、托育、常务会议
80	衣食住行	吃、公交、做、喝、朱、肌肉、食物、水果、吃饭、营养
81	教育	老年、教育、老年大学、活动、学习、工作、学员、文化、救人、社会
83	基金股份	养老金、基金、组合、持股、社保、万股、个股、持有、十大、一季度
86	运动	运动、症状、跌倒、疼痛、动作、训练、俄罗斯、细胞、痴呆、关节
88	住房	抵押、住房、以房、保险公司、反向、养老保险、养老、业务、房产、人寿
89	退休	退休、国家、养老金、政府、经济、报告、美国、韩国、工作、全球
90	民生	民生、养老、公司、中安、老人、合同、以房、房子、抵押、利息
91	就医	病人、农民、就医、异地、林、结算、抵达、医务人员、病例、砖
92	国家	中国、国家、新、北京、发展、国际、全国、论坛、成立、世界

续表

编号	含义	出现频率最高的前10个词
93	医护	健康、护理、医疗、老年、服务、医院、失能、照护、医养、康复
95	参保	缴费、养老保险、参保、城乡居民、待遇、元、人员、基础、标准、养老金
96	法律	责任、法律、认定、承担、依法、违法、相关、行驶、义务、管理
97	旅居	小区、旅游、海南、候鸟、居民、游客、城市、物业、酒店、旅行
98	就业	工作、就业、扶贫、政策、重点、脱贫、推进、防治、创业、贫困
100	护理	护理员、培训、养老、职业、护理、人才、职业技能、标准、技能、培养

表C4-2 2019年老龄化相关主题的类别划分（传统媒体）

类别	主题编号	数量	占比
社会	3、6、11、27、42、57、59、64、68、90、92	11	21%
健康	26、41、48、60、67、73、86、91、93、100	10	19%
经济	12、16、17、20、33、36、52、61、83、95	10	19%
养老	7、24、28、40、53、65、88、89	8	15%
生活	18、58、62、80、97	5	9%
安全	9、30、44	3	5%
工作	74、98	2	4%
制度	76、96	2	4%
科技	25	1	2%
教育	81	1	2%

表C4-3 2019年老龄化相关主题含义及其高频词（新兴媒体）

编号	含义	出现频率最高的前10个词
10	长寿	长寿、属、运势、生肖、富贵、兔、百岁老人、事业、一生、五行
18	创新养老	产业、发展、养老、乡村、小镇、旅游、特色、创新、康养、建设
22	心脑血管疾病	时、心脑血管、尿、老年人、发生、血脂、血栓、冠心病、情况、易
31	人品	善良、蚊子、人品、做人、智慧、修养、懂得、老伴儿、电饭锅、国学
50	老兵	英雄、部队、敌人、爱国、战友、军人、梵蒂冈、写下、战争、老兵
64	家庭	道、老人、修炼、孝、子孙、父母、子女、做、根、家庭
69	健康	能量、身体、老有所养、天地、先天、传播、溶菌酶、喷雾、后天、老有所乐
70	癌症	健康、疾病、吃、研究、身体、癌症、饮食、导致、生活、老年人
74	养老院	老人、奶奶、子女、养老院、老太太、老伴、保姆、一位、这位、照顾
83	养老服务	养老、服务、老年人、机构、护理、社区、提供、老年、残疾人、居家
95	养老金	养老金、退休、养老保险、缴费、领取、人员、社保、国家、支付、报销
107	智能手机	手机、大爷、玩、大妈、下载、广场、游戏、健身、舞、发
113	运动	运动、身体、肌肉、锻炼、减肥、体重、衰老、分钟、时、走路
115	医生	爷爷、脸色、声音、美女、许家、门槛、医生、苍老、医术、过程
150	农村老人	农村、农民、农业、土地、老人、农产品、种植、生活、城里、村庄

续表

编号	含义	出现频率最高的前 10 个词
151	退休生活	生活、退休、年轻、老年、健康、快乐、年龄、人生、年轻人、享受
167	公益活动	活动、社区、公益、志愿者、服务、社会、爱心、居民、街道、老人
170	老龄化	城市、人口、我国、中国、发展、亿、全国、经济、老龄化、数据
173	养老金	元、调整、人员、增加、每月、每人、退休、钱、员外、企退
194	疾病	患者、治疗、医生、病人、手术、检查、症状、临床、诊断、老人
196	抗衰老物质	作用、人体、含有、功效、预防、降低、酵素、抗衰老、增强、胆固醇
197	糖尿病	喝、老人、分钟、奶粉、牛奶、生病、糖尿病、五脏、买、感觉

表 C4－4　2019 年老龄化相关主题的类别划分（新兴媒体）

类别	主题编号	数量	占比[*]
健康	9、21、68、69、112、114、193、195、196	9	41%
养老	17、73、82、94、172	5	23%
社会	49、166、169	3	14%
生活	30、149、150	3	14%
科技	106	1	5%
家庭	64	1	5%

[*] 因四舍五入，合计超过 100%。

参考文献

［1］ Amado C A F，São José，J M S，Santos S P. Measuring active ageing：a data envelopment analysis approach ［J］. European Journal of Operational Research，2016，255（1）：207-223.

［2］ Avlund K，Holstein B E，Mortensen E L，et al. Active life in old age. Combining measures of functional ability and social participation ［J］. Danish Medical Bulletin，1999，46（4）：345-349.

［3］ Baltes P B，Baltes M M. Psychological perspectives on successful aging：the model of selective optimization with compensation ［M］//Successful aging：Perspectives from the behavioral sciences. New York：Cambridge University Press，1990：1-34.

［4］ Barrett G，McGoldrick C. Narratives of（in）active ageing in poor deprived areas of Liverpool，UK ［J］. International Journal of Sociology and Social Policy，2013，33（5/6）：347-366.

［5］ Bass S A，Caro F G. Productive aging：a conceptual framework ［C］//Nancy Morrow-Howell，James Hinterlong，Michael Sherraden. Productive aging：concepts and challenges. Baltiore，Maryland：The Johns Hopkins University Press，2001.

［6］ Butler R N. The life review：an unrecognized bonanza ［J］. International Journal of Aging and Human Development，1980，12（1）：35-38.

［7］ Bélanger E，Ahmed T，Filiatrault J，et al. An empirical comparison of different models of active aging in Canada：the international mobility in aging study ［J］. Gerontologist，2017，57（2）：197-205.

［8］ Bélanger E，Pérez-Zepeda M U，Castrejón-Pérez R C，et al. Domains and determinants of a person-centered index of aging well in Canada：a mixed-methods study. Can J Public Health，2018，109（5-6）：855-865.

［9］ Cabrita M，Opden A H，Tabak M，et al. Persuasive technology to support active and healthy aging：an exploration of past，present，and future ［J］. Journal of Biomedical Informatics，2018，84：17-30.

［10］Constancça P，Ribeiro O，Teixeira L. Active ageing：an empirical approach to the WHO model. Current Gerontology and Geriatrics Research，2012.

［11］Corsi M，Samek L. Active ageing and gender equality policies［R］//EGGSI report for the European Commission，DG Employment，Social Affairs，and Equal Opportunities. Brussels，2010.

［12］Daatland S O. Quality of life and ageing［M］. In M. Johnson（Ed.）. The Cambridge handbook of age and aging. Cambridge：Cambridge University Press，2005.

［13］Djurovic I，Jeremic V，Bulajic M，et al. A two-step multivariate composite i-distance indicator approach for the evaluation of active ageing index［J］. Journal of Population Ageing，2016，10（1）：73 – 86.

［14］Elmer P J，Obarzanek E，Vollmer W M，et al. Effects of comprehensive lifestyle modification on diet，weight，physical fitness，and blood pressure control：18-month results of a randomized trial［J］. Annals of Internal Medicine，2006，144（7）：485 – 95.

［15］Feng Q，Son J，Zeng Y. Prevalence and correlates of successful ageing：a comparative study between China and South Korea［J］. European Journal of Ageing，2015，12（2）：83 – 94.

［16］Fernández-Ballesteros R，Robine J M，Walker A，et al. Active aging：a global goal［J］. Current Gerontology & Geriatrics Research，2013：1 – 4.

［17］Hamann L，Ruiz-Moreno J S，Szwed M，et al. STING SNP R293Q is associated with a decreased risk of aging-related diseases［J］. Gerontology，2018，65（2）：145 – 154.

［18］Harwood R H，Sayer A A，Hirschfeld M. Current and future worldwide prevalence of dependency，its relationship to total population，and dependency ratios［J］. Bulletin of the World Health Organisation，2004，82（4）：251 – 258.

［19］Havighurst R J. Processes of aging：social and psychological perspectives［J］. Joural of Gerontology，1964，1：299 – 320.

［20］Helleringer S，Noymer A. Assessing the direct effects of the ebola outbreak on life expectancy in liberia，Sierra Leone and Guinea［J］. Plos Currents，2015，7.

［21］Huguet N，Kaplan M S，Feeny D. Socioeconomic status and health-related quality of life among elderly people：results from the Joint Canada/United States survey of health. Soc Sci & Med，2008，66：803 – 810.

［22］IMD. World competitiveness year book 2019［R］. Lausanne 2019.

［23］Lv J，Yu C，Yu，et al. Adherence to healthy lifestyle and cardiovascular diseases in the Chinese population［J］. Journal of the American College of Cardiology，2017，69（9）.

［24］Kawachi I，Kennedy B P，Wilkinson R G. The society and population health reader：income inequality and health［M］. New York：New Press，1999.

［25］Kim J H，Baik S H，Chun B C，et al. Adult invasive pneumococcal disease in the Republic of Korea：risk medical conditions and mortality stratified by age group. Int J Infect Dis，2018，74：136－144.

［26］Komjakraphan P，Chansawang W. Living in a three-generation household：contemporary meanings of Thai older adults ［J］. Journal of Science Technology and Humanities，2011，8（1）：47－53.

［27］Liddle，Jeannine L M，Parkinson，et al. Purpose and pleasure in late life：conceptualising older women's participation in art and craft activities ［J］. J Aging Stud，2013，27（4）：330－338.

［28］Lloyd L，Tanner D，Milne A，et al. Look after yourself：active ageing，individual responsibility and the decline of social work with older people in the UK ［J］. European Journal of Social Work，2014，17（3）：322－335.

［29］Ma X X，Piao X D，Oshio T. Impact of social participation on health among middle-aged and elderly adults：evidence from longitudinal survey data in China ［J］. BioMed Central，2020，20（6）.

［30］Mejía S T，Ryan L H，Gonzalez R，et al. Successful aging as the intersection of individual resources，age，environment，and experiences of well-being in daily activities ［J］. Journals of Gerontology，2017，72（2）：279－289.

［31］Mjelde-Mossey L A，Chin I，Lubben J，et al. Relationship between productive activities，family relations，and aging well for elders in China ［J］. Routledge，2009，18（4）.

［32］Morrow-Howell N，Hinterlong J，Sherraden M. Productive aging：concepts and challenges ［M］. Johns Hopkins University Press，2001.

［33］Olivo L. The lifelong pursuit of healthy aging ［J］. Nutraceuticals World，2018（5）：32－46.

［34］Olshansky S J，et al. Trading off longer life for worsening health ［J］. Journal of Aging and Health，1991（3）：194－216.

［35］Owen L，Tierney R，Rtveladze K，et al. Cost-utility analysis of an internet and computer training intervention to improve independence and mental wellbeing of older people ［J］. Lancet，2015，386：S62－S62.

［36］O'Connell M D L，Marron M M，Boudreau R M，et al. Mortality in relation to changes in a healthy aging index：the health，aging，and body composition study ［J］. J Gerontol A Biol Sci Med Sci. 2018，74（5）：726－732.

［37］Pfeiffer E. Successful aging：a conference report ［M］. Center for the Study of Aging and Human Development，Duke University，1974.

［38］Qiao X C. Gender differences in perceived health expectancy for Chinese elderly， presented at the 27th IUSSP International Population Conference Busan，Korea from 26 – 31 August 2013.

[39] Reed D M，Foley D J，White L R，et al. Predictors of healthy aging in men with high life expectancies [J]. American Journal of Public Health，1998，88 (10)：1463 – 1468.

[40] Rodriguez-Rodriguez V，Rojo-Perez F，Fernandez-Mayoralas G，et al. Active ageing index：application to Spanish regions. Joural of Population Agng，2017，10 (1)：25 – 40.

[41] Roos N P，Havens B. Predictors of successful aging：a twelve-year study of Manitoba elderly [J]. American Journal of Public Health，1991，81 (1)：63 – 68.

[42] Rowe J W，Kahn R L. Human aging：usual and successful [J]. Science，1987，237：143 – 149.

[43] Rowe J W，Kahn R L. Successful aging [J]. Aging，1997，37 (4)：433 – 440.

[44] Ruopeng An，Xiang X L. Smoking，heavy drinking，and depression among U. S. middle-aged and older adults [J]. Preventive Medicine，2015，81.

[45] Shannon Ang. How social participation benefits the chronically ill：self-management as a mediating pathway [J]. SAGE Publications，2018，31 (7).

[46] Shannon T，Mejía，Lindsay H，et al. Successful aging as the intersection of individual resources，age，environment，and experiences of well-being in daily activities [J]. Journals of Gerontology Series B：Psychological Sciences & Social Sciences，2017，72 (2)：279 – 289.

[47] Sheridan P E，Mair C A，Quiñones A R. Associations between prevalent multimorbidity combinations and prospective disability and self-rated health among older adults in Europe. BMC Geriatrics，2019，19 (1)：198.

[48] Sidorenko A，Zaidi. A. Active ageing in CIS countries：semantics，challenges，and responses [J]. Current Gerontology and geriatrics Research，2013.

[49] Singapore Management and Sports Science Institute. Proceedings of 2014 2nd International Conference on Social Sciences Research (SSR 2014 V6)，2014：31 – 36.

[50] Soo C K. Quantifying animal spirits：news media and sentiment in the housing market [J]. SSRN Electronic Journal，2013.

[51] Sun J，Lyu S. Social participation and urban-rural disparity in mental health among older adults in China [J]. Joural of Affective Disorders，2020.

[52] Thanakwang K，Isaramalai S A，Hatthakit U. Development and psychometric testing of the active aging scale for Thai adults [J]. Clinical Interventions in Aging，2014，9：1211 – 1221.

[53] Thanakwang K. Social relationships influencing positive perceived health among

Thai older persons: a secondary data analysis using the National Elderly Survey [J]. Nursing & Health Sciences, 2009, 11 (2): 144 - 149.

[54] Thiamwong L, Maneesriwongul W, Malathum P, et al. Development and psychometric testing of the healthy aging instrument [J]. Thai Journal of Nursing Research, 2010, 12 (4).

[55] Thianthai. Health connections in intergenerational relationships: a case study on the impact of familial activities on the health and well-being of young and elderly people in Bangkok, Thailand [J]. Journal of Intergenerational Relationships, 2020, 18 (2).

[56] Um J, Zaidi A, Sung-Jae C. Active ageing index in Korea—comparison with China and EU countries [J]. Asian Social Work & Policy Review, 2019, 13 (1): 87 - 99.

[57] United Nations Department of Economic and Social Affairs. The aging of populations and its economic and social implications [M]. New York, 1956.

[58] UN. World Population Prospects 2019 [R]. New York, 2019.

[59] Vaillant G E, Mukamal K. Successful aging [J]. American Journal of Psychiatry, 2001, 158 (6): 839 - 847.

[60] Van Malderen L, De Vriendt P, Mets T, et al. Active ageing within the nursing home: a study in Flanders, Belgium [J]. European Journal of Ageing, 2016, 13 (3): 219 - 230.

[61] Piñeiro Vázquez C, Méndez Magán J M, Marsillas R S, et al. Study on active ageing at individual level based on active ageing index. In: Zaidi A, Harper S, Howse K, et al. (eds) Building evidence for active ageing policies. Palgrave Macmillan, Singapore. https: //doi. org/10. 1007/978-981-10-6017-5 _ 16.

[62] Walker A, Aspalter C. Active ageing in Asia [M]. Routledge: New York, 2015: 112 - 131.

[63] Walker A, Maltby T. Active ageing: a strategic policy solution to demographic ageing in the European Union [J]. International Journal of Social Welfare, 2012, 21: S117 - S130.

[64] Watanabe Y, Hirano H, Arai H, et al. Relationship between frailty and oral function in community-dwelling elderly adults [J] . J Am Geriatr Soc, 2016, 65 (1): 66 -76.

[65] Williams S R, Pham-Kanter G, Leitsch S A. Measures of chronic conditions and diseases associated with aging in the national social life, health, and aging project [J]. Journals of Gerontology, 2009, 64B (Supplement 1): i67 - i75.

[66] World Health Organization Regional Office for Europe. Age-friendly environments in Europe: Indicators, monitoring and assessments, 2018.

[67] World Health Organization. Active ageing: a policy framework [J]. The Aging

Male，2003，5（1）：1-37.

［68］World Health Organization. Active ageing：a policy framework ［R］. Geneva：World Health Organization，2002.

［69］World Health Organization. Global strategy and action plan on ageing and health ［R］. Geneva：World Health Organization，2017.

［70］World Health Organization. Statement developed by WHO Quality of Life Working Group. Published in the WHO Health Promotion Glossary 1998. WHO/HPR/HEP/98. 1 Geneva：World Health Organization.

［71］World Health Organization. World report on ageing and health. https：//www. who. int/ageing/publications/world-report-2015/en/.

［72］Yamashita T，Bardo A R，Liu D. Experienced subjective well-being during physically active and passive leisure time activities among aged 65 years and older ［J］. The Gerontologist，2019，59（4）：718-726.

［73］Zaidi A，Gasior K，Hofmarcher M M，et al. Active ageing index 2012：concept，methodology and final results，European Centre，2013.

［74］Zaidi A，Gasior K，Zolyomi E，et al. Measuring active and healthy ageing in Europe ［J］. Journal of European Social Policy，2017，27（2）：138-157.

［75］Zaidi A，Harper S，Howse K，et al. Building evidence for active ageing policies：active ageing index and its potential，2018.

［76］Zaidi A，Harper S，Howse K，Lamura G，et al. Building evidence for active ageing policies ［M］. Singapore：Springer Singapore，2018：161-162，365-384.

［77］鲍伟. 家庭养老、社会养老与农村老年人健康——基于 CHARLS 的证据 ［J］. 经济师，2020（4）：8-10.

［78］蔡远飞，李凤. 中国人口老龄化区域差异与收敛性研究 ［J］. 南方人口，2016，31（2）：49-59.

［79］蔡玥，孟群，王才有，等. 2015、2020 年我国居民预期寿命测算及影响因素分析 ［J］. 中国卫生统计，2016，33（1）：2-4＋8.

［80］曹杨，王记文. 公益活动参与对退休老人生活满意度的影响——基于北京市西城区的调研 ［J］. 人口与发展，2015（4）：103-112.

［81］陈长香，宋琼，张敏，等. 家庭及社会支持对居家糖尿病老年人健康自我管理行为的影响 ［J］. 现代预防医学，2017，44（1）：116-120.

［82］陈顾远，王超，刘富强，等. 一种基于微博数据的公众环境污染情感指数估算方法 ［C］//2016 全国环境信息技术与应用交流大会暨中国环境科学学会环境信息化分会年会论文集，2016：469-476.

［83］陈浩. 中国社会的脉搏：网络集群情绪的测量与应用 ［C］//第十七届全国心理学学术会议，2014.

[84] 陈磊，周丽苹，班茂盛，等. 基于聚类分析的中国低龄老年人力资源水平区域差异研究 [J]. 人口学刊，2015，37（4）：55-65.

[85] 陈丽，王娟. 老年人照顾者的社区护理需求及其影响因素 [J]. 中国保健营养，2016，26（3）.

[86] 陈小月. "健康老龄化"社会评价指标的探索 [J]. 中国人口科学，1998（3）：51-56.

[87] 丁英顺. 日本老龄化的最新状况、社会影响与相关社会政策——2018年版《老龄社会白皮书》解读 [J]. 日本研究，2019（1）：27-37.

[88] 丁志宏. 社会参与对农村高龄老人健康的影响研究 [J]. 兰州学刊，2018（12）：179-195.

[89] 董惠玲，任桂芳，宁佩，等. 基于地理加权回归的老年人口健康预期寿命影响因素分析 [J]. 中国卫生政策研究，2020，13（2）：73-80.

[90] 董亭月. 中国老年人的政治参与及其影响因素研究——基于2010年CGSS调查数据的实证分析 [J]. 人口与发展，2016，22（5）：81-89+80.

[91] 董现垒，Bollen Johan，胡蓓蓓. 基于网络搜索数据的中国消费者信心指数的测算 [J]. 统计与决策，2016（5）：9-13.

[92] 窦志成，文继荣. 大数据时代的互联网分析引擎 [J]. 大数据，2015（3）：36-47.

[93] 杜旻. 社会支持对老年人心理健康的影响研究 [J]. 人口与社会，2017，33（4）：12-19.

[94] 杜鹏，李强.1994—2004年中国老年人的生活自理预期寿命及其变化 [J]. 人口研究，2006（5）：9-16.

[95] 杜鹏. 中国老年人主要生活来源的现状与变化 [J]. 人口研究，2003（6）：37-43.

[96] 段世江，张辉. 老年人社会参与的概念和理论基础研究 [J]. 河北大学成人教育学院学报，2008（3）：82-84.

[97] 伏干. 老年人日常生活能力在慢性病与焦虑抑郁关系中的中介作用 [J]. 中国心理卫生杂志，2018，32（10）：835-840.

[98] 高敬恩. 积极老龄化视角下城市退休人员再就业研究 [D]. 成都：四川省社会科学院，2018.

[99] 葛延风，王列军，冯文猛，等. 我国健康老龄化的挑战与策略选择 [J]. 管理世界，2020，36（4）：86-96.

[100] 顾大男，曾毅.1992—2002年中国老年人生活自理能力变化研究 [J]. 人口与经济，2006（4）：9-13.

[101] 贯彻全科医学理念践行全科医疗——健康老龄化 [J]. 中国全科医学，2018，21（17）：1.

[102] 郭爱妹，顾大男. 健康不平等视角下医疗服务可及性对老年健康的影响——基于CLHLS数据的实证分析 [J]. 人口与发展，2020，26（2）：60-69.

［103］郭浩，罗洁玲，刘斯琪．城市老年人社会参与状况及影响因素研究——以广东省为例［J］．统计与管理，2020，35（1）：64-69.

［104］郭洪伟．基于网络大数据的消费者信心指数编制［J］．统计与信息论坛，2015（6）：111-112.

［105］郭磊，赵迪，范嘉音，等．医保一体化背景下山东省城乡居民健康的公平性［J］．山东大学学报（医学版），2020（6）：115-120.

［106］韩二环，赵静怡，张艳，等．郑州市养老院老年人积极老龄化水平现状及影响因素［J］．中国老年学杂志，2019，39（1）：206-209.

［107］韩静，宋琼，陈长香．家庭及社会支持对老年冠心病患者健康自我管理的影响［J］．现代预防医学，2016，43（22）：4103-4105＋4125.

［108］韩运荣，喻国明．舆论学原理、方法与应用［M］．2版．北京：中国传媒大学出版社，2013.

［109］贺莎莎，孙建娥．积极老龄化政策研究综述［J］．社会福利（理论版），2017（11）：7-14.

［110］胡宏伟，李延宇，张楚，等．社会活动参与、健康促进与失能预防——基于积极老龄化框架的实证分析［J］．中国人口科学，2017（4）：87-96＋128.

［111］胡敏．老年人积极老龄化测评研究［D］．南昌：南昌大学，2012.

［112］胡文睿．社会养老保险对老年人多维贫困的影响——性别及城乡双重视角［J］．保险职业学院学报，2019，33（6）：51-57.

［113］黄立侠．人口老龄化视阈下中国传统孝文化的当代价值管窥［J］．黄山学院学报，2006（5）：177-178.

［114］江珊．社区舞蹈活动对老年人幸福感的影响——以长春市××社区为例［J］．当代音乐，2019（5）：42-44.

［115］赖凯声，陈浩，乐国安．大众网络情绪与中国股市［C］//心理学与创新能力提升——第十六届全国心理学学术会议论文集，2013：1172-1174.

［116］赖凯声，陈浩，钱卫宁，等．微博情绪与中国股市：基于协整分析［J］．系统科学与数学，2014，34（5）：565-575.

［117］李丙春．社会参与视角下社区"老有所为"路径分析［D］．武汉：华中师范大学，2019.

［118］李晨，朱世伟，魏墨济，等．基于词典与规则的新闻文本情感倾向性分析［J］．山东科学，2017，30（1）：115-121.

［119］李德瑞．社会参与：构建老年资本的重要途径——以一个微观社会学的视角［C］//第八届亚洲/大洋洲地区老年学和老年医学大会"积极老龄化"中文论坛论文专辑，2007.

［120］李汉东，赵茜，王然．新视角下的中国老龄化趋势及退休年龄测算［J］．老龄科学研究，2014（1）：53-62.

［121］李宏洁，张艳，余自娟，等．农村老年人积极老龄化现状及影响因素研究 ［J］．中国全科医学，2020（16）：28－34．

［122］李辉，王瑛洁．中国人口老龄化城乡倒置现象研究 ［J］．吉林大学社会科学学报，2012，52（1）：154－158．

［123］李嘉佳，裴泓波，石秀娥，等．积极老龄化量化测量工具的比较研究 ［J］．中国循证医学杂志，2020，20（3）：296－305．

［124］李建新，李春华．城乡老年人口健康差异研究 ［J］．人口学刊，2014，36（5）：37－47．

［125］李瑞凯，张春旺．老年人社会公益活动参与的影响因素实证分析 ［J］．科技视界，2015（31）：140＋198．

［126］李伟，项莹．老年人劳动参与、环境支持与健康水平的关系研究 ［J］．现代预防医学，2016，43（15）：2777－2780＋2784．

［127］李文龙，袁文，黄照权，等．文化与老年人身心健康关系的研究进展 ［J］．医学与哲学（A），2015，36（5）：48－49＋81．

［128］李秀丽，王良健．我国人口老龄化水平的区域差异及其分解研究 ［J］．西北人口，2008，29（6）：104－107＋111．

［129］李玉娇．城乡差异、就医惯性与老年人卫生服务利用 ［J］．西北人口，2016，37（2）：5－10．

［130］李宗华．近 30 年来关于老年人社会参与研究的综述 ［J］．东岳论丛，2009，30（8）：60－64．

［131］林宝．人口老龄化城乡倒置：普遍性与阶段性 ［J］．人口研究，2018，42（3）：38－50．

［132］林琳，蒙美昀，杨莹，等．基于居住常态理论的老年人就地养老行为的城乡差异——以广州市耀华社区和新基村为例 ［J］．现代城市研究，2018（8）：21－27．

［133］林子利．增强老年人社会参与意识的思考 ［J］．发展研究，2002（12）：61－62．

［134］刘岚，齐良书，王本喜，等．北京市老年人参与家庭生产活动状况及相关因素：一个基于生产性老龄化框架的分析 ［J］．南方人口，2017，32（5）：58－67．

［135］刘连龙，田梦瑶，胡明利．生命意义、社会支持对老年人心理资本的影响 ［J］．中国老年学杂志，2015，35（22）：6556－6559．

［136］刘颂．积极老龄化框架下老年社会参与的难点及对策 ［J］．南京人口管理干部学院学报，2006（4）：5－9．

［137］刘颂．老年社会参与对心理健康影响探析 ［J］．南京人口管理干部学院学报，2007（4）：38－40．

［138］刘伟江，李映桥．网络消费者信心指数和经济增长的动态相关性研究 ［J］．财贸研究，2017（5）：1－10．

［139］刘文，焦佩．国际视野中的积极老龄化研究 ［J］．中山大学学报（社会科学

版），2015，55（1）：167－180.

［140］刘文，杨馥萍．中国积极老龄化发展水平测度——基于东中西部地区和 28 个省市的数据研究［J］．人口学刊，2019，41（2）：100－112.

［141］刘文学．社会参与是"积极老龄化"的精髓和核心［J］．中国人大，2016（18）：32.

［142］刘逸，保继刚，朱毅玲．基于大数据的旅游目的地情感评价方法探究［J］．地理研究，2017（6）：1091－1105.

［143］卢若艳，洪志斌，李跃平．中国大陆地区老年人健康状况空间分布及社会经济影响因素［J］．中国公共卫生，2017，33（4）：544－547.

［144］陆杰华，郭冉．从新国情到新国策：积极应对人口老龄化的战略思考［J］．国家行政学院学报，2016（5）：27－34＋141－142.

［145］陆杰华，阮韵晨，张莉．健康老龄化的中国方案探讨：内涵、主要障碍及其方略［J］．国家行政学院学报，2017（5）：40－47＋145.

［146］陆圆圆，童晔．退休低龄老年人再就业影响因素研究［J］．价值工程，2020，39（13）：90－93.

［147］马慧强，吴文婷，弓志刚．我国老年性公共服务质量特征与时空演化分析［J］．经济与管理评论，2020，36（2）：36－43.

［148］梅光亮，陶生生，朱文，等．我国健康老龄化评价测量指标体系的构建［J］．卫生经济研究，2017（11）：58－60.

［149］牟俊霖，宋湛．我国中老年人劳动供给特征研究［J］．人口与经济，2012（4）：55－63.

［150］穆光宗，张团．我国人口老龄化的发展趋势及其战略应对［J］．华中师范大学学报（人文社会科学版），2011，50（5）：29－36.

［151］穆光宗．老年发展论——21 世纪成功老龄化战略的基本框架［J］．人口研究，2002（6）：29－37.

［152］倪宣明，沈心如，黄嵩，等．我国人口结构及老龄化收敛趋势研究［J］．数理统计与管理，2020，39（2）：191－205.

［153］欧阳一非，张兵．改善生活方式，促进老年人健康［J］．环境与职业医学，2019，36（12）：1091－1093.

［154］彭希哲，胡湛．公共政策视角下的中国人口老龄化［J］．中国社会科学，2011（3）：121－138＋222－223.

［155］钱宁．积极老龄化福利政策视角下的老年志愿服务［J］．探索，2015（5）：135－139.

［156］乔晓春，胡英．中国老年人健康寿命及其省际差异［J］．人口与发展，2017（5）：2－18.

［157］阮航清，王本喜，袁倩兰，等．社会经济地位、生活方式与老年人健康水

平——以北京市为例 [J]. 老龄科学研究，2016，4（9）：68-79.

[158] 施春华，林云，卢文奇，等. 南京市社区较年长者社会参与的调查研究 [C] //Singapore Management and Sports Science Institute. Proceedings of 2014 2nd International Conference on Social Sciences Research（SSR 2014 V6），2014：6.

[159] 宋健，王记文，秦婷婷. 孙子女照料与老年人就业的关系研究 [J]. 人口与经济，2018（3）：92-103.

[160] 宋礼之. 基于大数据挖掘的 TMT 行业情绪指数的编写 [D]. 上海：上海交通大学，2015.

[161] 宋全成，崔瑞宁. 人口高速老龄化的理论应对——从健康老龄化到积极老龄化 [J]. 山东社会科学，2013（4）：36-41.

[162] 苏敏艳，郑慧凌，张娜娜，等. 地区、城乡差异性对老年人医疗服务可及性影响研究——基于 2014 年 CLHLS 数据 [J]. 现代医院管理，2020，18（2）：15-17.

[163] 苏志. 公众预期与房地产市场的短期相关性——基于微博信息的实证研究 [J]. 经济与管理研究，2016，280（3）：69-76.

[164] 田苗苗，陈长香，李丹，等. 社会支持对社区老年人心理健康的影响 [J]. 中国老年学杂志，2015，35（11）：3122-3123.

[165] 田香兰. 日本老年人社会参与现状及对策研究 [J]. 黑龙江社会科学，2020（1）：86-90+160.

[166] 童玉芬，王静文，邱杨，等. 城镇化进程对我国城乡人口老龄化的影响机制分析 [J]. 广西社会科学，2014（12）：157-161.

[167] 汪斌，郑家豪. 城市老年人经济参与的影响因素研究——基于多层 Logistic 回归模型 [J]. 调研世界，2019（2）：60-65.

[168] 王会光. 流动老人的自评健康状况及影响因素研究——基于城乡差异的视角 [J]. 西北人口，2018，39（6）：48-58.

[169] 王莉莉. 中国老年人社会参与的理论、实证与政策研究综述 [J]. 人口与发展，2011，17（3）：35-43.

[170] 王丽敏，陈志华，张梅，等. 中国老年人群慢性病患病状况和疾病负担研究. 中华流行病学杂志，2019，40（3）：277-283.

[171] 王萍. 城市老年人社会参与对其精神生活满意度的影响研究 [D]. 长沙：中南大学，2012.

[172] 王昕晔. 人口老龄化背景下加强卫生经济支出对慢性病健康管理的作用分析 [J]. 黑龙江科学，2018，9（24）：158-159.

[173] 王勇，肖诗斌，吕学强，等. 基于极性词典的中文微博客情感分类 [J]. 计算机应用与软件，2014，31（1）：34-37+126.

[174] 王泽宇，孙然，韩增林，等. 中国人口老龄化水平测度与空间关联研究 [J]. 地域研究与开发，2013（3）：138-143+153.

［175］邬沧萍，姜向群．"健康老龄化"战略刍议［J］．中国社会科学，1996（5）：52-64．

［176］邬沧萍，彭青云．重新诠释"积极老龄化"的科学内涵［J］．中国社会工作，2018（17）：28-29．

［177］邬沧萍，谢楠．关于中国人口老龄化的理论思考［J］．北京社会科学，2011（1）：4-8．

［178］邬沧萍．创建一个健康的老龄社会——中国迎接21世纪老龄化的正确选择［J］．人口研究，1997，21（1）：2-6．

［179］邬沧萍．积极应对人口老龄化理论诠释［J］．老龄科学研究，2013，1（1）：4-13．

［180］吴凡，绳宇．健康老龄化量表的汉化及信效度评价［J］．护理研究，2019，33（8）：23-27．

［181］吴连霞，吴开亚．中国人口老龄化时空演化特征的比较分析——基于固定年龄与动态年龄指标的测算［J］．人口研究，2018，42（3）：51-64．

［182］吴培材．照料孙子女对城乡中老年人身心健康的影响——基于CHARLS数据的实证研究［J］．中国农村观察，2018（4）：117-131．

［183］吴素萍，肖来付．民族地区老年妇女文化参与意识及其制约因素——试以浙西南畲族为例［J］．福建省社会主义学院学报，2011（1）：48-51．

［184］吴忠观．人口科学辞典［M］．成都：西南财经大学出版社，1997：342．

［185］晓春，胡英．中国老年人健康寿命及其省际差异［J］．人口与发展，2017（5）：2-18．

［186］肖月，赵琨，薛明，等．"健康中国2030"综合目标及指标体系研究［J］．卫生经济研究，2017（4）：3-7．

［187］谢晖．积极老龄化模型构建：基于世界卫生组织积极老龄化框架的实证研究［D］．济南：山东大学，2019．

［188］邢采，杜晨朵，张昕，等．老年人社交网络对健康影响机制的研究——健康型社区建设的探索［J］．苏州大学学报（教育科学版），2017，5（1）：50-60．

［189］熊斌，杨江蓉．我国人口老龄化与老年人力资源开发［J］．重庆理工大学学报，2002（3）：7-10．

［190］徐勤．我国城市老年人的社会交往［J］．西北人口，1994（4）：54-59．

［191］徐升艳，周玉琴，王睿智．中国城市人口老龄化的区域差异研究［J］．上海商学院学报，2019，20（6）：3-16．

［192］徐延辉，刘彦．居住环境、社会地位与老年人健康研究［J］．厦门大学学报（哲学社会科学版），2020（1）：52-59．

［193］许海平．我国农村人口老龄化差异测度、分解及影响因素分析——基于2001—2013年面板数据［J］．农业技术经济，2016（8）：49-57．

［194］薛兴荣，靳其兵．基于词典的文本极性计算及分类研究［J］．网络安全技术与

应用，2020 (4)：57-61.

[195] 严晓萍. 新形势下积极应对老龄社会发展中问题 [J]. 社会科学论坛，2019 (6)：224-233.

[196] 阎红，刘书文. 慢性病老年人心理健康现状及影响因素 [J]. 中国老年学杂志，2019，39 (21)：5366-5369.

[197] 阳义南，肖建华. "以医促养" 还是 "以养促养"：医疗保险与养老金的健康绩效比较 [J]. 保险研究，2019 (6)：81-95.

[198] 杨明旭，鲁蓓. 中国 2010 年分省死亡率与预期寿命——基于各省第六次人口普查资料 [J]. 人口研究，2019，43 (1)：18-35.

[199] 杨胜慧，郭未，陈卫. 中国老年人口的自理预期寿命变动——社会性别视角下的差异分析 [J]. 南方人口，2012，27 (6)：31-40.

[200] 杨云革. 社会工作视角下多维老年人照顾体系构建研究 [J]. 北华航天工业学院学报，2018，28 (1)：44-46.

[201] 杨宗传. 再论老年人口的社会参与 [J]. 武汉大学学报 (人文社会科学版)，2000 (1)：61-65.

[202] 游家兴，吴静. 沉默的螺旋：媒体情绪与资产误定价 [J]. 新产经，2012 (9)：13.

[203] 于一凡. 建成环境对老年人健康的影响：认识基础与方法探讨 [J]. 国际城市规划，2020，35 (1)：1-7.

[204] 余玉善，马利，雷骏，等. 社区支持与老年人自评健康影响的相关性 [J]. 中国老年学杂志，2019，39 (1)：210-212.

[205] 袁俊，吴殿廷，吴铮争. 中国农村人口老龄化的空间差异及其影响因素分析 [J]. 中国人口科学，2007 (3)：41-47+95.

[206] 原新. 促进老年人社会参与，积极应对人口老龄化 [J]. 中国社会工作，2018 (8)：29.

[207] 曾毅. 老龄健康影响因素的跨学科研究国际动态 [J]. 科学通报，2011 (35)：2929-2940.

[208] 翟绍果，王健荣. 社会支持对老年人主观幸福感的影响研究——基于精神健康因素的多重中介效应 [J]. 西北人口，2018，39 (4)：43-50.

[209] 翟振武，陈佳鞠，李龙. 中国人口老龄化的大趋势、新特点及相应养老政策 [J]. 山东大学学报 (哲学社会科学版)，2016，1 (3)：27-35.

[210] 张丹，张冲. 城市老年人社会活动参与对其健康的影响——基于 CHARLS 2011 年数据 [J]. 人口与经济，2016 (5)：55-63.

[211] 张慧颖，张艳，郭思瑾，等. 河南省农村地区老年人积极老龄化水平及影响因素 [J]. 中国老年学杂志，2019，39 (4)：962-965.

[212] 张建阁，张艳，史岩，等. 中文版积极老龄量表信效度 [J]. 中国老年学杂

志，2017，37（21）：5424-5426.

[213] 张娜．农村社会养老服务需求与发展路径研究［D］．南京：南京农业大学，2015.

[214] 张帅．居家养老模式下的老年人社会参与研究［D］．天津：天津财经大学，2018.

[215] 张文娟，魏蒙．中国人口的死亡水平及预期寿命评估——基于第六次人口普查数据的分析［J］．人口学刊，2016，38（3）：18-28.

[216] 张祥晶．积极老龄化战略下老年人政治参与状况及影响因素［J］．中国老年学杂志，2018，38（20）：5082-5085.

[217] 张欣悦．我国人口老龄化的现状特点和发展趋势及其对策研究［J］．中国管理信息化，2020，23（5）：195-199.

[218] 张翼，李江英．"强关系网"与退休老年人口的再就业［J］．中国人口科学，2000（2）：34-40.

[219] 郑运鸿．基于多尺度的中国人口老龄化空间差异分析［D］．杭州：浙江大学，2015.

[220] 邹湘江，吴丹．人口流动对农村人口老龄化的影响研究——基于"五普"和"六普"数据分析［J］．人口学刊，2013，35（4）：70-79.

后　记

　　人口老龄化，无论在中国还是国外，都成为不可逆转的趋势。本书在人口老龄化和健康中国 2030 的背景下，以《国务院关于实施健康中国行动的意见》为指导，深入研究健康老龄化的框架体系，构建了一套适应我国国情，又能够基本与国际接轨的积极健康老龄化的综合统计指标体系和综合评价体系，在指标体系构建的基础上，主要采用第四次中国城乡老年人生活状况抽样调查数据，构建了分地区的积极健康老龄化综合指标体系和综合指数，用于评估和监测不同地区和城乡积极健康老龄化的水平。此外，本书还充分利用信息化和网络化背景下的大数据信息，采用网络社会舆情分析方法，创新数据获得方法，挖掘年龄友好环境建设中存在的问题，结合综合评价体系研究和区域比较研究，加强对积极健康老龄化状况的现实把握，推动社会对积极健康老龄化的理解，促进老年人的健康长寿，提升社会政策对老年人的支持，促进老龄化社会下的可持续发展。

　　本书由王晓军领衔的积极健康老龄化课题组联合撰写，具体分工如下：导言，王晓军；第 1 章，吴翌琳；第 2 章，王瑜；第 3 章，蒋妍；第 4 章，周静；第 5 章，王晓军；第 6 章，甄峰；第 7 章，李扬；第 8 章，王菲菲。

　　本成果得到中国人民大学 2020 年度"中央高校建设世界一流大学（学科）和特色发展引导专项资金"的支持。感谢中国老龄科学研究中心为本研究提供的核心微观调查数据；感谢中国人民大学出版社的鼎力支持；感谢中国人民大学统计学院的博士生、硕士生、本科生参与本书的编写和整理工作，他们是：郑晓彤、董言午、汪明琦、张佳莹、黄子航、秦澄莹、张旻、刘美溪、于文玥、陈凌眉、郑璐姝、舒嘉仪、许菁茹、梁钰、王天佳、丛傲、宋扬、庄艳阳、陈士翀、芦欣楠、周靓、刘子铭、王如群、杨昊宇、高钰婷、麻世钰、马伊沙、王彧、郭志达。

　　鉴于作者的能力和时间都非常有限，本书的内容难免有不足和纰漏，还望广大读者不吝赐教，多提宝贵意见。

王晓军

中国人民大学应用统计科学研究中心

中国人民大学统计学院

图书在版编目（CIP）数据

中国积极健康老龄化：测度与分析/王晓军等著
. -- 北京：中国人民大学出版社，2021.10
ISBN 978-7-300-29913-6

Ⅰ.①中⋯　Ⅱ.①王⋯　　Ⅲ.①人口老龄化－研究－中
国　Ⅳ.①C924.24

中国版本图书馆 CIP 数据核字（2021）第 195091 号

中国积极健康老龄化：测度与分析

王晓军　等　著

Zhongguo Jiji Jiankang Laolinghua：Cedu yu Fenxi

出版发行	中国人民大学出版社			
社　　址	北京中关村大街 31 号		邮政编码	100080
电　　话	010－62511242（总编室）		010－62511770（质管部）	
	010－82501766（邮购部）		010－62514148（门市部）	
	010－62515195（发行公司）		010－62515275（盗版举报）	
网　　址	http://www.crup.com.cn			
经　　销	新华书店			
印　　刷	涿州市星河印刷有限公司			
规　　格	185 mm×260 mm　16 开本		版　　次	2021 年 10 月第 1 版
印　　张	17.5 插页 3		印　　次	2021 年 10 月第 1 次印刷
字　　数	378 000		定　　价	89.00 元